Beethovens Einzige Geliebte:

Josephine!

John E Klapproth

Beethovens Einzige Geliebte: ***Josephine!***

Original: *Beethoven's Only Beloved: Josephine!*

ISBN–13: 978-1467937856

ISBN–10: 1467937851

Umschlaggestaltung: Andrea M Jaretzki.

Verlag: CreateSpace, Charleston, SC, U.S.A.

Erste Auflage, veröffentlicht am 25. November 2011.

Inhaltsverzeichnis

Sey dir, Sey deiner Welt so viel du kannst ein Engel, so wird sie dir so viel sie kann ein Himmel seyn.[1]

[1] Josephines Tagebuch, ca. 4. Juli 1812, in Steblin (2007), S. 159. Zwei Tage später begann Beethoven einen Brief an seine "Unsterbliche Geliebte" zu schreiben, in dem er sie "Mein **Engel**" nannte und ihre Liebesgemeinschaft als "ein wahres **Himmel**sgebäude" bezeichnete.

Einführung

Ludwig van Beethoven war schon zu Lebzeiten zu einer Legende geworden, als er am 26. März 1827 starb. Zu seiner Beerdigung im Währinger Friedhof kamen mehr als 20.000 Menschen. Würdenträger und Koryphäen, Reiche und Berühmte aller Art drängelten sich, seinen Sarg zu tragen.

> Aber noch jemand erwartet hier Ludwig. Eine Frau, die durch den Standesdünkel ihrer Familie immer wieder von ihm getrennt und in den Tod getrieben wurde. Fünf Jahre vor Beethoven wurde Josephine auf dem Währinger Friedhof in aller Stille verscharrt.
> Zwei, die zu Lebzeiten nicht zusammen kommen konnten, im Tode dürfen sie endlich beieinander liegen.[1]

* * *

Josephine Gräfin von Brunsvik war es, die ohne jegliche Zeremonie begraben wurde, ohne Grabrede, sogar ohne Trauergäste. Kein Grabstein ziert ihr Grab. Sie, die dazu verurteilt wurde, völlig vergessen zu werden, ist der Gegenstand dieses Buches. Ich möchte ihr kurzes Leben von nur 42 Jahren nachzeichnen, von dem sie mehr als die Hälfte "so nah, so fern" zu Beethoven verbrachte.

Äußerlich voneinander getrennt, aber immer vereint im Geiste.

Sie waren, schlicht und einfach, von tiefer Liebe zueinander erfaßt, jedoch hoffnungslos innerhalb des starren Rahmens der Österreichisch–Ungarischen Gesellschaftsordnung des frühen 19. Jahrhunderts, dominiert von einer faulen und verfaulenden Aristokratie, die dazu verdammt war, vom aufkommenden Wind des wirtschaftlichen Wandels davongeblasen zu werden (wenn auch noch wesentlich verzögert durch das brutale Regime von Metternichs Geheimpolizei), die sich Musiker und Komponisten wie Haustiere hielt, und wo Frauen immer noch Bürger zweiter Klasse waren (natürlich innerhalb ihrer jeweiligen Klasse).

Es war **Musik**, die ihre Liebe ermöglichte, auslöste, aufrecht erhielt, und schließlich transzendierte – in dieser Welt. Und in der nächsten. Beethoven sprach zu Josephine in und durch Musik, oft nur in Musik, und oft ausschließlich zu ihr. Und es war Josephine – manchmal vielleicht nur sie allein –, die es verstanden hat. Ihn verstanden hat. Denn sie konnte es hören.

Dies ist die Geschichte von Josephine Gräfin von Brunsvik, über die sehr wenig bekannt ist, und viel weniger jemals veröffentlicht wurde (und noch weniger in der Weltsprache Englisch). Es ist die Geschichte einer eher bescheidenen und einfachen Frau, die Beethoven einen "Engel" nannte – "**Mein Engel**".

Ihre Geschichte ist die eines Lebens, das in Wohlstand und Luxus begann, in Freude, Glück und Ausgelassenheit, und das sich dann im unlösbaren Konflikt zwischen Liebe und Pflichterfüllung verfing, zwischen Klassenschranken und Freiheit, und das nach vielen qualvollen Jahren in Krankheit, Armut und Elend endete.

Ihre Lebensgeschichte (und Beethoven war ein integraler Bestandteil derselben) wird hier in sechs Teilen präsentiert, mit einem Kapitel pro Jahr – vom ersten Zusammentreffen 1799 bis zu ihrem Tod im Jahre 1821. Die Fußnoten enthalten vorwiegend die zitierten Quellen sowie einige Anmerkungen.

Josephines Geschichte[2] wird hier in den Worten der Hauptprotagonisten wiedergegeben, wozu die wichtigsten bisher veröffentlichten Passagen von und über Josephine, ihre Schwestern Therese und Charlotte, Beethoven und andere Zeitgenossen zusammengestellt wurden.

* * *

Danksagung an alle, die mir Hilfe, Ermutigung und Informationen zukommen ließen (jedoch sind alle etwaig verbleibenden Fehler und Misrepräsentationen ausschließlich von mir allein zu verantworten): Bernhard Appel vom *Beethoven-Haus* in Bonn, Zsuzsanna ("Bizsu") Bernáth in Martonvásár, Michael Hedley Burton[3] in Sydney, William Connor in meiner Heimatstadt Greytown (Neuseeland), James F Green von http://www.unheardbeethoven.org/, Mária Hornyák von http: //brunszvikterez.hu/, Steffen Kreft von http://www.national-park.co. nz/, Joyce Maier von http://www.beethovensite.eu/, Dominique

Prévot von http://www.lvbeethoven.com/, Susanne Rittenauer vom *Beethoven Center Vienna* (http://www.beethoven-vienna.at/), Edith Seegel vom Estnischen Historischen Archiv in Tallinn, Wolfhart von Stackelberg in Bonn, Rita Steblin in Wien, Jan Swafford in Boston, und Edward Walden in Kanada.

Besonderer Dank gebührt Heidrun Beißwenger von http://www.adelinde.net/ für eine umfassende Durchsicht des deutschen Manuskripts und viele nützliche Korrekturen.

Und nicht zuletzt meine Gattin Andrea M Jaretzki, meine Einzige Geliebte.

Papawai, Greytown, Neuseeland, 25. November 2011

J.E.K.

---

1 Pichler (1994), S. 10. Pichler irrt hier: Es waren genau **sechs** Jahre (Josephine starb 1821).

2 In der englischen Ausgabe dieses Buches sind viele dieser Quellen zum ersten Mal in Englisch veröffentlicht worden. Ebenso sind dort alle nicht-englischen Zitate sowohl im Original als auch in englischer Übersetzung gegeben. Dementsprechend sind auch in dieser deutschen Ausgabe alle nicht-deutschen Zitate gleichfalls im Original und in deutscher Übersetzung gegeben.

3 Michael Hedley Burton schrieb und spielte ein bemerkenswertes Ein-Mann-Theaterstück "Being Beethoven". Es wurde mehrmals in Neuseeland aufgeführt und fand dort viel Anerkennung (siehe http://www.lvbeethoven.com/Spectacles/Events.html, 17. Juli 2011).

Poesie, Aesthetik und schöne Künste war unser Leben.[1]

Praeludium

Am 8. April 1818 schrieb Josephine Baronin von Stackelberg, geb. Gräfin von Brunsvik, verwitwete Gräfin Deym, einen Brief an eine ungenannte Person. Josephine war gerade 39 Jahre alt geworden, aber sie war schon todkrank – sie litt an einer Art Nervenschwindsucht, mit Phasen von geistiger Verwirrung, begleitet von häufigen Fieberanfällen.

Es war Minonas fünfter Geburtstag. Ihre fünfte Tochter, ihr siebtes Kind, war jedoch weit weg, im fernen Estland, bei Christoph Baron von Stackelberg, Josephines entfremdetem Ehemann (ihrem zweiten), der die drei Kinder ihrer Ehe mit sich genommen hatte. Auf Nimmerwiedersehen. Dies geschah vier Jahre zuvor. Sie wußte nicht einmal, wie Minona aussah.

Stackelberg hatte ihr nicht nur ihre Kinder gestohlen – er hatte Josephine auch vollkommen ruiniert. Verließ sie ohne einen einzigen Pfennig. Sie hatte kaum noch genug Geld für die täglichen Ausgaben, für eine Köchin und eine Dienerin, die häufigen Arztbesuche und den jährlichen Sommerurlaub in einem Kurort.

Ein eher bescheidener Lebensstil, im Vergleich zu früheren, glücklicheren Tagen, als sie, als Gräfin Deym, der Star war auf den vielen Parties und Bällen in Wien und Budapest. Und mit all den Kavalieren zu ihren Füßen!

Selbst diesen bescheidenen Lebensstil konnte sie nun nur noch mit dem geringen Einkommen aus der Vermietung einiger der 80 Zimmer in ihrer Villa und gelegentlichen Spenden ihres Bruders Franz oder ihrer Mutter aufrecht erhalten. Und vielleicht sogar (aber heimlich, niemand wußte je etwas davon) Beethovens.

Denn – wie wir bald sehen werden – Ludwig van Beethoven war (höchstwahrscheinlich) der Adressat dieses Briefes, denn er war (höchstwahrscheinlich) Minonas Vater.

* * *

Im Jahr 1846 begann Therese Gräfin von Brunsvik, bereits über 70, ihre Memoiren mit dem Titel "Mein halbes Jahrhundert"[2] zu schreiben. Es sollte noch bis 1855 dauern, bis sie fertig wurde – immerhin noch einige Jahre vor ihrem Tod im Jahre 1861. Vierzig Jahre nach dem Tod ihrer Schwester Josephine.

Thereses Memoiren sind die Hauptquelle für biographische Daten über Josephine. Sie enthalten jedoch – abgesehen von gelegentlichen Ungenauigkeiten und Ungereimtheiten, nach so vielen Jahren – merkwürdigerweise absolut gar nichts über die Liebesbeziehung zwischen Josephine und Beethoven!

Viel aufschlußreicher sind da schon einige Einträge in Thereses privatem Tagebuch[3] – wie dieser:

> Beethoven! ist es doch wie ein Traum, [daß] er der Freund, der Vertraute unseres Hauses war - ein herrlicher Geist - warum nahm ihn meine Schwester J. nicht zu ihrem Gemahl als Witwe Deym?
>
> Josephines Herzensfreund! Sie waren für einander geboren. Sie wäre glücklicher gewesen als mit St[ackelberg]. Mutterliebe bestimmte sie - - auf eigenes Glück zu verzichten.[4]

* * *

Ludwig van Beethoven wurde im Dezember 1770 in Bonn als zweiter Sohn eines Hofmusikers geboren. Er wurde nach seinem Großvater, einem hervorragenden Sänger und Klavierspieler, benannt.

Das erste Kind, das weniger als zwei Jahre vorher geboren wurde, war auch Ludwig (Ludwig Maria) genannt worden, starb aber nach einigen Tagen. Seltsamerweise wußte Ludwig "der zweite" niemals sein eigenes Geburtsdatum![5]

Ludwigs Vater nahm ihn auf Tourneen mit, um ihn überall im Land als Wunderkind auszustellen und als einen "neuen Mozart" anzupreisen.

Und er gab dabei das Alter des Buben um zwei Jahre jünger aus, als es wirklich war.

Der junge Ludwig zeigte sein musikalisches Talent schon frühzeitig. Er lernte bald das Klavierspielen, die Bratsche und die Orgel; auch war er ein Chorknabe. Seine erste nennenswerte Komposition, mit elf Jahren, war eine Reihe von Piano-Variationen.[6]

In seiner Jugend machte Ludwig Bekanntschaft mit Mitgliedern des Bonner Adels, die sein Talent zu schätzen wußten, und er machte sich auch bei Hofe beliebt. Im Jahre 1787 drängte man ihn, nach Wien zu reisen, um dort W. A. Mozart zu treffen – und von ihm zu lernen.

Es gibt eine Anekdote, daß Mozart ihn spielen sah und bemerkte: "Auf den gebt acht. Der wird einmal von sich reden machen!" Wahr oder nicht, und vielleicht sogar ohne Mozart getroffen zu haben, kehrte Ludwig zurück, als seine Mutter erkrankte.[7]

Bald darauf starb seine Mutter, und er mußte sich um seine jüngeren Brüder Carl und Johann kümmern, und ebenso um seinen kranken Vater, der inzwischen hoffnungslos dem Alkohol verfallen war. Ludwig übernahm auch die Position und das Gehalt seines Vaters als Hofmusiker.

Beethoven komponierte die "Ritterballett"–Musik WoO 1 (1790–1791) – als "Ghostwriter" – für seinen Patron Ferdinand Graf Waldstein, der es dann als sein eigenes Werk ausgab. Als Belohnung erhielt Ludwig nützliche Empfehlungsbriefe von Waldstein und anderen an führende Aristokraten in Wien, wohin er Ende 1792 wieder reiste – nach einem kurzen Treffen mit Joseph Haydn in Bonn (und französische Truppen auf dem Weg, seine Heimatstadt zu besetzen). Dieses Mal war es für immer.

Haydn war sehr beeindruckt von dem jungen Mann – nunmehr 21 Jahre alt – und versprach, ihn als Schüler anzunehmen. Er konnte nicht ahnen, daß Beethoven einen schwierigen Charakter und keinen Respekt vor überkommenen Traditionen hatte! Beethovens erste Kompositionen mit Opus-Nummern – 3 Piano-Trios, 3 Piano-Sonaten und ein Streich-Trio[8] – enthielten bereits Spuren eines Genies, welches über das des alten Meisters hinauswies.

Haydn verlor bald die Lust, einen Schüler zu unterrichten, der viel zu ruhelos war, um seinem eher ausgewogenen Stil nachzueifern. Beethoven setzte seine Studien von Kontrapunkt und Komposition mit

Johann Georg Albrechtsberger and Hofkapellmeister Antonio Salieri fort – und beide wurden nur zu bald in gleicher Weise verwirrt.

Albrechtsberger dachte sogar zeitweise, daß Beethoven ein Tunichtgut sei – aber wie sehr täuschte er sich da! Nicht nur lernte der junge Mann sehr schnell, und er brachte weiterhin neue und originelle Kompositionen hervor – richtig berühmt aber wurde er erst, als er seine Fertigkeiten als Pianist in den Salons des Adels zeigte, zu dessen Festen er immer häufiger eingeladen wurde.

Beethoven war ein so hervorragender Tastenvirtuose, daß die adligen Damen von seinen elegischen Adagios einfach hingerissen waren. Er hatte die Fähigkeit, die erstaunlichsten Melodien zu improvisieren. Wirklich schade, daß niemand sie aufzeichnete oder erinnerte...

Er gewann auch so viele Improvisationswettbewerbe der Spitzenpianisten seiner Zeit, daß deren Mentoren ihren Schützlingen verbaten, weiter daran teilzunehmen, um ihnen die Blamage zu ersparen.

Am Ende des 18. Jahrhunderts war Beethovens Ruhm weltweit – wenigstens in Wien, der damaligen Hauptstadt der "Welt" (in Kontinentaleuropa): des Kaiserreichs Österreich–Ungarn, in dem Ungarn eigentlich nur ein eher unbedeutendes Anhängsel war.[9]

* * *

Im Ungarn des achtzehnten Jahrhunderts lebten die Brunsviks,[10] eine adlige Familie mit einem starken Interesse an Musik. Die Spuren ihrer Vorfahren gingen zurück bis zum Kreuzfahrer Heinrich Herzog von Braunschweig ("Heinrich der Löwe", 1139–1195). In Martonvásár bei Budapest, wo früher nur eine wüstenartige Puszta war, hatten sie sich ein prächtiges Schloß gebaut, mit Gärten und Seen – ein kleines Paradies auf dem Lande.

Anna Gräfin von Brunsvik, geb. Baronin von Seeberg, war sei 1792 verwitwet.[11] Sie hatte vier Kinder, die nun (1799) ins heiratsfähige Alter kamen: Der einzige Sohn und auserwählte Alleinerbe Franz (geb. 1777) war ein kultivierter Cellospieler. Auch waren da noch drei Töchter: Therese (geb. 1775), Josephine (geb. 1779), beide talentierte Klavierspielerinnen und begeisterte Bewunderer Beethovens und seiner Musik, und Charlotte (geb. 1782).

Therese hatte als Kind unter Rachitis[12] gelitten, und sie war nicht so hübsch wie ihre Schwestern. Sie blieb unverheiratet.[13] Anna beabsichtigte, ihre beiden jüngeren Töchter möglichst bald an reiche Adlige zu verheiraten, insbesondere die schöne Josephine.

Therese und Josephine waren sich immer sehr nahe gewesen und blieben es auch für den Rest ihres Lebens, und zusammen mit ihrer jüngeren Schwester Charlotte lebten sie ein sorgenfreies Leben in einer selbstgemachten Fantasiewelt. Sie lasen die Klassiker der Griechen, romantische Dichter und berühmte Schriftsteller ihrer Zeit (wie Goethe), und sie lernten, Musikinstrumente zu spielen.

In ihrem luxuriösen Schloß und dessen weitläufigen Gartenanlagen waren sie von den Wechselfällen des Lebens in der Außenwelt geschützt, und sie wußten wenig von den Attraktionen (und Ablenkungen) des Stadtlebens in der großen Hauptstadt Wien.

> [Wir] waren immer Träumerinnen ... Visionärinnen, – im psychischen[,] im ausserweltlich Höheren lebend – wie kön[n]t' es uns auf dieser Welt, in dieser Welt, die wir nicht geachtet, gut gehn? ... Das Ideale riß uns hin, wir folgten gerne.[14]

Als junges Mädchen hatte Therese einige Zeit in Wien verbracht, wo sie von Beethoven gehört hatte – vielleicht sah sie ihn sogar spielen. Jedenfalls mußte die Ankündigung ihrer Mutter, sie und Josephine nach Wien mitzunehmen, um den großen Beethoven zu treffen, eine ziemlich aufregende Neuigkeit gewesen sein!

---

[1] Thereses Memoiren, in La Mara (1909), S. 63.

[2] Erstmals veröffentlicht von La Mara (1909), S. 58–135.

[3] Der Begriff "Tagebuch" ist nicht sehr präzis: Die hier zitierten Dokumente – soweit sie veröffentlicht wurden, in Thereses Fall von Czeke (1938) – sind oft nur Notizen, Briefentwürfe oder Fragmente, undatiert und ungeordnet, in der Handschrift jener Zeit ("Kurrentschrift", nicht zu verwechseln mit "Sütterlin"). Sie wurden aufbewahrt (und gefunden) im Nachlaß der Brunsviks und der Deyms in der Tschechischen Republik, in der Slowakei und in Ungarn, und buchstäblich Tausende von Dokumenten sind immer noch irgendwo versteckt und nicht einmal transkribiert...

[4] Thereses Tagebuch, 4. Februar 1846, in Schmidt-Görg (1957), S. 23.

[5] Im Jahre 1818 sprach Beethoven "vom ersten und zweiten Ludwig" (Beethovens Tagebuch, in Solomon 2005, S. 99). Er bezweifelte wieder einmal sein eigenes Taufzeugnis (datiert 17. Dezember

1770) und glaubte, es sei das seines älteren Bruders, geboren 18 Monate zuvor (und kurz darauf gestorben).

[6] 9 Variationen für Piano in *c-moll* über einen Marsch von Ernst Christoph Dreßler WoO 63, 1782. Obwohl Mozarts legendärer Genius bereits in einem viel früheren Alter hervortrat, sind Beethovens Jugendkompositionen einfach hervorragend (d.h., ehe er nach Wien ging, und ehe er in der Kunst des Kontrapunkts vollkommen ausgebildet war).

[7] Nach Haberl (2006) kam Beethoven etwa am 14. Januar 1787 in Wien an und hatte dann genügend Zeit, um Mozart zu treffen, bis er Wien etwa am 28. März 1787 wieder verließ (und noch bevor er etwas von der Erkrankung seiner Mutter wußte). Beethoven erfuhr, daß seine Mutter krank war, erst nach seiner Ankunft in Augsburg am 26. April 1787.

[8] 3 Piano-Trios Op. 1, 1792-1794; 3 Piano-Sonaten Op. 2, 1793-1795; Streich-Trio in *Es-Dur* Op. 3, 1794. Mehr Einzelheiten über Beethovens Werke in Cooper (1991), und Diskussionen seiner wesentlichen Kompositionen in Lockwood (2003).

[9] Genau genommen, war Wien zu jener Zeit immer noch die Hauptstadt des Heiligen Römischen Reiches Deutscher Nation, zu dem auch Österreich gehörte (jedoch nicht Ungarn), und Franz II. war Deutscher Kaiser. Nach der Zerschlagung des restlichen Deutschlands im Zuge der Napoleonischen Kriege wurde es zunehmend klarer, daß es so etwas wie ein "Deutsches Reich" nicht mehr gab, und er beschloß, einen bedeutungslosen Titel abzulegen und nannte sich hinfort "Franz I." (der erste) Kaiser von Österreich und König von Ungarn. Napoleon kümmerte das wenig - er besetzte Wien kurz darauf zweimal (1805 und 1809). Und die (nicht mehr existierende) Deutsche Kaiserkrone wurde später (1871) von Bismarck aufgegriffen und dem König von Preußen aufgesetzt.

[10] Der Name "Brunsvik", abgeleitet vom deutschen "Braunschweig", wird im Deutschen auch "Brunßwick" oder "Brunswick" geschrieben, in Tschechisch/Slowakisch "Brunšvik", und in Ungarisch "Brunszvik".

[11] Es ist interessant, daß die Hauptprotagonisten dieser Geschichte ihren Vater relativ früh verloren, und zwar im gleichen Jahr 1792: Beethoven (kurz nach seiner Abreise nach Wien), die Brunsvik-Kinder (nach manchen Quellen 1793), und auch Josephines zweiter Gatte Christoph von Stackelberg.

[12] Rachitis (auch "Englische Krankheit") ist eine Knochenerweichung bei Kindern, die potentiell zu Brüchen und Deformitäten führen kann. Es ist heutzutage eine der häufigsten Kindheitserkrankungen in vielen Entwicklungsländern. Die vorwiegende Ursache ist Mangel an Vitamin D. Die Mehrzahl der Fälle sind Kinder, die an starker Unterernährung leiden.

[13] "Als ich 16 Jahre alt war, weihte ich mich ... zur **Priesterin der Wahrheit** und beschloß, mich nie zu vermählen." (Thereses Memoiren, in La Mara 1909, S. 62.) Therese erweckt hier den Eindruck, also ob dies ein feierlicher Akt früher Weisheit war.

[14] Thereses Tagebuch, 1841, in Tellenbach (1983), S. 94.

*Wir waren jung, frisch,
schön, kindlich, naiv.*[1]

Overtüre

[1] Thereses Memoiren, in La Mara (1909), S. 65.

Damals ward mit Beethoven die innige, herzliche Freundschaft geschlossen, die bis an sein Lebensende dauerte.[1]

1799: Das erste Treffen

Lassen wir Therese berichten, wie alles anfing:

> Als wir jene merkwürdigen[2] 18 Tage in Wien waren, wünschte meine Mutter ihren zwei Töchtern Therese und Josephine den unschätzbaren Musikunterricht Beethovens zu verschaffen. Beethoven ... würde nicht zu bewegen sein, der bloßen Einladung zu folgen; wenn aber Ihre Excellenz sich bequemen, die drei Treppen der engen Wendeltreppe am St. Petersplatz zu erklimmen, und ihm die Visite zu machen, so möchte er[3] für den Erfolg bürgen. –
>
> Dieß geschah. Meine Sonate Beethovens mit Violine und Violoncello=Begleitung[4] ... unter dem Arm, traten wir ein. Der unsterbliche, liebe Louis von Beethoven war sehr freundlich und so höflich, als er es sein konnte. ... [Er] setzte ... mich an sein verstimmtes Piano und ich ... spielte dabei recht brav.
>
> Dieß entzückte ihn so sehr, daß er versprach, täglich zu kommen, in das Hotel... Er kam fleißig, blieb aber statt einer Stunde von 12, bis oft 4 bis 5 Uhr, und wurde nicht müde, meine Finger ... nieder zu halten und zu biegen. Der Edle muß sehr zufrieden gewesen sein; denn durch 16 Tage blieb er nicht ein einzigsmal aus.[5]

An jenem schicksalhaften Tag im Mai 1799 verliebte sich der 28-jährige Beethoven auf den ersten Blick in die schöne 20-jährige Josephine. Der "edle" und "unsterbliche" Komponist scheute dann keine Mühe, jeden Tag, mehr als zwei Wochen lang, einen halben Tag mit drei unbekannten Gräfinnen aus dem fernen Ungarn zu verbringen, ohne Bezahlung und ohne Aussicht, eine weitere lukrative Patronage zu gewinnen.

Therese beschrieb die Verliebtheit, die ihr selbst widerfuhr, deutlich genug:

> Damals ward mit Beethoven die innige, herzliche Freundschaft geschlossen, die bis an sein Lebensende dauerte.·

Dies muß auch für Josephine gegolten haben, wie sie später selbst zugeben sollte:

> Meine ohnedieß, für Sie **enthousiastische** Seele noch ehe ich Sie persönlich kannte - erhielt durch Ihre Zuneigung Nahrung. Ein Gefühl das tief in meiner Seele liegt und keines Ausdrucks fähig ist, machte mich Sie lieben; noch ehe ich Sie kan[n]te machte ihre Musick mich für Sie **enthousiastisch** - Die Güte ihres Characters, ihre Zuneigung vermehrte es.[7]

Therese sinnierte, gegen Ende ihrer Memoiren:

> Ein schönes bedeutungsvolles Wort aus dem Persischen: **En-thou-sias**: In Gott sein.[8]

In einem Hotelzimmer jedoch, mit Schwester und Mutter immer nahe bei, gab es offensichtlich wenig Gelegenheit für Ludwig und Josephine, mehr als nur Blicke auszutauschen. Beethoven kam einer Liebeserklärung so nahe als möglich, indem er die Musik zu einem Gedicht Goethes komponierte: Das Lied "Ich denke dein" (ursprünglich "Nähe des Geliebten").

Er schrieb einen Auszug in das Tagebuch der Schwestern (am 23. Mai 1799):

Ich bin bei dir
Du seist auch noch so ferne
Du bist mir nah![9]

und er fügte hinzu:

> Ich wünsche nichts so sehr, als dass sie sich zuweilen beym durchspielen und singen dieses kleinen musikalischen Opfers, erinnern mögen an ihren sie wahrhaft verehrenden Ludwig v. Beethoven.[10]

Beethoven komponierte zu diesem Lied mehrere Versionen mit Klavier-Variationen,[11] und später widmete er diese Musik Therese und Josephine.[12]

Aber zunächst mal gab es eine Hochzeit.

* * *

Abgesehen von der anscheinend ziemlich erfreulichen Begegnung mit Beethoven und der musikalischen Ausbildung ihrer Töchter, hatte Mutter Anna von Brunsvik noch einen weiteren, wichtigen Punkt auf ihrer Tagesordnung – und das war, einen wohlhabenden Gatten für wenigstens eine von ihnen zu finden. Und Therese, das "häßliche Entchen", kam dafür kaum in Frage.

Eines Tages, während ihrer täglichen Ausflüge,

> führte uns die Mutter ... in die damals sehr gesuchte Müllerische Kunstgallerie am rothen Thurm.[13] Ohne Ahnung traten wir ein; ... [da] kam uns ein ältlicher Herr entgegen, der über Alles Auskunft wußte und uns sehr freundlich unterhielt – es war H. Müller (Graf Deym), der Eigenthümer; mein künftiger Schwager! ...
>
> Josephinens Anblick hatte den tiefsten Eindruck auf ihn gemacht, und er hatte sich gesagt: "Diese muß meine Frau werden."[14]
>
> [Deym] sah die unvergleichliche Schönheit welche in Josephine gleichsam wie in der Knospe noch verborgen lag und entbrannte beim ersten Anblik von der heftigsten Leidenschaft.[15]

Joseph Graf Deym von Střítež war 1799 47 Jahre alt, und er hatte bereits eine bewegte Vergangenheit hinter sich. Er hatte Mozart kurz vor dessen Tod (1791) getroffen, und er nahm sogar eine Totenmaske von ihm. Deym war auch mit Haydn bekannt, und er hatte beide dazu bewogen, ihm Kompositionen für seine Spieluhren zu geben, als eine Bereicherung der bedeutendsten Touristen-Attraktion in der österreichischen Hauptstadt – seiner Kunstgallerie mit Wachsmuseum und Kuriositätenkabinett.[16]

Deym hatte das Land nach einem Duell in seiner Jugend verlassen müssen und war später unter dem Pseudonym "Müller" aus dem Exil zurückgekehrt. Es wurde auch gemunkelt, daß die drei "adoptierten" Töchter, die mit ihm in seiner 84-Zimmer-Villa wohnten, eigentlich seine unehelichen Kinder waren.[17] Er war ein persönlicher Freund des Kaisers, zu dem er sofort ging, nachdem er sich in Josephine verliebt hatte. Der Kaiser begnadigte ihn ohne weiteres und gab ihm den

Grafentitel zurück. Jetzt konnte Deym sicher sein, als Schwiegersohn von der standesbewußten Gräfin Anna akzeptiert zu werden.

Das unvermeidliche geschah:

> Er wurde unser täglicher Begleiter. Am Ende des Séjours[18] kam er wie gewöhnlich um 9 Uhr früh ... und bat die Mutter um eine Unterredung. Nach einigen Minuten wurde Josephine in's Nebenzimmer gerufen und meine Mutter stellte ihr den Grafen Deym ... vor. ... "Du kannst", sprach sie, "liebe Josephine, mich und deine Schwestern glücklich machen!" ... Nach kurzem innerlichen Kampf schwebte ein kaum vernehmbares "Ja" über ihre zitternden Lippen – und diesem "Ja" opferte sie ihr ganzes Lebensglück, die Edelmüthige! Sie wußte wohl nicht, was sie that, was sie einging! Bald darauf stürzte sie sich an meinen Hals und weinte einen Strom von Thränen.[19]
>
> Mit Feuereifer drang Deym auf Vollziehung der Vermählung mit unglaublicher Hast.[20]

Am 29. Juli 1799,

> 6 Wochen darauf war Josephine durch den Bischof von Weißenburg in Martonvásár am Altare getraut. ... Josephine ... fuhr westwärts, wo ein ganz schwarzes Gewitter am Himmel stand. Therese, die Cassandra der Familie, die Priesterin der Wahrheit, ahnte und sprach es aus: "Sie geht einem schweren Geschick entgegen! Schwarz wie das Firmament!"[21]

Somit war das Ergebnis dieses kurzen "Urlaubsaufenthalts" in der großen Hauptstadt:

> Unsere Mutter führte uns so zu sagen aus der Kinderstube nach Wien. 18 Tage und 3 Stunden waren wir da und Alles war entschieden – nämlich Josephine wurde verheurathet. Von hier an waren die bittersten Tage und die tragischsten Ereignisse unser Loos.[22]

Nun – noch nicht ganz. Und auch nicht sofort. Therese übertrieb etwas, mit dem Vorteil der Retrospektive, um dramatischen Effekt hinzuzufügen. Josephines glückliche Kindheits- und Jugendtage waren allerdings endgültig vorüber – vorbei waren die Tage unschuldigen Glücks:

> Wir waren jung, frisch, schön, kindlich, naiv. Wer uns sah, liebte uns.[23]

1 Thereses Memoiren, in La Mara (1909), S. 64.

2 Wir würden heute "bemerkenswert" sagen.

3 Ein Bekannter, den sie um Vermittlung baten.

4 Wahrscheinlich das Trio für Piano, Violine & Cello in *B-Dur* Op. 11, 1797-1798.

5 Thereses Memoiren, in La Mara (1909), S. 63 f.

6 Thereses Memoiren, in La Mara (1909), S. 64.

7 Josephine an Beethoven, wahrscheinlich Winter 1806/7, Entwurf, in Schmidt-Görg (1957), S. 20; Brandenburg (1996), Nr. 265.

8 Thereses Memoiren, in La Mara (1909), S. 117.

9 Dies sollte zu einem vorherrschenden Thema in Beethovens lebenslanger Beziehung zu Josephine werden: Hier versprach er ihr bereits, ihr immer (geistig) "nah" zu sein, egal wie "weit" voneinander entfernt sie auch sein würden (physisch - oder auf andere Weise voneinander getrennt). Oder, wie wir noch sehen werden, schmerzlich nahebei, aber "fern" im Sinne von "nicht erreichbar"...

10 in La Mara (1920), S. 7.

11 Lied "Ich denke dein" (mehrere Versionen) und 6 Variationen für Piano-Duo in *D-Dur* über "Ich denke dein" WoO 74, 1799-1803.

12 Dies war die einzige Komposition, die er jemals offiziell Josephine widmete (wenn auch nicht ihr allein). Man beachte, daß das Schreiben dieser Art von Liebesgedicht in das Album eines guten Freundes eine gängige Praxis jener Zeit war - romantische Verliebtheit konnte die verschiedensten Formen annehmen. Mit Sicherheit war es **nicht** als eine Erklärung wahrer Liebe gemeint (und auch nicht so verstanden), da Josephine zu jener Zeit verheiratet war (und schon so gut wie verlobt im Mai 1799), und Beethovens moralische Haltung war es stets, die Institution der Ehe zu respektieren. Dies wird später im Zusammenhang eines anderen Liebesgedichtes zu beachten sein, welches Beethoven im Jahre 1811 einer bayerischen Sängerin (sie war auch verheiratet) ins Album schrieb, und von dem eine Kopie dann von seiner (verheirateten) Freundin Antonie Brentano erbeten wurde. Der amerikanische Autor Maynard Solomon hat - wie wir sehen werden - fälschlicherweise diesen Vorfall als "Beweis" für eine echte (noch dazu ehebrecherische) Liebesbeziehung interpretiert.

13 Der "Rote Turm" existierte damals nicht mehr; dies war gewöhnlich der Name für den Platz, insbesondere das Gebäude, in dem sich Müllers Kunstgallerie befand.

14 Thereses Memoiren, in La Mara (1909), S. 65.

15 Thereses Tagebuch, in Tellenbach (1983), S. 58.

16 Siehe Hatwagner (2008).

17 Steblin (2007), S. 155, N. 44.

[18] "Ferien" oder "Urlaub".

[19] Thereses Memoiren, in La Mara (1909), S. 66. Thereses Version, wie Josephine dazu gezwungen wurde (und anscheinend überrascht, als sie erfuhr, daß Müller in Wirklichkeit ein Graf war) und es dann sofort bereute, macht sich gut als Stoff zu einem Film. In Wirklichkeit ist es wohl wahrscheinlicher, daß Deyms Antrag von den Brunsviks - mehr oder weniger - kühl aufgenommen und nach einiger Zeit reiflicher Überlegung (unter Einbeziehung aller führenden Familienmitglieder) akzeptiert wurde, in der Annahme - wie sich später herausstellte, irrtümlich -, daß Deym sehr wohlhabend war.

[20] Thereses Tagebuch, in Tellenbach (1983), S. 58.

[21] Thereses Memoiren, in La Mara (1909), S. 66 f. Das Datum der Hochzeit in Thereses Erinnerung ist nicht ganz korrekt: Es war nicht 6 Wochen, sondern zwei Monate danach (Steblin 2007, S. 157). Vielleicht wurde es aus diesem Grund später oft als 29. Juni 1799 berichtet. Und natürlich machte Therese ihre düstere Prognose erst im Nachhinein (wie so oft in ihren - trotzdem sehr wertvollen - Memoiren).

[22] Thereses Memoiren, in La Mara (1909), S. 63. Therese übertreibt wieder mal, denn die nachfolgenden Jahre waren die glücklichsten in Josephines Erwachsenenleben. Es scheint auch, daß die unverheiratete Therese (aus gutem Grund) der Auffassung war, daß der Ehestand an sich bereits eine Tragödie für eine Frau ist... Und, wie so oft, spricht Therese von Josephine im Plural als "wir" oder "uns", als ob sie ein siamesischer Zwilling ihrer Schwester war - an deren Leben sie so intensiv teilnahm.

[23] Thereses Memoiren, in La Mara (1909), S. 65; La Mara (1920), S. 7. Wieder sagt sie "wir", wenn in Wirklichkeit ihre Schwester die Schöne und Liebliche war.

Mein göttliches Weib ist es, die mich aufrecht haltet und durch aufrichtige Theilnahme meinem Geist neuen Schwung giebt ... ich werde mit ihr glücklich sein.[1]

1800: Joseph und Josephine

> Schwer gewöhnte sich Josephine an den fremden, alten Mann. ... Aber sie war bald Mutter - am 5. May [1800] gebar sie ein Töchterchen, welches der Tante, Gräfin Golz, zu Ehren Victoire [Viky] genannt wurde. ...
> Josephine war ganz Mutter; sie nährte ihr Kind selbst. Schön wie ein Engel; erst da war die Knospe völlig zur Blüte gekommen ... war sie zum Entzücken. ... ***'Belle comme un ange et mise a peindre'***, sagten die Fashionablen von ihr, wenn sie ... an dem Arm des Gemahls durch die Straßen wandelte.[2]

Die Gewitterwolken wuchsen jedoch bedrohlich, als sich herausstellte, daß Deyms finanzielle Situation nicht ganz so rosig war, wie er den Brunsviks vorgemacht hatte, und er wiederum war über Josephines magere Mitgift enttäuscht. Anna von Brunsvik machte sogar einen Versuch, die Ehe für nichtig zu erklären.

Graf Deym hatte allen Grund, sich bei seinem Schwager Franz zu beklagen,

> in welcher Agitation ich nun beynahe drey Monathe lebe und welche beißende Kränkungen deiner Mutter leyden mußte... Mein göttliches Weib ... ist es, die mich in diesen Leyden aufrecht haltet und durch aufrichtige Theilnahme meinem Geist neuen Schwung giebt. Mein aufrichtiges Benehmen gegen sie und meine gränzenlose ungeheuchelte Liebe hat mir ihr ganzes Herz gewonnen und ich werde mit ihr ... glücklich sein.[3]

Etwas Bemerkenswertes war passiert: Die kleine, zarte, schüchterne, zurückhaltende und gehorsame Tochter Josephine, die es nicht gewagt hatte, ihrer Mutter etwas anderes als "Ja" zur Antwort zu geben, als sie "gebeten" wurde, einen alten und fremden Mann zu heiraten – sie stand nun fest an seiner Seite, der ihr Mann und der Vater ihres Kindes war. Wir entdecken hier einen Zug von Eigensinn in Josephine, der – zusammen mit der Sturheit ihrer eher einfältigen Mutter – für die Zukunft nichts Gutes verhieß.

Sehr bald entwickelten Josephine und Joseph Graf Deym, der fast 30 Jahre älter war, gegenseitigen Respekt und sogar wahre Liebe füreinander, in der Tat viel mehr als Therese hier in ihren ziemlich wortkargen Memoiren zugibt.[4]

* * *

Und was war mit Beethoven? Josephines Eheschließung mußte ihn verstimmt haben. Doch blieb er Deym und den Brunsviks weiterhin freundschaftlich verbunden.

> Beethoven war der standhafte Besucher der jungen Gräfin - unentgeltlich gab er ihr Unterricht. ... Man gab musikalische Soirées. Der Bruder kam ... und machte Bekanntschaft mit Beethoven. Die beiden Musikgenies verbanden sich innig und nie verließ mein Bruder den in seinen Finanzen oft zerrütteten Freund, bis an sein, hélas! **zu frühes Ende!**[5]

Franz Graf von Brunsvik war Annas einziger Sohn. Nach dem frühen Tod seines Vaters wurde Franz, als der einzige Mann, zum de-facto Oberhaupt der Familie. Er war ein begabter Violoncello-Spieler und wurde zu einem lebenslangen Freund Beethovens – einer der wenigen Freunde, die der Komponist in seinen Briefen mit "Du" anredete.[6]

Franz war dazu ausersehen, die Brunsvikschen Güter zu verwalten und schließlich zu erben, und seine Mutter war darauf bedacht, sein Erbe nicht durch zu teure Mitgiften an ihre Töchter unnötig zu reduzieren. (Nach Josephine wurde Charlotte, die Jüngste, auch bald an einen Grafen verheiratet – nämlich an Emerich Teleki, einen ungarischen Landsmann.)

Beethoven wurde fast zu einem Mitglied der Familie Brunsvik, deren Schloß in Martonvásár er auch besuchte. Er sah Josephine weiterhin, mindestens einmal wöchentlich, in Deyms Villa. Graf Deym zeigte keinerlei Anzeichen von Eifersucht, im Gegenteil, er benahm sich wie ein väterlicher Freund Beethovens. Der Komponist revanchierte sich, indem er Deym mehrere Kompositionen für Spieluhr[7] präsentierte, für dessen ständig wachsende Kuriositäten-Sammlung.[8]

Während der gesamten Dauer ihrer Ehe mit Deym setzte Josephine ihren Klavierunterricht mit Beethoven fort und machte dabei beträchtliche Fortschritte. Im Dezember 1800 trat sie als Pianistin in einer Aufführung von – unter anderem – neuen Violin-Sonaten[9] Beethovens in einem Konzert für Franziska von Hohenheim, Prinzessin von Württemberg,[10] auf, die bald danach Patin von Josephines zweitem Kind wurde, ihrem ersten Sohn, Friedrich (Fritz), geboren am 3. Mai 1801.

Josephine spielte so brillant, daß man von ihr nur noch sprach als

> dieser göttlichen Gräfin Deym, der Meisterin des Klaviers und Herrin aller Herzen.[11]

---

1 Deym an Franz von Brunsvik, 1. August 1800, in La Mara (1920), S. 9.

2 Thereses Memoiren, in La Mara (1909), S. 67 f.

3 Deym an Franz von Brunsvik, 1. August 1800, in La Mara (1920), S. 9.

4 Die vor kurzem entdeckten mehr als 100 Liebesbriefe zwischen den Jungverheirateten (erwähnt in Goldschmidt 1977, S. 484) deuten darauf hin, daß eine gesunde erotische Beziehung zwischen den Ehegatten entstand. Steblin (2007, S. 155, N. 41) kündigte eine bevorstehende Veröffentlichung dieser Briefe an.

5 Thereses Memoiren, in La Mara (1909), S. 69. Daß Franz von Brunsvik Beethoven später finanziell unterstützt haben soll, ist eher ironisch und klingt nicht ganz echt. Die traurige Wahrheit ist, daß die Brunsviks - insbesondere Franz als de-facto *pater familias* - schließlich ihre finanzielle Unterstützung Josephines einstellten, so daß sie allein und verarmt starb. Wohingegen Beethoven ihr wahrscheinlich Geld gab - aber heimlich (d.h., daß dies natürlich nicht belegt ist). Möglicherweise vielleicht sogar Geld, das er von Franz erhalten hatte! (Wie wir später sehen werden, erhielt Beethoven auch erhebliche Summen von dem anderen Franz, Brentano, von dem er womöglich seiner einzigen Geliebten etwas zukommen ließ...)

6 Nur fünf Briefe Beethovens an Franz von Brunsvik überlebten, und alle handeln von eher trivialen Angelegenheiten (alle in La Mara 1909, S. 23-28, abgedruckt). Warum wohl gingen all die anderen verloren? Was in diesen wenigen Briefen so bemerkenswert ist, ist nicht nur, daß Beethoven Franz duzt, sondern mehr noch, daß er ihn "Bruder" (Schwager = Schwiegerbruder?) nennt. Und dazu kommt noch der mysteriöse Tatbestand, daß nicht ein einziger Eintrag von Franz in Beethovens - überlebenden - Konversationsheften gefunden wurde

(von denen aber etliche von Schindler, der später mit Franz von Brunsvik in Kontakt war, vernichtet wurden). Somit muß davon ausgegangen werden, daß es wohl einige Geheimnisse zwischen diesen beiden gab...

[7] 5 Stücke für Musikuhr WoO 33, 1799; Grenadier-Marsch für Musikuhr in *F-Dur* Hess 107, 1798.

[8] Goldschmidt (1977), S. 252.

[9] 3 Sonaten für Piano & Violine Op. 12, 1797–1798.

[10] In der Regel wird Julia von Giovane als die Gastgeberin dieses Konzerts angegeben - was aber falsch ist (mehr dazu in Steblin 2009, S. 124).

[11] Thereses Tagebuch, 1800, in Tellenbach (1983), S. 62.

Es sind seit 2 Jahren wieder einige seelige Augenblicke, und es ist das erstemal, daß ich fühle, daß - heirathen glücklich machen könnte, leider ist sie nicht von meinem stande.[1]

1801: Die Versuchung

Julie Gräfin Guicciardi, eine Kusine der Brunsvik-Kinder, war (wie Charlotte) im Jahre 1782[2] geboren. Im Januar 1801 traf sie in Wien ein, und Josephine berichtete ihren Schwestern:

> Julie Guicciardi macht hier geradezu Aufsehen. Man nennt sie nur die schöne Guicciardi ... Sie ist mit den Gallenbergs intim.[3]

Anfang November 1801 nahm Julie, wie ihre Kusinen, Klavierunterricht bei Beethoven, der sofort in sie vernarrt war. Er schrieb seinem Freund Wegeler in Bonn über

> ein liebes zauberisches Mädchen ..., das mich liebt und das ich liebe... Es sind seit 2 Jahren wieder einige seelige Augenblicke, und es ist das erstemal, daß ich fühle, daß – heirathen glücklich machen könnte, leider ist sie nicht von meinem stande – und jetzt – könnte ich nun freilich nicht heirathen...[4]

Obwohl er dem Zauber dieses jungen und hübschen Mädchens verfallen war, war er sich doch sofort darüber im klaren, daß für ihn die Heirat mit einer Adligen ausgeschlossen war. Beethoven machte auch deutlich, daß er "2 Jahre" hatte warten müssen, um wieder solche "Glückseligkeit" zu spüren – zwei Jahre, seitdem Josephine geheiratet hatte:

> Du kannst es kaum glauben, wie öde, wie traurig ich mein Leben seit 2 Jahren zugebracht.[5]

Im März 1802 widmete Beethoven Julie dann seine Klaviersonate Nr. 14 Op. 27 Nr. 2, als eine Art "Vergeltungsmaßnahme", weil er – wieder einmal – keine Bezahlung von einer ihm freundschaftlich verbundenen Schülerin akzeptieren wollte. Er war auch wütend über ein Geschenk von Julies Mutter. Beethoven hatte seinen Stolz – man konnte ihn nicht kaufen!

Doch wie sich bald herausstellte, hatte die junge Gräfin nur mit ihm gespielt, sozusagen um sich im flirten zu üben.[6] Am 14. November 1803[7] heiratete sie den gutaussehenden (aber nicht sehr wohhabenden) Grafen Gallenberg, einen eher mittelmäßigen Ballett–Komponisten, der sich selbst für einen Rivalen von (und sogar besser als) Beethoven ansah. Beethoven hatte auch schon ein eigenes Ballett komponiert, mit dem Titel "Die Geschöpfe des Prometheus"[8] – ein Thema, das in zukünftigen Charakterisierungen von Beethovens Leben oft verwendet werden sollte, als ein "Promethischer" Kampf, um den Göttern das Feuer zu entreißen und es den Menschen zu bringen...[9]

* * *

Dieses Ballett blieb jedoch sein einziges – vielleicht war es ihm einfach zu lästig, mit jemand wie Gallenberg zu konkurrieren. Dennoch verwertete er mehrmals eine der schönsten Melodien dieses Balletts – das Finale, welches auch in einem seiner Contre-Tänze zu finden ist, dann als das Thema der sogenannten "Eroica"-Variationen, und im letzten Satz seiner bahnbrechenden "Eroica"-Sinfonie.[10]

---

1 Beethoven an Wegeler, 16. November 1801, in La Mara (1909), S. 9; La Mara (1920), S. 22; Brandenburg (1996), Nr. 70.

2 Üblicherweise wird Julies Geburtsjahr als 1784 angegeben, so daß sie zwei Jahre jünger erscheint. Aber zwei Jahre können durchaus einen Unterschied für ein Mädchen unter 20 machen! (Dies und mehr in Steblin 2009.)

3 Josephine an ihre Schwestern, Januar 1801, in La Mara (1920), S. 14.

4 Beethoven an Wegeler, 16. November 1801, in La Mara (1909), S. 9; La Mara (1920), S. 22; Brandenburg (1996), Nr. 70.

5 Beethoven an Wegeler, 16. November 1801, in La Mara (1909), S. 9; La Mara (1920), S. 22; Brandenburg (1996), Nr. 70.

6 Dies wurde später als eine herzzerreißende Liebesgeschichte in dem französischen Film "**Un amour de Beethoven**" (1936) von Abel Gance dramatisiert. Es versteht sich von selbst, daß Julie zunächst zur Hauptverdächtigen bei der "Jagd" nach der unbekannten Adressatin des Briefes an die "Unsterbliche Geliebte" wurde. Sie zog jedoch sofort nach

der Hochzeit mit ihrem Mann nach Italien, und in den folgenden 20 Jahren kehrte sie nur ein paar Mal nach Wien zurück. Und einmal hat Beethoven sie sogar schroff abgewiesen (Steblin 2009, S. 151).

[7] Steblin (2009), S.145.

[8] Ballett-Musik "Die Geschöpfe des Prometheus" Op. 43, 1800-1801; Ballett-Musik "Die Geschöpfe des Prometheus" für Piano (arr. Op. 43) Hess 90, 1801.

[9] Siehe Rolland (1928).

[10] Contredance für Orchester Nr. 7 in *Es-Dur* WoO 14, 1800-1802; 15 Variationen mit Fuge für Piano in *Es-Dur* ("Eroica-Variationen" - sie sollten daher eigentlich besser "Prometheus-Variationen" heißen) Op. 35, 1802; Sinfonie Nr. 3 in *Es-Dur* "Eroica" Op. 55, 1803.

Heute habe ich große Gesellschaft.[1]
... wie ein Verbannter muß ich leben.[2]

1802: Depression

Am 27. Juli 1802 wurde Josephine & Joseph Deyms drittes Kind Carl geboren. Abgesehen von ihrem Mutterglück war Josephines Leben während des größten Teils der viereinhalb Ehejahre mit Deym wie ein Traum: Es war wie ein nie enden wollender Ball; sie stolperte fast von einer Party zur nächsten. Das Leben in den adligen Kreisen der Wiener (und Budapester) High Society war voll kultivierter Unterhaltung – und Beethoven war einer der Stars dabei.

Sie genossen das Leben in vollen Zügen, wie Josephine ihren Schwestern berichtete:

> Quartette von Beethoven wurden gespielt; ... und ich spielte, von Zmeskall begleitet, die Sonate mit Horn.[3] Am Tag darauf hatten wir einen kleinen Ball bei Tante Finta, am folgenden einen sehr reizenden bei Tante Guicciardi, darauf wieder ein Pique=nique.[4]
>
> Heute habe ich große Gesellschaft. Ich gebe der Esterhazy und den Ihrigen einen Theeabend. Gestern veranstaltete die Guicciardi ein großes Frühstück. Heute hatten wir bei Zmeskall eine musikalische Matinee... Wir hörten Beethovensche Quartette, Julie spielte und der göttliche Beethoven beschenkte uns mit göttlichen Variationen.[5]
>
> Ihr habt keine Idee, wie beschäftigt ich bin. Ich sticke mir ein seidenes Kleid mit Chenille[6] und habe für den Ball noch vieles andere vorzubereiten. Beethoven ist so eifrig, er verlangt daß ich es auch sei.[7]

* * *

Während des Jahres 1801 hatte Beethoven Schwierigkeiten mit seinem Gehör bemerkt, was ihn immer mehr beunruhigte. Er offenbarte dies in emotionsgeladenen Briefen an seinen alten Freund Wegeler (der Arzt war) und seinen Freund Amenda, im Juni und Juli 1801.[8] Beethoven hatte Hörprobleme das erste Mal um 1797 bemerkt (nach einer Typhus-Infektion).

Beethovens Aufenthalt im darauf folgenden Sommer in Heiligenstadt war von schweren Depressionen beherrscht. Am 6. und 10. Oktober 1802 verfaßte er einen Brief an seine beiden Brüder, der später als "Heiligenstädter Testament" bekannt, aber erst nach seinem Tod in seinem Schreibtisch gefunden (d.h. nie abgeschickt) wurde. In diesem Dokument schüttete er sein Herz aus über seine Schwerhörigkeit, die – wie er nun wohl annehmen mußte – zu völliger Taubheit führen konnte.

Sein Freund und Schüler Ferdinand Ries besuchte ihn in Heiligenstadt. Während eines Spaziergangs wies Ries auf den schönen Klang einer Hirtenflöte hin – aber Beethoven konnte es nicht hören!

> Und doch war's mir noch nicht möglich den Menschen zu sagen: sprecht lauter, schrejt, denn ich bin taub, ach wie wär es möglich dass ich dann die Schwäche eines Sinnes angeben sollte; der bej mir in einem vollkommenern Grade als bej andern sein sollte, einen Sinn den ich einst in der grössten Vollkommenheit besass ... aber welche Demüthigung wenn jemand neben mir stund und von weitem eine flöte hörte und ich nichts hörte; oder jemand den Hirten Singen hörte, und ich auch nichts hörte.[9]

---

1 Josephine an ihre Schwestern, ca. 1801, in La Mara (1920), S. 39.

2 "Heiligenstädter Testament", in Pichler (1994), S. 367; Brandenburg (1996), Nr. 106.

3 Sonate für Piano & Horn in *F-Dur* Op. 17, 1800.

4 Josephine an ihre Schwestern, ca. 1800/1801, in La Mara (1920), S. 38 f. La Mara (1920, S. 39) kommentiert: "Man freute sich des Lebens."

5 Josephine an ihre Schwestern, ca. 1801, in La Mara (1920), S. 39.

6 "Chenille" ist französisch für "Raupe" (ein samtartiger Stoff).

[7] Josephine an ihre Schwestern, Oktober 1803, in La Mara (1920), S. 42.

[8] Siehe Brandenburg (1996), Nr. 65 und Nr. 67.

[9] "Heiligenstädter Testament", in Pichler (1994), S. 368; Brandenburg (1996), Nr. 106.

1803: Nach Prag

Trotz seiner Hörprobleme durchlebte Beethoven eine äußerst produktive Phase seiner Karriere,[1] mit zwei großen Konzertaufführungen seiner neuesten Werke am 5. April[2] und am 24. Mai 1803.[3] Zu seinen wichtigsten Kompositionen in diesem Jahr gehörten die Variationen über "God Save the King" WoO 78 und "Rule Britannia" WoO 79, und dann – als ein früher Höhepunkt seines Schaffens – die sensationell innovative Sinfonie Nr. 3 in *Es-Dur* "Eroica" Op. 55.

* * *

Im Juni 1803 zogen die Deyms mit ihrem ältesten Kind nach Prag, in ein Haus, das nur ein paar Straßenzüge vom Gasthaus "Zum schwarzen Roß" entfernt war – wo Beethoven später im Jahre 1812 wohnte (und wo er wahrscheinlich seine "Unsterbliche Geliebte" traf). Die beiden Buben blieben bei Großmutter Anna und Tante Therese in Budapest.

Graf Deym, der Verwandte in Böhmen hatte, wollte in seine Heimat zurück, was auch den zusätzlichen Vorteil eines erschwinglicheren Lebensstils hatte (im Vergleich zu der teuren Weltstadt Wien). Und seine ältesten Kinder waren schon dem Schulalter nahe. (Als Aristokraten waren sie natürlich nicht verpflichtet, öffentliche Schulen zu besuchen – sie würden private Lehrer und Erzieher haben, um sie standesgemäß zu erziehen und auszubilden.)

Er konnte nicht wissen, daß dieser, sein letzter, Umzug tödlich enden sollte.

* * *

Interessanterweise, gegen Ende 1803 – gerade als die Deyms nach Prag gingen – machte Beethoven auch Pläne, dorthin zu ziehen.[4]

[1] Steblin (2009), S. 136. Es ist auch bezeichnend, daß Beethoven mehr als zwei Drittel seiner Hauptwerke in dem Jahrzehnt von 1799 bis 1809 komponierte (den "Josephine–Jahren").

[2] Erstaufführung der Sinfonie Nr. 2 in *D-Dur* Op. 36 und des Piano_Konzerts Nr. 3 in *c-moll* Op. 37, in dem er den Klavierpart selbst spielte. Die Sinfonie Nr. 1 in *C-Dur* Op. 21 wurde auch wieder aufgeführt.

[3] Erstaufführing der Violin-Sonate Nr. 9 in *A-Dur* Op. 47, mit dem englischen Virtuosen George Bridgetower als Soloist, dem Beethoven die Sonate ursprünglich auch gewidmet hatte; aber nachdem Bridgetower eine beleidigende Bemerkung über eine Dame gemacht hatte, zog Beethoven die Sonate zurück und widmete sie stattdessen dem Geiger Rodolphe Kreutzer, der sie wiederum niemals aufgeführt hat - er fand sie "unspielbar".

[4] Goldschmidt (1977), S. 254; Tellenbach (1983), S. 63.

Ich liebe Sie, und schätze ihren moralischen Charackter - Sie haben viel Liebe, und Gutes mir und meinen Kindern erwiesen, daß werde ich nie vergessen ... so lange ich lebe.[1]

Largo sostenuto

[1] Josephine an Beethoven, 1805, Entwurf, in Schmidt-Görg (1957), S. 25.

Euer Majestät ... als Sterbender anzuflehen ... mein guttes Weib mit meinen unmündigen Kindern nicht verlassen zu wollen.[1]

1804: Witwe

Am 27. Januar 1804 starb Graf Deym an einer Lungenentzündung in seinem neuen Zuhause in Prag – die Katastrophe hatte sich ereignet, wie von "Cassandra" Therese prophezeit.

> Und diesen, von Sorgen und Kummer gedrückten, aber gutmüthigen Gemahl, an den sie sich kaum gewöhnt hatte, verlor sie, nachdem sie ihm noch zwei Knaben geboren und mit dem vierten Kinde guter Hoffnung war, auch an einer kurzen Krankheit.[2]

Am 4. Dezember 1803, bereits erschöpft vom Stress und den Ängsten beim Umzug eines Teils seiner Familie in ein neues Haus in Prag (und seine Frau schon wieder schwanger), war

> Deym ... nach Ofen [Budapest] gereist, um seine beiden Knaben abzuholen. Er kam mit einem gräulichen Husten an. ... Er reiste ... in der schlimmsten Jahreszeit bis Prag. ... Die Aerzte erklärten die galoppirende Lungensucht, und nach siebentägiger, schrecklicher Agonie war er, der Treffliche, eine Leiche! Josephine ... stand an seinem Bette Tag und Nacht ... mit beispielloser Geduld und Ausharrung. Er machte sein Testament. ... Er übertrug der jungen Frau die Vormundschaft über Kinder und Vermögen.[3]

Das war eher ungewöhnlich zu jener Zeit, da Witwen (geschweige denn geschiedene Frauen) in der Regel nicht die Vormundschaft über ihre eigenen Kinder zugesprochen wurde, und, wie wir sehen werden, diese Vormundschaft war für den Rest von Josephines Leben bedroht (als sie im Jahre 1821 starb, war selbst ihr ältestes Kind noch minderjährig).[4]

Auf dem Sterbebett schrieb Deym den letzten Brief seines Lebens an seinen Freund Kaiser Franz:

> Gnädigster Monarch! Nahe dem Tode wende ich meine letzte Kraft an, Euer Majestät für die mir erwiesenen Wohltaten zu danken, und als Sterbender anzuflehen, daß allerhöchst dieselben, mein guttes Weib mit meinen unmündigen Kindern nicht verlassen wollen. Eurer Majestät danckbahrst getreuster Unterthan Jos. Gr. Deym
>
> Prag, 22. Jener 1804.[5]

* * *

> Josephine ... ging zum Kaiser, der immer ein Protector Deyms war. ... Der Kaiser war gerührt und gütig.[6]

Nur, das Geld, das er ihr versprach, erhielt sie nie.

Am 24. Februar 1804, kurz nach Deyms Beerdigung, wurde Josephines viertes Kind, ein weiteres Mädchen, geboren. Sie nannte es Josepha – in Erinnerung an ihren geliebten Ehemann.

Zum Trauern gab es jedoch nicht viel Zeit, aufgrund der vielen Verpflichtungen aus der Hinterlassenschaft:

> Nun war aber die junge Mutter mit vier Kindern von Geschäften überhäuft, die sie erst zu führen lernen mußte: einer Kunstgallerie mit täglich zu verrechnenden Eintrittspreisen, 80 zu vermiethenden Zimmern eines Prachtgebäudes.[7]

Josephine hatte nun auch noch die Gesellschaft und die Unterstützung ihrer jüngeren Schwester Charlotte, die dann mit ansehen mußte, wie Josephine, nach all dem Stress, einen Nervenzusammenbruch hatte, und sie berichtete Therese darüber:

> Du kannst dir vorstellen, wie die Fieberanfälle mich beunruhigen, was ich dabei leide. Die Nächte besonders waren furchtbar, sie hatte schreckliche Nervenzufälle, bald lachte, bald weinte sie, darnach trat äußerste Mattigkeit ein. ... Wie traurig![8]

* * *

Im Sommer 1804 wurde Beethovens Liebe zu Josephine neu entfacht und intensiviert, was in mindestens 15 Liebesbriefen dokumentiert ist, die er ihr in den folgenden ca. fünf (vielleicht sogar sechs) Jahren schrieb – d.h. Briefe, die überlebten (weil Josephine sie aufhob).

Hinzu kommt, daß die junge Witwe ihm bald auf gleiche Art antwortete; sie offenbarte ihre Liebe zu Beethoven in mehreren Briefen (oft in Büchern versteckt, die sie sich gegenseitig ausliehen), von denen jedoch keiner überlebte – nur einige ihrer Entwürfe.

Die zunächst sehr rasche Entfaltung von Beethovens Zuneigung zu Josephine kann am besten anhand der Formulierungen, die er in seinen Grußworten verwendete, nachverfolgt werden – eine faszinierende Korrespondenz:

> ... leben sie wohl liebe gute Gräfin - ihr ergebenster Beethowen.[9]
>
> ... auf glükliches Widersehen ... ihr Sie anbetender Beethowen.[10]
>
> ... liebe Gute J. ... - ihr - ihr - ihr Beethowen.[11]
>
> **Sie** Sie mein Alles meine Glückseeligkeit ... Stille schlage nur armes Herz - weiter kannst du nichts - . Für **Sie** - immer für **Sie** - nur **Sie** - ewig Sie - bis ins Grab nur Sie - Meine Erquickung - mein Alles.[12]
>
> O geliebte J., nicht der Hang zum andern Geschlechte zieht mich zu ihnen, nein **nur sie ihr ganzes Ich** mit allen ihren Eigenheiten - haben meine Achtung - alle meine gefühle - mein ganzes Empfindungsvermögen an sie gefesselt... Lange - Lange - Dauer - möge unsrer Liebe werden - sie ist so edel - so sehr auf wechselseitige Achtung und Freundschaft gegründet - selbst die große Ähnlichkeit in so manchen sachen, im Denken und empfinden -
> o sie laßen mich hoffen, daß **ihr Herz** lange - für mich schlagen werde - **das meinige** kann nur - au[f]hören - für sie zu schlagen - wenn - es **gar nicht mehr schlägt - geliebte J.**[13]
>
> ... leb [!] wohl Engel - meines Herzens - meines Lebens.[14]
>
> ... hier **ihr** - **ihr** - *Andante* - und die *Sonate* ... leben sie Wohl Engel meines Herzens.[15]
>
> ... leben sie Wohl geliebte einzige J.[16]

Von Mitte 1804 bis (mindestens) Ende Mai 1805 gab es ein kontinuierliches Crescendo in Beethovens Liebe zu Josephine, so wie es in diesen Briefen zum Ausdruck kam: Sie war seine "Liebste", seine "Einzige", seine "Geliebte", sein "Alles" – sein "**Engel**".

Er besuchte sie weiterhin regelmäßig, unter dem Vorwand, ihr Klavierunterricht zu geben – aber wer wollte jetzt noch glauben, nach sechs Jahren kontinuierlichen Unterrichts, mehreren öffentlichen Auftritten, und da sie ohnehin schon recht versiert und in jedem Fall auch sehr talentiert war, daß sie immer noch einen Lehrer brauchte?[17]

Beethoven hatte seine Klaviersonate Nr. 21 in *C-Dur* Op. 53 seinem einstigen Gönner in Bonn, Ferdinand Graf von Waldstein gewidmet, aber er ersetzte dann den ursprünglichen langsamen Satz durch einen anderen. Dieses separate kleine Stück nannte er *Andante favori* (WoO 57).

Es war das "Josephine-Leitmotiv".

---

[1] Deym an Kaiser Franz, 22. Januar 1804, in Hatwagner (2008), S. 29.

[2] Thereses Memoiren, in La Mara (1909), S. 67.

[3] Thereses Memoiren, in La Mara (1909), S. 69 f.

[4] Beethoven sollte später diese Diskriminierung von Frauen im Gesetz zu seinem Vorteil ausnutzen, als er mit seiner verwitweten Schwägerin um die Vormundschaft über seinen Neffen stritt.

[5] Deym an Kaiser Franz, 22. Januar 1804, in Hatwagner (2008), S. 29.

[6] Thereses Memoiren, in La Mara (1909), S. 70 f.

[7] Thereses Memoiren, in La Mara (1909), S. 71.

[8] Charlotte an Therese, 16. September 1804, in La Mara (1920), S. 45.

[9] Beethoven an Josephine, Sommer 1804, in Schmidt-Görg (1957), S. 8; Brandenburg (1996), Nr. 201. Offenbar schrieb er seinen Namen mit einem "w", weil im Deutschen das "v" in der Regel wie ein "f" ausgesprochen wird (siehe auch Steblin 2009b).

[10] Beethoven an Josephine, Ende November 1804, in Schmidt-Görg (1957), S. 9; Brandenburg (1996), Nr. 202.

[11] Beethoven an Josephine, Anfang Dezember 1804, in Schmidt-Görg (1957), S. 11; Brandenburg (1996), Nr. 203.

[12] Beethoven an Josephine, 1. Quartal 1805, in Schmidt-Görg (1957), S. 15; Brandenburg (1996), Nr. 214.

[13] Beethoven an Josephine, März/April 1805, in Schmidt-Görg (1957), S. 14; Brandenburg (1996), Nr. 216.

[14] Beethoven an Josephine, Ende April 1805, in Schmidt-Görg (1957), S. 19; Brandenburg (1996), Nr. 219. Der Ausdruck "**leb wohl**" verwendet ausdrücklich die "**Du**"-Form, im Gegensatz zum üblichen "Sie" (wie in "Leben **Sie** wohl"). Vor 200 Jahren war die Einhaltung von Formalitäten im Gebrauch der deutschen Sprache sehr viel strenger ausgeprägt, zumindest im Schriftlichen. Dieser eigenartige "Ausrutscher" (oder "Freudsche Fehler") scheint anzudeuten, daß **Ludwig und Josephine schon miteinander "intim" gesprochen hatten**, obwohl sie normalerweise in ihrer schriftlichen Kommunikation noch der Tradition folgten. Es war in jenen Tagen üblich, daß Paare nicht vor der Eheschließung vom "Sie" zum "Du" übergingen; auch Kinder hatten ihre Eltern mit "Sie" anzureden. Dies ist ein interessanter Punkt, wenn wir zu dem berühmten Brief an seine "Unsterbliche Geliebte" kommen, wo Beethoven das intime "Du" durchweg verwenden sollte. Es ist ebenfalls sehr interessant in diesem Zusammenhang, daß Antonie Brentano in einem Brief an ihren Ehemann Franz (Goldschmidt 1977, S. 123) zugab, nicht nur, wie sehr sie ihn liebte (ihren Mann - nicht Beethoven!), sondern auch, daß sie es selbst nach mehreren Jahre ihrer Ehe noch nicht über sich bringen konnte, ihn mit "Du" anzureden.

[15] Beethoven an Josephine, April/Mai 1805, in Schmidt-Görg (1957), S. 17; Brandenburg (1996), Nr. 220. Das "*Andante*" war natürlich das *Andante favori*.

[16] Beethoven an Josephine, Ende Mai 1805, in Schmidt-Görg (1957), S. 18; Brandenburg (1996), Nr. 221.

[17] Erstaunlicherweise blieb die Liebe zwischen Josephine und Beethoven bis 1957 ein Geheimnis (als dann endlich die ersten 13 seiner bislang unbekannten Liebesbriefe veröffentlicht wurden) - d.h., fast: Es gab einige, die spekulierten und aus den wenigen verfügbaren Hinweisen den Schluß zogen, daß Josephine die "Einzige" war, z.B. La Mara (1920) und Kaznelson (1954). Rolland (1928) war auch nahe dran.

Mein Herz haben Sie schon längst, lieber Beethoven... Ich liebe Sie unaussprechlich – wie ein frommer Geist den andern.[1]

1805: Hoffnung

Beethoven hatte gegen Ende des Jahres 1804 das Lied "An die Hoffnung" komponiert. Diese herzzerreißende Melodie, mehr als passend zum Text, war keiner anderen als Josephine gewidmet – das einzige Musikstück, das er jemals ihr allein gewidmet hat.

Allerdings: nur privat! Es gab keine offizielle Widmung auf der veröffentlichten Version. Deshalb brachte es den Komponisten in eine große Verlegenheit, als eines Tages Fürst Lichnowsky das Lied mit der Widmung auf Beethovens Schreibtisch entdeckte. Außerdem wußte (oder ahnte) Lichnowsky offensichtlich, was es damit auf sich hatte, und Beethoven mußte nun wohl einiges erklären.

In einem langen Brief an Josephine – dem längsten von allen – versuchte er, sie davon zu überzeugen, daß es keinen Grund zur Sorge gab:

> Wie ich sagte die Sache mit L[ichnowsky] ist nicht so arg meine Geliebte J. als man sie ihnen machte – L. hatte durch Zufall **das Lied an die Hoffnung bej mir** liegen sehen, ohne daß ich es bemerkte...
>
> L. sagte selbst, daß er selbst zu sehr mit Delikatesse Bekannt sej, **als daß er auch nur ein Wort gesagt hätte, wenn er für gewiß ein engeres Verhältniß vorausgesezt hätte** – im Gegentheil wünsche er nichts so sehr als daß ein solches Verhältniß zwischen ihnen und mir entstehen möge, wenn es möglich wäre, indem, so viel man ihm von **ihrem Kharakter** berichtet habe, dieses nicht anders als Vortheilhaft für mich sejn könne...
>
> Ein Ereigniß machte mich lange Zeit an aller Glückseeligkeit **des Lebens hienieden** zweiflen – nun ist es nicht halb mehr so arg, ich habe **ihr Herz** gewonnen, o

ich weiß es gewiß, welchen **Werth** ich drauf zu legen habe, meine Thätigkeit wird sich wieder Vermehren, und - hier verspreche ich es ihnen hoch und theuer, in kurzer Zeit werde ich **meiner und ihrer** Würdiger da stehn.

... o geliebte J., nicht der Hang zum andern Geschlechte zieht mich zu ihnen, nein **nur sie ihr ganzes Ich** mit allen ihren Eigenheiten - haben meine Achtung - alle meine gefühle - mein ganzes Empfindungsvermögen an sie gefesselt - als ich zu ihnen kam - war ich in der festen Entschlossenheit, auch nicht einen Funken Liebe in mir keimen zu laßen, sie haben mich aber überwunden - ob **sie das wollten?** - oder **nicht wollten?** - diese Frage könnte mir J. wohl einmal auflösen -

Ach himmel, was mögt ich ihnen noch alles sagen - wie ich an sie denke - was ich für sie fühle - aber wie schwach wie armseelig diese sprache - wenigstens die meinige - Lange - Lange - Dauer - möge unsrer Liebe werden - sie ist so edel - so sehr auf wechselseitige Achtung und Freundschaft gegründet - selbst die große Ähnlichkeit in so manchen sachen, im Denken und empfinden - o sie laßen mich hoffen, daß **ihr Herz** lange - für mich schlagen werde - **das meinige** kann nur - au[f]hören - für sie zu schlagen - wenn - **es gar nicht mehr schlägt - geliebte J**.[2]

Beethoven gab Josephine dann das *Andante favori* als ein besonderes Geschenk, und er veröffentlichte das Lied "Ich denke dein" (plus 6 Variationen für Klavier zu vier Händen in *D-Dur*) WoO 74 mit einer Widmung an Josephine und Therese.

Ein weiterer Brief-Entwurf an Josephine um diese Zeit spricht

von ihr - der einzig Geliebten - warum giebt es keine Sprache die das Ausdrücken kann was noch weit über Achtung - weit über alles ist - was wir noch nennen können - o wer kann **Sie** aussprechen, und nicht fühlen daß so viel er auch über Sie sprechen möchte - das alles nicht **Sie** - erreicht - - nur in **Tönen** -

Ach ich bin nicht zu stolz, wenn ich glaube, die Töne wären mir williger als die Worte - **Sie** Sie mein Alles meine Glückseeligkeit - Ach nein - auch nicht **in meinen Tönen** kann ich es, obschon du Natur mich hierin nicht karg beschenktest, so ist [es] doch zu wenig für **Sie**. Stille schlage nur armes Herz - weiter kannst du nichts - .

> Für **Sie** - immer für **Sie** - nur **Sie** - ewig Sie - bis ins Grab nur Sie -
> Meine Erquickung - mein Alles[,] o Schöpfer wache über Sie - Seegne ihre Tage - eher über mich alles ungemach nur **Sie** - Stärke seegne tröste Sie - in dem armseeligen und doch so glükseeligen Daseyn, der Sterblichen Menschen - - wäre auch Sie nicht die mich wieder an das Leben angekettet auch ohne dieses wäre sie mir alles -.[3]

Und natürlich gab es eine Antwort von Josephine – wenn auch viel gemessener:

> Mein Herz haben Sie schon längst, lieber Beethoven ... den größten Beweis meiner Liebe - meiner Achtung empfangen Sie, durch dieß Geständniß, durch daß Vertrauen! - Es ist das, was Sie am meisten adelt, daß Sie es zu schätzen wissen - daß Sie den Werth kennen, dessen Besitz ich Ihnen hie[r]mit - den Besitz des edelsten meines **Ich**'s, daß ich Ihnen hiemit versichre - werden Sie mir beweisen. - wenn Sie damit zufrieden -
> Nicht mein Herz zerreißen - - Nicht weiter in mich dringen - Ich liebe Sie unaussprechlich - wie ein frommer Geist den andern - Sind Sie dieses Bündnißes nicht fähig? - Andrer Liebe bin ich nicht für jetzo nicht empfänglich.[4]

Bald darauf kontaktierte Josephine Beethoven (vermutlich wieder mal vermittels eines Buch-Austausches):

> Lieber guter **Beethoven**! Wie geht es Ihnen? was machen Sie? - Recht oft - sehr oft beschäftigen mich diese Fragen.[5]

Dies war wahrscheinlich eine codierte Einladung, um ihn während ihrer Sommerferien zu sehen, nachdem Charlotte, die Anstandsdame, den Grafen Teleki geheiratet hatte (im September 1805), und sie wegen ihrer Hochzeitsreise allein ließ.

Es gibt auch noch den Entwurf eines Schreibens, das nicht vollendet (und daher womöglich nicht gesendet) wurde, aber es demonstriert deutlich Josephines Gemütszustand (ihre Kinder waren ihr am wichtigsten):

> Ich liebe Sie, und schätze ihren moralischen Charackter - Sie haben viel Liebe, und Gutes mir und meine Kindern erwiesen, daß werde ich nie vergessen, und so lange ich lebe, werde ich stets Antheil an ihrem Schicksale nehmen, und was ich kann zu ihrem Glücke beitragen -.[6]

* * *

> [November] 1805 war die französische Armee in Wien und der große kleine Corporal in Schönbrunn als Kaiser... Josephine ... kaufte 2 Pferde und fuhr in des Bruders Wagen ... allein bis Martonvásár.[7]

So wie die Brunsviks zogen es die meisten Mitglieder der Wiener Aristokratie vor, sich während der französischen Okkupation anderswo aufzuhalten:

> Den Winter ... 1805 auf [180]6 hatten wir sehr brillant gelebt. Der Kaiser war geflüchtet ... nach ... Ungarn.[8]

Und Beethoven bereute es nicht, daß er die Widmung seiner *Eroica*-Sinfonie an den französischen General zurückgezogen hatte.

---

1 Josephine an Beethoven, 1. Quartal 1805, Entwurf, in Tellenbach (1983), S. 67, 74; Brandenburg (1996), Nr. 215.

2 Beethoven an Josephine, März/April 1805, in Schmidt-Görg (1957), S. 12-14; Brandenburg (1996), Nr. 216.

3 Beethoven an Josephine, 1. Quartal 1805, in Schmidt-Görg (1957), S. 15; Brandenburg (1996), Nr. 214.

4 Josephine an Beethoven, 1. Quartal 1805, Entwurf, in Tellenbach (1983), S. 49, 74; Brandenburg (1996), Nr. 215.

5 Josephine an Beethoven, 3. Juni 1805, Entwurf, in Schmidt-Görg (1957), S. 20.

6 Josephine an Beethoven, 1805, Entwurf, in Schmidt-Görg (1957), S. 25.

7 Thereses Memoiren, in La Mara (1909), S. 75.

8 Thereses Memoiren, in La Mara (1909), S. 77.

Coquetterie, und kindische Eitelkeit seyen gleich weit von mir entfernt ... Nur der Glaube an Ihren innern Werth machte mich Sie lieben. ...

Glauben Sie lieber guter Beethoven, dass ich viel mehr, viel mehr leide als Sie... viel mehr![1]

1806: Eifersucht

Beim Durchtanzen des Winters in Budapest traf Josephine den Grafen Wolkenstein, der sich prompt in sie verknallte.

> Obersthofmeister Graf Wolkenstein machte förmlich die Cour meiner Josephine, welche damals in allem Glanz der Jugend und Schönheit strahlte, mit Geist, Witz und Verstand.[2]

Es überrascht nicht, daß Beethoven von dieser Entwicklung nicht gerade begeistert war, obwohl der vernarrte Graf nicht lange blieb.

Beethoven fühlte, daß er allen Grund hatte, auf Josephine wegen ihrer "Affäre" mit Wolkenstein eifersüchtig zu sein – und er ließ es sie wissen. Er komponierte ein Lied "Empfindungen bei Lydiens Untreue" WoO 132, später umbenannt in "Als die Geliebte sich trennen wollte":

Der Hoffnung letzter Schimmer sinkt dahin!
Sie brach die Schwüre all mit flücht'gem Sinn;
So schwinde mir zum Trost auch immerdar
Bewußtsein, daß ich zu glücklich war!
...
Ha, holde Hoffnung, kehr zu mir zurücke;
Reg all mein Feuer auf mit einem Blicke!
Der Liebe Leiden seien noch so groß;
Wer liebt, fühlt ganz unglücklich nie sein Los!

Josephine zögerte jedoch nicht, ihm ihre unerschütterliche Liebe zu beteuern:

> Glauben Sie l[ieber] g[uter] B[eethoven], dass ich viel mehr, viel mehr leide als Sie ... viel mehr! Wenn Ihnen mein Leben lieb ist, so handeln Sie mit mehr Schonung – Und vor allem – zweifeln Sie nicht an mir...
>
> Dieser Verdacht den Sie so oft, so kränkend mir zu verstehen geben, ist das was mich über allen Ausdruck schmerzt – Er sey fern von mir. Ich verabscheue diese niedrigen, äusserst niedrigen Vortheile unsers Geschlechts! – – Sie sind tief unter mir – Und ich glaube ihrer nicht zu bedürfen! –
>
> Coquetterie, und kindische Eitelkeit seyen gleich weit von mir entfernt – So wie meine Seele weit erhaben ist ... Nur der Glaube an Ihren innern Werth machte mich Sie lieben ... Denken Sie immer, Sie haben ihr Wohlwollen[,] Ihre Freundschaft einem Geschöpfe geschenkt – daß gewiß ganz Ihrer würdig ist.[3]
>
> Vorausgesetzt daß ich Ihnen gut bin, daß ich Werth in ihre Freundschaft setze, wie können Sie mich kränken, mich die [ich] Sie vertrauungsvoll tiefer in meiner Seele lesen ließ, als unsre kurze Bekan[n]tschaft es eigentlich erlaubte, die Sie eben dadurch wissen, wie wenig Ursache zum Frohseyn [ich] habe – und sie können mich betrüben, durch Mangel an Vertrauen an Festigkeit in meinem Charackter![4]

* * *

Als seine Geliebte dann auf Reisen war,[5] hatte Beethoven eine ziemlich folgenreiche Kollision mit seinem Freund und Gönner Fürst Lichnowsky, als er mit ihm auf dessen Landsitz in der Nähe von Troppau in Schlesien weilte, was dann zu einer deutlichen Abkühlung der Beziehung (und dem Ende der finanziellen Unterstützung) führte.

Einige französische Offiziere, die dort zu Besuch waren, baten ihn zu spielen. Beethoven, einst ein aufrichtiger Bewunderer der Franzosen, lehnte dies ab (er war sowieso nur selten geneigt, auf Aufforderung zu spielen). Lichnowsky wollte ihn zwingen, aber Beethoven verließ ihn impulsiv zu Fuß, bei strömendem Regen, und verbrachte die Nacht an einem unbekannten Ort.

Er reiste heim nach Wien, wo er Lichnowskys Büste zu Boden warf. Und in seinem Zorn schrieb ihm Beethoven diesen Brief:

> Fürst! Was Sie sind, sind Sie durch Zufall und Geburt. Was ich bin, bin ich durch mich. Fürsten hat es und wird es noch Tausende geben. Beethoven gibt's nur einen.[6]

* * *

Am 25. Mai 1806 heiratete Carl van Beethoven Johanna Reiß, die bereits mehr als fünf Monate schwanger war, sehr zum Mißfallen seines älteren Bruders. Ludwigs Neffe Karl wurde am 4. September 1806 geboren.

---

1 Josephine an Beethoven, vermutlich 24. April 1806, Entwurf, in Goldschmidt (1977), S. 196; Brandenburg (1996), Nr. 250.

2 Thereses Memoiren, in La Mara (1909), S. 77; La Mara (1920), S. 69. Interessanterweise war dieser Graf ein Witwer, der wieder geheiratet hatte, aber den Brunsviks nichts davon sagte. Seine leidenschaftlichen Liebesbriefe an Josephine (und an Therese über Josephine, siehe La Mara 1920, S. 70-72) sind von daher wohl nicht ganz ernst zu nehmen (siehe auch Goldschmidt 1977, S. 227). Daß die Schwestern ihn zwei Jahre später wieder getroffen haben sollten - Thereses Memoiren zufolge (in La Mara 1909, S. 78) - muß ein Irrtum sein: Wolkenstein war inzwischen gestorben.

3 Josephine an Beethoven, vermutlich 24. April 1806, Entwurf, in Schmidt-Görg (1957), S. 24; Brandenburg (1996), Nr. 250.

4 Josephine an Beethoven, Frühling 1806, Entwurf, in Schmidt-Görg (1957), S. 24; Brandenburg (1996), Nr. 217.

5 "1806 kam Josephine wieder nach Ungarn und wir reisten zusammen Ende May nach Siebenbürgen." (Thereses Memoiren, in La Mara 1909, S. 75.)

6 Beethoven an Fürst Lichnowsky, Ende Oktober 1806, in Pichler (1994), S. 246; Brandenburg (1996), Nr. 258.

Beethoven und Pepi, was soll daraus werden? Sie soll auf ihrer Hut sein! ... Ihr Herz muss die Kraft haben nein zu sagen, eine traurige Pflicht.[1]

1807: Der erzwungene Rückzug

Charlotte hatte Therese (bereits im Dezember 1804) pflichtbewußt und sehr detailliert über die Entwicklung von Beethovens Interesse an Josephine berichtet:

> Beethoven war zweimal hier. Pepi hat ihn neulich zum Abendessen eingeladen, danach gab es Musik – Quartette – und er war so freundlich, auf Bitten sofort eine Sonate und Variationen zu spielen, die gleichen, die ich dir gesendet habe. Er spielte göttlich.[2]
>
> Beethoven ist äußerst liebenswürdig, er kommt fast jeden zweiten Tag und gibt Pepi Stunden. ... Jetzt komponiert er eine Oper und hat uns schon mehrere herrliche Stücke daraus vorgespielt.[3]

Die Oper *Leonore* (später umbenannt in *Fidelio*) sollte Beethovens einzige bleiben. Die Verherrlichung der ehelichen Liebe, der Hoffnung, und die Handlung – die heroische Befreiung eines Todgeweihten durch seine mutige Frau – waren offensichtlich Themen, die dem Komponisten gerade in den Jahren 1804/5 sehr am Herzen lagen.

Das Lied "An die Hoffnung", Josephine heimlich gewidmet, wurde von der ganzen Familie Brunsvik geteilt:

> Beethoven war gerade da... Fast jeden Tag kommt er und ist unendlich liebenswürdig. Er hat ein Lied für Pepi komponiert, das sie dir schickt; doch bittet sie dich, es niemandem zu zeigen... Es wird dir, dessen bin ich gewiß, gefallen, **namentlich im Eingang**.[4]
>
> Der gute Beethoven hat mir ein hübsches Lied 'an die Hoffnung' für mich geschrieben, zum Geschenk gemacht... In der Charwoche wird die neue Sinfonie von Beethoven ... aufgeführt.[5]

Während ihre Mutter alarmiert sein mußte (eine Heirat mit einem armen Musikus kam nicht in Frage), war ihre Schwester beeindruckt:

> Beethovens Lied ist himmlisch schön.[6]

Therese fühlte sich veranlaßt, als "Antwort" auf Beethovens mittlerweile veröffentlichtes Lied "Ich denke dein", ein eigenes Gedicht zu komponieren, welches sie dann ihren Schwestern schickte, mit der Bemerkung: "Nach Genies kommen zunächst diejenigen, die sie zu schätzen verstehen":

Ich denke dein beim heitern Früherwachen
Und dein gedenkend schlaf ich ein;
Und wenn im Schlaf mich Träume glücklich machen -
Dann denk' ich dein.

Ich denke dein bei jedem Wink der Freude,
Bei jeder still verhaltnen Pein,
Und wenn ich weinend von der Hoffnung scheide -
So denk' ich dein.

Ich denke dein, so lang ich athmen werde,
Und werd' ich einstens nicht mehr sein,
Auch jenseits dieser kummervollen Erde
Denk' ich nur dein![7]

Nachdem das Trauerjahr vorüber war, begannen die Brunsvik-Schwestern wieder, das Leben zu genießen (d.h., Parties in Budapest zu feiern):

> Jetzt werden wir Feste über Feste feiern... Wir werden ein Karussell in Masken haben, auch einen Maskenball ... am 23. Februar [1805]... Alle Welt ist mit Vorbereitungen beschäftigt - es wird köstlich werden.[8]
>
> Bis in den hellen Tag hinein haben wir getanzt und kamen erst um 9 Uhr nach Hause. Pepi blieb ebenso lange und schläft jetzt. Ich habe mich ausgezeichnet unterhalten... Ich habe so viel getanzt daß ich weder Fuß noch Hand mehr rühren kann.[9]

* * *

Als Charlotte gegen Ende des Jahres 1804 das erotische Interesse Beethovens an Josephine bemerkte, begann sie, sich Sorgen zu machen. Alarmiert, informierte sie nicht nur Schwester Therese, sondern auch Bruder Franz, das Familienoberhaupt:

> Beethoven kommt sehr oft, er gibt Pepi Unterricht - das ist ein bißchen **gefährlich**, muß ich gestehen.[10]

> Beethoven ist fast täglich bei uns, gibt Pipschen Unterricht - **du hörst, mein Herz**![11]

Zu Beginn des Jahres 1805 hatte Therese bereits auf Charlottes Berichte reagiert, und sie erinnerte ihre jüngste Schwester an ihre Pflichten als Anstandswauwau:

> Dein Lied, Liebste, ist meine Wonne, seit ichs besitze. Nach zwei Tagen konnte ichs auswendig. ... Aber sage mir, Beethoven und Pepi, was soll daraus werden? Sie soll auf ihrer Hut sein! ... **Ihr Herz muss die Kraft haben nein zu sagen**, eine traurige Pflicht.[12]

Im Oktober 1805 sprach Charlotte dann Klartext:

> Das einzige, was ich dir raten kann, ich flehe dich an, sei auf der Hut mit B: mach es dir zur Regel, daß du ihn niemals allein siehst, noch besser wenn er nie in dein Haus kommt, gebe Gott dir die Kraft auszuführen, was ich dir rate! daß Er dich deiner Familie und deinen Kinder zurückgibt, daß Er deinem Herzen wieder Frieden und Glück gibt.[13]

Charlotte ermahnte ihre Schwester Josephine dann nochmals, in Bezug auf Beethoven:

> Sei niemals allein mit ihm![14]

Angesichts des Standesunterschieds war die Familie Brunsvik alles andere als begeistert von Beethovens Annäherungsversuchen. Nach den Entwicklungen der letzten zwei Jahre, und nachdem Beethoven so häufig mit der jungen Witwe zusammen war, gab es nun eine reale Gefahr, daß er einen Schritt weitergehen und ihr einen Antrag machen könnte.

* * *

Das Jahr 1807 begann mit einem Brief Josephines an Ludwig, um ihn über ihr Dilemma zu informieren:

Meine ohnedieß, für Sie **enthousiastische** Seele noch ehe ich Sie persönlich kannte - erhielt durch Ihre Zuneigung Nahrung. Ein Gefühl das tief in meiner Seele liegt und keines Ausdrucks fähig ist, machte mich Sie lieben; noch ehe ich Sie kan[n]te machte ihre Musick mich für Sie **enthousiastisch** -

Die Güte ihres Characters, ihre Zuneigung vermehrte es - dieser Vorzug den Sie mir gewährten, das Vergnügen Ihres Umgangs, hätte der schönste Schmuck meines Lebens seyn können[,] liebten Sie mich minder sinnlich - daß ich diese Sinnliche Liebe, nicht befriedigen kann - zürnen Sie [nicht?] auf mich -

Ich müßte heilige Bande verletzen, gäbe ich Ihrem Verlangen Gehör - Glauben Sie - daß ich, durch Erfüllung meiner Pflichten, am meisten leide - und daß gewiß, edle Beweggründe meine Handlungen leiteten.[15]

Es ist denkbar, daß es Beethovens "Verlangen" war, Josephine zu heiraten, und sie gezwungen war, "nein" zu sagen, weil sie "heilige Bande" nicht "verletzen" konnte – ihre Pflicht als Mutter, sich um ihre vier Kinder zu kümmern, und vor allem, sie zu behalten. Dies war ein wesentlich ernsthafteres Hindernis als die Tatsache, daß eine Heirat mit einem Bürgerlichen aus der Sicht der adligen Brunsviks unerwünscht war. Es war einfach eine Tatsache, daß Josephine im Falle einer Heirat mit Beethoven die Vormundschaft ihrer Kinder – an die sie durch "heilige Bande" gebunden war – verloren hätte.[16]

Und Beethoven war sich dessen voll und ganz bewußt, wie auch der Bemühungen der Familie Brunsvik, ihn von Josephine fernzuhalten:

Liebe gute liebe, - - - J. ... ich versuche es diesen Abend ob ich sie geliebte liebe, liebe, J. finde, ist es nicht, nun so fluche ich ihren Verwandten alle Übel an den Hals - leben sie wohl liebe [J,] ich habe sie so lieb, als sie mich nicht liebhaben.
ihr tr[euer] L v Beethowen.[17]

Neu war jedoch, daß Ludwig jetzt (1807) immer wieder seine nie enden wollende **Treue** betonte – gerade als sie (widerstrebend) begann, sich von ihm zurückzuziehen:

Geliebte einzige J. ... leben sie wohl, geliebte, liebe J. - ich bin nicht wohl - und befinde mich noch übler, weil ich sie gestern und heute nicht sehen konnte[,] ihr treuer Beethowen.[18]

Nachdem er sich von seiner Krankheit erholte hatte, war er immer noch voller Hoffnung, sie wieder zu sehen:

> Geliebte J. ... ich hoffe es wird mir in einigen Tägen besser gehn, und dann sehe ich sie meine geliebte einzige J. wieder.[19]

Er fand es unmöglich, sich ihrem Wunsch entsprechend von ihr fernzuhalten:

> Liebe, geliebte, einzige J.! - auch wieder nur einige Zeilen von ihnen - machen mir große Freude - Wie oft habe ich geliebte J. mit mir selbst gekämpft, um das Verbot, welches ich mir auferlegte, nicht zu überschreiten - aber Es ist vergebens, Tausend Stimmen flüstern mir immer zu, daß sie meine einzige Freundin[,] meine einzige Geliebte sind - ich vermag es nicht mehr zu halten, was ich mir selbst auferlegt, o liebe J., lassen sie unß unbekümmert auf jenem Weege wandeln, worauf wir oft so glücklich waren -
>
> Morgen oder übermorgen sehe ich sie, möge der Himmel mir eine ungestörte Stunde bescheeren, wo ich mit ihnen bin, um einmal die lange Entbehrte unterredung zu haben, wo einmal wieder mein Herz und meine Seele ihnen wieder begegnen kann - mein Zustand war bisher noch immer leidend, doch geht es allgemach beßer
>
> ... kaum war ich einen Tag wieder in Vien angelangt, so war ich **2 mal** bej ihnen - konnte aber nicht so glücklich sejn - sie zu sehen[.] Es that mir wehe - und ich vermuthete, daß **ihre Gesinnung viel[l]eicht** sich geändert - doch hoffe ich noch ... vergeßen sie nicht - verdammen sie nicht - ihren ihnen ewig treu ergebnen Beethowen.
>
> [PS] ich komme eben heute in die Stadt - und könnte bejnahe meinen Brief selbst übergeben - wenn ich nicht zweifelte - ob es mir nicht zum drittenmal fehlschlagen könnte sie zu sehn.[20]

Und da er keine Gelegenheit hatte, mit ihr zu reden, waren wohl einige Mißverständnisse entstanden:

> Liebe, liebe J. ... mein Kopf fängt an besser zu werden, und so - werde ich auch einsamer - um so mehr, da ich fast hier gar keine Gesellschaft für mich finde - sie sind nicht wohl - wie weh thut mir's, sie nicht sehen zu können - doch besser ist's für ihre[,] für meine Ruhe sie nicht zu sehen - sie haben mich nicht beleidigt - emp-

findlich war ich wohl aber aus einem ganz andern Grunde, als aus dem sie die Sache ansehen - heute kann ich ihnen nicht weitlaüfiger hierüber schreiben, was aber auch entstehen mag, unsere Meinung gegen einander ist wohl gewiß so vortheilhaft gegründet, daß Kleinigkeiten nie sie und mich entzweien können - doch können durch Kleinigkeiten wohl **Reflexionen** entstehn ... nichts wider sie liebe J. alles - alles für sie - aber doch muß es so sejn - leben sie wohl geliebte J. - in einigen Tägen mehr.[21]

Josephine antwortete, um ihn zu beruhigen:

Ich wollte Sie nicht beleidigen! lieber **B**...[22]

* * *

Aber ach, es sollte nicht sein, und sein letzter Brief vor ihrer Abreise deutete seine Resignation – und seine Verwirrung – an:

Liebe J. da ich bejnahe fürchten muß, daß sie sich von mir gar **nicht mehr finden** laßen - und ich mich den Abweisungen ihres Bedienten nicht mehr unterziehen mag - so kann ich wohl nicht anders mehr zu ihnen kommen - als Wenn sie mir hierüber ihre Mejnung offenbaren -

ist es wircklich an dem - daß sie mich nicht mehr sehen wollen - so - gebrauchen sie **Offenherzigkeit** - ich verdiene sie gewiß um Sie - als ich mich von ihnen entfernte, glaubte ich dieses zu müßen, da es mir vorkam, als wünschten Sie dieses - obschon ich nicht wenig gelitten hierdurch -, so bemeisterte ich mich meiner doch... sagen sie liebe J. - mir ihre Mejnung[,] nichts soll sie binden - ich kann und darf wohl in diesen Verhältnissen nichts mehr zu ihnen sagen - leben sie wohl liebe liebe J.[23]

* * *

Unter den Dokumenten, die man nach Beethovens Tod in seinem Schreibtisch fand (abgesehen vom "Heiligenstädter Testament" und dem Brief an die "Unsterbliche Geliebte"), war auch diese kurze Notiz:

> Nur liebe - ja nur Sie vermag dir ein Glücklicheres Leben zu geben - o Gott - lass mich sie - jene endlich finden - die mich in Tugend bestärkt - die mir **erlaubt** mein ist - Baaden am 27. Juli [1807.] Als die M. vorbejfuhr und es schien als blickte sie auf mich -.[24]

"Die M" war natürlich die Mutter – Anna von Brunsvik, und man kann sich vorstellen, wie ihr mißbilligender Blick das Herz des armen Ludwig durchbohrte, der nunmehr erkennen mußte, daß ihre Tochter ihm niemals erlaubt sein würde.

---

1 Therese an Charlotte, 20. Januar 1805, in La Mara (1920), S. 54.

2 "Beethoven était deux fois chez nous. Pepi l'a invité l'autre jour a dîné; après, on a fait musique, des quattors, et lui étais si aimable qu'il a tout de suite joué comme on l'a prié une sonate et des variations, les mêmes que je t'envoie, divinement." (Charlotte an Therese, 10. November 1804, deutsch in La Mara 1920, S. 48.) Josephines Spitzname war "Pepi" oder "Pipschen".

3 Charlotte an Therese, 20. November 1804, in La Mara (1920), S. 48.

4 Charlotte an Therese, Januar 1805, in La Mara (1920), S. 52.

5 Josephine an ihre Mutter, 24. März 1805, in La Mara (1920), S. 59.

6 Therese an Charlotte, 24. Januar 1805, in La Mara 1920, S. 55.

7 Therese an ihre Schwestern, 2. Februar 1805, in La Mara (1920), S. 56.

8 Therese an ihre Schwestern, Februar 1805, in La Mara (1920), S. 56.

9 Charlotte an Therese, 18. Februar 1805, in La Mara (1920), S. 58.

10 "Beethoven vient très souvent, il dône des leçons à Pepi - c'est un peu **dangereux**, je t'avoue." (Charlotte an Therese, 19. Dezember 1804, deutsch in La Mara 1920, S. 51.)

11 "Beethoven ist fast täglich bei uns, gibt Pipschen Unterricht - **vous m'entendez mon cœur**!" (Charlotte an Franz Brunsvik, 21. Dezember 1804, in La Mara 1920, S. 51.)

12 Therese an Charlotte, 20. Januar 1805, in La Mara (1920), S. 54. Das "Lied" war natürlich "An die Hoffnung".

13 "... la seul chose pour la quelle je te conjure, c'ést d'être sur tes gardes avec B: fait toi la loi de ne jamais le voir seul; meilleur il

servit encore de ne jamais le voir dans ta maison; que Dieu te donne la force d'exécuter ce que je te conseille! qu'il te redonne a ta Famille, a tes enfants: qu'il redonne a ton cœur la paix, et le bonheur." (Charlotte an Josephine, 20. Oktober 1805, in Steblin 2002, S. 29; Steblin 2007, S. 149.)

14 "Ne sois jamais seule avec lui!" (Charlotte an Josephine, ca. 1806, in Goldschmidt 1977, S. 328.)

15 Josephine an Beethoven, vermutlich Winter 1806/7, Entwurf, in Schmidt-Görg (1957), S. 20 f.; Brandenburg (1996), Nr. 265.

16 Siehe Tellenbach (1988).

17 Beethoven an Josephine, vermutlich 1807, in Schmidt-Görg (1957), S. 16.

18 Beethoven an Josephine, Mai 1807, in Schmidt-Görg (1957), S. 25.

19 Beethoven an Josephine, Mai 1807, in Brandenburg (1996), Nr. 280.

20 Beethoven an Josephine, 20. September 1807, in Goldschmidt (1977), S. 54 f.; Brandenburg (1996), Nr. 294.

21 Beethoven an Josephine, nach dem 20. September 1807, in Schmidt-Görg (1957), S. 28; Brandenburg (1996), Nr. 297.

22 Josephine an Beethoven, nach dem 20. September 1807, Entwurf, in Schmidt-Görg (1957), S. 28; Brandenburg (1996), Nr. 296.

23 Beethoven an Josephine, nach dem 20. September 1807, in Schmidt-Görg (1957), S. 28 f.; Brandenburg (1996), Nr. 295.

24 in Goldschmidt (1977), S. 57.

Was Josephine litt und ausstand nach ihrer Vermählung mit Stackelberg, davon ließen sich ganze Bücher schreiben.[1]

Inter Lacrimas et Luctum

[1] Thereses Memoiren, in La Mara (1909), S. 96.

Stackelberg war ihr unentbehrlich geworden. ...
Arme Josephine! in ihrer Unerfahrenheit ... ahnte sie nicht, daß sie selbst das Opfer seines Antrages werden müßte.[1]

1808: Eine Reise

Josephine und Therese machten sich auf eine lange Reise, um einen Erzieher für ihre Kinder zu finden. Josephine hatte sich offensichtlich zu dem Entschluß durchgerungen (oder ... wurde von ihren Verwandten zur Vernunft gebracht), daß ihre schulpflichtigen Kinder und deren Ausbildung nun die oberste Priorität ihres Lebens zu sein hatten. Therese erinnert sich:

> 1808 war meine Mutter nochmals geneigt Carlsbad zu besuchen. Wir hatten eine Cousine Elise Seeberg mit uns und beredeten Josephine uns zu folgen. ... Sie kam mit beiden Knaben, ihre zwei Töchter in Wien gut versorgt zurücklassend, und ... ich durfte sie begleiten ... nach Gotha und Schnepfenthal. Eine neue Welt war uns aufgethan.[2]

Die ziemlich rigorosen Erziehungsmethoden, die sie dort vorfanden, gefielen ihnen jedoch nicht:

> Wir ... zogen weiter nach Frankfurt a/M. ... Hier ... Baron Schönberg ... und ... Gräfin Stolberg ... beredeten uns ... Pestalozzi in Yverdon aufzusuchen, – damals auf dem Gipfel aller Pädagogen=Weisheit und seines Ruhmes. Unvergeßlich schön war die Reise im leichten Wagen, den Rhein entlang bis in die Schweiz... So zogen wir denn bald nach Yverdon mit den gespanntesten Erwartungen.[3]

Sie wurden nicht enttäuscht: Pestalozzi machte Josephine und Therese mit Christoph Baron von Stackelberg bekannt, einem gut aussehenden, charmanten und gebildeten jungen Mann, von dem sie sehr beeindruckt waren. Er wurde als Lehrer der Kinder engagiert:

> Unsere Knaben besuchten die Klassen regelmäßig ... (Oktober und November).[4]

Um diese Zeit gab es Truppenbewegungen von französischen Armee-Einheiten im süddeutschen Raum; daher wurde eine direkte Rückkehr nach Österreich als zu riskant angesehen. Stackelberg schlug einen Umweg durch das nördliche Italien vor, und

> Josephine entschloß sich in Solothurn, lieber durch Italien die Rückreise zu machen. Pestalozzi und Baron Stackelberg hatten uns bis dahin begleitet, und dem Wunsch des Letzteren - der ihrer Kinder wegen durch seine geläuterten pädagogischen Ansichten und seines reifen Urteils wegen, ihr wichtig geworden war - zu willfahren.[5]

Und wieder spürte unsere "Cassandra" die sich abzeichnende Katastrophe nahen:

> Aber der Zauber des Schicksals hatte gesprochen, und dieser Entschluß war der zweite Schicksalsring, der über Glück und Unglück der Familie entschied. Stackelberg war ihr unentbehrlich geworden. So gereifte Ideen, solcher Willen, solche Thatkraft waren ihr noch nicht begegnet. ... Arme Josephine! in ihrer Unerfahrenheit, in ihrem poetischen Sinn ahnte sie nicht, daß sie selbst das Opfer seines Antrages werden müßte.[6]

Doch zu jener Zeit hatte Therese sie nicht gewarnt.

Das Ende des Jahres war wenig glücklich, da Josephine wieder erkrankte, und dieses Mal wurde sie sogar sehr krank:

> In dieser Stimmung durchflogen wir Savoyen. Den 4. Dezember 1808 fuhren wir an einem jener schneidend feuchten Tage in der Nähe des Montblanc spazieren. ... Josephinens zarte Constitution erlag - eine heftige Colik brachte sie an den Rand des Grabes. Durch vier Wochen wachte ich und pflegte sie. ... Die Reise über den Mont Cenis war furchtbar unter diesen Umständen.[7]

* * *

Beethoven mittlerweile versuchte, seine Trauer über Josephines Abwesenheit zu besänftigen, indem er vier Versionen von Goethes Gedicht "Sehnsucht" WoO 134 komponierte:

Nur wer die Sehnsucht kennt,
Weiß, was ich leide!
Allein und abgetrennt
Von aller Freude,
Seh' ich ins Firmament
Nach jener Seite.

Ach! der mich liebt und kennt
Ist in der Weite.
Es schwindelt mir, es brennt
Mein Eingeweide.
Nur wer die Sehnsucht kennt,
Weiß, was ich leide!

Und die Sonate für Klavier und Violoncello Nr. 3 in *A-Dur* Op. 69. Sie trug die Überschrift "Inter Lacrimas et Luctum" [Unter Tränen und Trauer].

---

1 Thereses Memoiren, in La Mara (1909), S. 87.

2 Thereses Memoiren, in La Mara (1909), S. 83; La Mara (1920), S. 75 f.

3 Thereses Memoiren, in La Mara (1909), S. 84.

4 Thereses Memoiren, in La Mara (1909), S. 85.

5 Thereses Memoiren, in La Mara (1909), S. 86 f.; La Mara (1920), S. 76.

6 Thereses Memoiren, in La Mara (1909), S. 87. Der "Schicksalsring", auf den Therese sich hier bezieht, ist symbolisiert durch den Ehering, der ihrer armen Schwester Josephine wieder einmal mehr Unglück als Glück bringen sollte. Und es sollte noch schlimmer kommen. Diesmal sogar noch viel, viel schlimmer. Und auch schneller.

7 Thereses Memoiren, in La Mara (1909), S. 87.

Die Gegenwart Stackelbergs
und seine Persönlichkeit
mißfielen ... der Bruder, die
Mutter hatten krause Stirnen.[1]

1809: Heimkehr - mit Gepäck

Im März 1809, während Josephine weit weg war, litt Beethoven unter seiner Einsamkeit. Seinen Wunsch, eine Lebensgefährtin zu finden, brachte er in einem Brief an seinen Freund Ignaz Baron von Gleichenstein zum Ausdruck:

> Nun kannst du mir helfen eine Frau suchen, wenn du dort in F[reiburg] eine schöne findest, die viel[l]eicht meinen Harmonien zuweilen einen seufzer schenkt ... so knüpf im voraus an - Schön muss sie aber seyn, nichts nicht schönes kann ich nicht lieben - sonst müs[s]te ich mich selbst lieben.[2]

Etwas ernsthafter war seine Vertonung einer anderen, aber intensiveren, Version des Themas "Ich denke dein", das Lied "Andenken" WoO 136, das so endete:

Ich denke dein
Mit süßer Pein,
Mit bangem Sehnen
Und heißen Tränen.
Wie denkst du mein?

O denke mein
Bis zum Verein
Auf besserm Sterne!
In jeder Ferne
Denk' ich nur dein!

* * *

Inzwischen fuhren die Brunsvik-Schwestern und ihr Begleiter von den schneebedeckten Bergen hinunter nach Nord-Italien:

> Unbeschreiblich ist der Eindruck, vom ewigen Schnee und Eis ... so plötzlich uns in den lauesten Frühling versetzt zu sehen![3]

Therese genoß offensichtlich ihre Zeit in Italien:

> Mit Wonne erinnere ich mich der Tage in Genua und in Florenz. ... April und May in den Bädern Pisa's![4]

Allerdings war nicht alles eitel Sonnenschein – es gab auch einige düstere Schatten. Therese bekam mehr und mehr den Eindruck, daß sie nicht mehr benötigt wurde:

> Stackelberg nahm sich gleich der Erziehung und Leitung der Knaben an, er belehrte auch die Mutter; er liebte sie und ich wurde überflüssig. Die Sache ging so weit, daß man mir die Knaben nicht mehr anvertraute, sondern sie mit sich nahm und mich zu Hause ließ. ... In ... Pisa, wo Josephine nach der schweren Krankheit sowie in Florenz die Bäder brauchen mußte, daß ich so isoliert gelassen wurde.[5]

Therese hatte auch noch andere Gründe, wenig erbaut zu sein:

> Stackelberg war immer ohne Geld – er hatte sein ganzes Erbtheil schon verzehrt. ... Wir glaubten und trauten ihm. Die quasi Entzweiung der beiden liebenden Schwestern, die Nichtachtung der treuen, liebevollen Tante bei den Knaben war sein erstes Werk. Wohlweise verschwieg er seine Geldlosigkeit und erwartete immer Sendungen, die nicht kamen.[6]

Während der estnische Baron damit beschäftigt war, um die junge Witwe zu werben, war ihre Schwester sich selbst überlassen:

> Meine Spaziergänge machte ich größtenteils einsam auf die hohen Waldburgen, abseits von den Bädern.[7]

Nachdem er den Anstandswauwau beseitigt hatte, konnte Stackelberg seinen entscheidenden Schritt machen.

> Mit seinem gefährlichen Charme, besessen von Leidenschaft, kam er in Genf bei der durch die gerade überstandene Krankheit in ihrer Widerstandskraft geschwächten Josephine zu seinem Ziel. Sie gab später an, "sie habe ihn nie geliebt, ihn nie heiraten wollen, er habe durch alle Künste der Verführung sie gezwungen ihm sich hinzugeben ... wider ihren Willen".[8]

> Auf der Weiterfahrt hatte sie sich ihm verweigert und ihm klipp und klar erklärt, sie könne ihn nicht lieben. ... Wie hätte das gut enden können?[9]
>
> Als er nach einem Jahr erklärte, die Erziehung ihrer Söhne nur als Gatte Josephinens fortsetzen zu können, da er sie liebe, willigte die Begehrte, wenn auch widerstrebend, aus Liebe zu ihren Kindern ein.[10]

Aber als Josephine wieder nach Hause kam, war der zukünftige Ehemann, den sie ihrer Familie präsentierte, unerwünscht:

> Wir hatten unsre ganze Reise im kleinen ... Wagen meiner Schwester zurückgelegt. ... So waren wir leicht und leichtsinnig im mütterlichen Hause angelangt. Die Gegenwart Stackelbergs und seine Persönlichkeit mißfielen. Unsere verlängerte Reise ... und schon die Reise zu Pestalozzi mißfielen; der Bruder, die Mutter hatten krause Stirnen.[11]

Therese erzählt dann, mittels ihrer Fähigkeit, in Code zu sprechen, was jeder sehen konnte (oder wußte), nämlich daß Josephine schwanger war:

> Unsere Rückkunft nach dem geliebten Vaterlande aber war traurig! Ueberall Kleinlichkeitsgeist, unverstanden mußten wir zum Schweigen unsere Zuflucht nehmen! Mutter und Bruder waren ganz unzugänglich: Schwärmerei hieß es, überspanntes Wesen![12]

* * *

Josephine hatte ihren treuen Freund nicht vergessen. Angesichts der Tatsache, daß sie schon im sechsten Monat schwanger war und, wenn auch widerstrebend, versprochen hatte, Stackelberg zu heiraten, war ihr Brief an Beethoven so zurückhaltend wie nötig:

> Schon längst[13] hatte ich wohl gewünscht Nachricht von Ihrem Befinden zu haben, und lange schon würde ich mich darum erkundigt haben[,] hätte Bescheidenheit, mich nicht zurückgehalten. –
>
> Nun sagen Sie mir wie es Ihnen geht, was Sie machen? wie Ihre Gesundheit, Ihr Gemüth, Ihre Lebensart ist – der innige Antheil den ich an allem was Sie betrifft, nehme und so lange ich lebe nehmen werde macht es mir zum Bedürfnisse Nachricht darüber zu haben.

> Oder glaubt mein **Freund** *Beethoven*, darf ich sie wohl so nennen, ich habe mich geändert. - Was würde mir dieser Zweifel anders sagen als Sie selbst, wären nicht immer derselbe.[14]

Somit brachte Josephine in unmißverständlichen Worten ihre unveränderte Liebe zu Beethoven zum Ausdruck, und es ist klar, sie erwartete das gleiche von ihm – indem sie ihm versicherte, an seinem Leben "innigen Antheil" zu nehmen, "solange ich lebe"![15]

Beethoven erneuerte die Beziehung, indem er noch einmal seine **ewige** Treue betonte, und dies angesichts der inzwischen veränderten Umstände:

> Ich danke ihnen, daß sie noch scheinen wollen, als wäre ich nicht ganz aus ihrem Andenken verbannt, selbst, wenn es auch viel[l]eicht mehr auf Veranlassung andrer [!] geschah - sie wollen, ich soll ihnen sagen, wie es mir geht, eine Schwerere Frage kann man mir nicht aufwerfen - und ich will sie lieber unbeantwortet laßen, als - sie **zu wahr** beantworten - leben sie wohl liebe J. wie immer ihr ihnen ewig ergebner Beethowen.[16]

Wie immer!

---

1 Thereses Memoiren, in La Mara (1909), S. 95.

2 Beethoven an Gleichenstein, ca. 12. März 1809, in Goldschmidt (1977), S. 332; Brandenburg (1996), Nr. 367.

3 Thereses Memoiren, in La Mara (1909), S. 89.

4 Thereses Memoiren, in La Mara (1909), S. 90.

5 Thereses Memoiren, in La Mara (1909), S. 92.

6 Thereses Memoiren, in La Mara (1909), S. 93. Siehe auch Tellenbach (1983, S. 90): "Stackelberg war gewohnt, sich um Geld nicht zu sorgen. Wenn er keines hatte, was öfter der Fall war, lieh er sich welches, sogar von Pestalozzi!"

7 Thereses Memoiren, in La Mara (1909), S. 93.

8 Tellenbach (1983), S. 90, Stackelbergs Brief an Josephine (in Skwara/Steblin 2007) zitierend.

9 Tellenbach (1983), S. 91.

10 Thereses Memoiren, in La Mara (1920), S. 77.

11 Thereses Memoiren, in La Mara (1909), S. 95.

12 Thereses Memoiren, in La Mara (1909), S. 91.

13 Dies, zusammen mit der darauf folgenden Bemerkung Beethovens, daß er noch "nicht ganz aus ihrem Andenken verbannt" sei, kann durchaus auch dahingehend interpretiert werden, daß dieser Briefwechsel später als im Herbst 1809 stattfand - 1810 oder möglicherweise sogar 1811 (als Josephine bereits wieder verheiratet war). Auch fällt auf, daß Beethovens Brief nicht die sonst übliche Adresse an "Gräfin Deym" enthält. Siehe die Diskussion in Tellenbach (1983), S. 95.

14 Josephine an Beethoven, Herbst 1809, Entwurf, in Schmidt-Görg (1957), S. 29; Brandenburg (1996), Nr. 403.

15 Dies muß man nunmehr im Zusammenhang ihrer Bindung an Stackelberg sehen.

16 Beethoven an Josephine, ca. Herbst 1809, in Schmidt-Görg (1957), S. 30; Brandenburg (1996), Nr. 404.

> *Aus Liebe zu ihren Kindern ... ergab sie sich dem Opfer ihrer Freiheit, um sich nochmals in das Joch der Ehe zu schmieden.*[1]

1810: Gärungszustand

Das Jahr 1809 hatte mit der Geburt der ersten Tochter Stackelbergs, Maria Laura, geendet – ein Ereignis, das später von niemandem jemals erwähnt wurde. Aber es war sicherlich der Hauptgrund, warum Josephine nun keine andere Wahl hatte, als ihn zu heiraten. Stackelberg hatte auch gedroht, sie andernfalls sofort zu verlassen und die Erziehung der Deym-Kinder einzustellen.

Die Hochzeit wurde von der Familie Brunsvik nur widerwillig akzeptiert und fand – fast anonym – am 13. Februar 1810 statt. Thereses Bericht:

> Josephine ... entschloß sich einen Winteraufenthalt in Gran [Esztergom] zu machen. ... Stackelberg begleitete sie. ... Hier erklärte er, nicht bleiben zu können, die angefangene Erziehung der Söhne nicht fortzusetzen – denn er liebte [sie] und fand es unmöglich, außer das Band der Ehe verknüpfte Beide... Ahnungsvoll, nur mit Widerstreben willigte Josephine ein, aus Liebe zu ihren Kindern. ... Und endlich ergab sie sich dem Opfer ihrer Freiheit, um sich nochmals in das Joch der Ehe zu schmieden. Sie wurden mit Bewilligung der Mutter in Gran getraut und Maria Laura erblickte dort das Licht des Tages.[2]

Therese fügte hinzu, daß diese Geburt genau neun Monate später (nach der Hochzeit) erfolgte, aber in ihrem Bemühen, die Wahrheit zu verschleiern, verwechselte sie Maria Laura (die schon da war) mit Theophile, Stackelbergs zweiter (und erster ehelicher) Tochter, die neun Monate nach der Hochzeit in Wien geboren wurde.[3]

Die Ehe war von Anfang an unglücklich – aber unglücklich war die Beziehung in der Tat schon lange vorher, wie Therese in ihrem Tagebuch berichtete (später – zu spät), von Josephines

> vielen Leiden die sie so standhaft erträgt. ... Sie stellte mir vor wie ich in Genf hätte handeln sollen als sie mich um Hülfe ansprach - damals hätt' ich sie retten können.[4]

In einer Tagebuchnotiz schilderte Josephine ihren Versuch, sich mit ihrem ungeselligen Ehemann zu arrangieren:

> Der Zweck meiner Verbindung mit Stackelberg ist - besser und vernünftiger zu werden. - Ich bin noch nicht an dem Ziel wo ich zu seyn will. Darum meide ich Gesellschaften und will mir durch nachdenken und allein seyn die zwekmäßigsten Maasregeln ergreifen[,] sie wählen welche dazu führen. Darum bin ich stille im äussern weil im[m]er in mir viel geschieht. Es ist ein Stand der Gährung.[5]

Keine Parties mehr, keine Bälle, und – auch keine Musik mehr!

Voller ambivalenter Gefühle hatte Josephine sich verpflichtet gefühlt, Stackelberg, den Lehrer ihrer Kinder und Vater ihres fünften Kindes zu heiraten. Angesichts der allgemeinen Mißbilligung durch ihre Familie hatte die Hochzeit weit weg von zu Hause stattfinden müssen, ohne Mutter und Bruder, jedoch wenigstens in Gegenwart ihrer Schwester Therese (die wirklich mit sich gekämpft hatte, ob sie teilnehmen sollte oder nicht, wie sie in ihrem Tagebuch schrieb – sie hatte darüber auch mit ihrer Mutter gestritten).

Die Frischvermählten zogen sofort nach Wien. Hier jedoch war Josephine mit Stackelbergs Vorschlag, einen kleinen Gutshof in Österreich zu kaufen, nicht einverstanden, und im Mai 1810 erwarben sie ein großes und teures Landgut in Witschapp in Mähren, was mit einer komplexen Finanztransaktion verbunden war. Stackelberg mußte erhebliche Geldbeträge leihen, um es zu finanzieren.

Als Charlotte dann ihre beiden Schwestern besuchte, war sie von ihrem neuen Schwager nicht gerade beeindruckt. Und Therese hatte dies über ihn zu sagen:

> Stackelberg hatte unter anderen festen Grundsätzen auch den, daß es sich für die zarte Seele einer Frau nicht schicke mit Geschäftsleuten zu verkehren. ... Er wird alles thun! Aber leider er verstand es nicht! Alles war ihm fremd, dem Gelehrten, dem Bücherfreund; seine ausländische Mundart, seine wenige Menschen= und Geschäftskenntniß machten ihn beinahe lächerlich.[6]

Stackelbergs Frau gab ihm jedoch ihr bedingungsloses Vertrauen (und ihr ganzes Geld) – zumindest am Anfang:

> Josephine hatte Ehrgeiz, [aber sie] überschätzte die Fähigkeiten ihres Gemahls.[7]

Der teure Kauf von Witschapp würde nicht ohne Folgen bleiben, denn:

> Für die Zukunft aber war es bedeutend, daß nur Stackelberg die Contracte unterzeichnet hatte ... obwohl er kein Schärflein Geld beigetragen. Josephinens ... väterliches Erbe 150000 Fl. waren im Spiele: Sie hatte beider Namen verlangt, er wußte es aber zu umgehen. Dieser Umstand war später der Hauptgrund ihrer Trennung und des Geldverlustes![8]

Und wieder sagt unsere Cassandra das drohende Verhängnis voraus:

> Und schon nähern wir uns der Catastrophe, die Alles zertrümmerte und die Betheiligten in die vier Winde aus einander trieb. Was Josephine litt und ausstand nach ihrer Vermählung mit Stackelberg, davon ließen sich ganze Bücher schreiben.[9]

Nach einem kurzen Sommerausflug nach Karlsbad, wo sie Goethe traf, war Therese wieder bei ihrer Schwester auf dem Lande – und sie waren wieder glücklich.

> Seit mehreren Tagen wieder vereinigt mit meiner geliebten J in der schönsten Natur auf einer beträchtlichen Höhe.[10]

Sie bemerkte auch, daß Josephine nicht länger bereit war, unter ihrem Mann zu leiden, ohne Widerstand zu leisten:

> Heute sagte sie - es sei nicht recht zu leiden, man müsse ändern, oder sich dahin stimmen zufrieden zu sein, oder sich erheben.[11]

Jedoch gewann sie auch einige vielsagende Erkenntnisse über den Ehemann ihrer Schwester:

> St[ackelberg:] Ein Egoist! An diesem ersten Urtheil Jo[sephine]s und jetzt wieder Charlottens mag doch viel Wahres sein... es ist als ob eine schwere Hand auf uns liege; ein Mangel an Seegen Gottes ist durchs ganze Haus zu spüren...
> Ich muss zwar sehen, dass Stackelberg[,] der mir zum Canon diente und Muster, ein sehr schwacher und beinah schlimmer Mensch ist[;] er hat uns geschmeichelt und betrogen, er macht Jo[sephine] nicht glücklich.[12]

Und Josephine vertraute dies ihrem Tagebuch an:

> Wenn ich als schwaches Geschöpf mich zeige, verlieren alle meine Aufopferungen ihren Werth.[13]

* * *

In den ersten beiden Monaten des Jahres 1810 litt Beethoven unter starken Depressionen, und es gab einen deutlichen Rückgang in seinem kompositorischen Schaffen. Obwohl er nichts über die zweite Ehe Josephines sagte, muß es ihn tief getroffen haben – jegliche Illusion einer möglichen Vereinigung mit seiner einzigen Geliebten war zerstört: Sie war endgültig "weit" weg, unerreichbar.

Unter den wenigen größeren Werken, die er um diese Zeit schrieb, waren die Klaviersonate Nr. 26 "Das Lebewohl" ("Les Adieux") Op. 81a (bereits 1809 komponiert),[14] und das Lied "Wonne der Wehmut" Op. 83 Nr. 1:

Trocknet nicht, trocknet nicht,
Tränen der ewigen Liebe!
Ach, nur dem halbgetrockneten Auge,
Wie öde, wie tot die Welt ihm erscheint!
Trocknet nicht, trocknet nicht,
Tränen unglücklicher Liebe!

Und ein anderes Lied mit dem Titel "Sehnsucht" Op. 83 Nr. 2:

Was zieht mir das Herz so?
Was zieht mich hinaus?
...
Sie weilet da drunten,
Ich spähe nach ihr.
Da kommt sie und wandelt;
Ich eile sobald,
...

Sie weilet und horchet
Und lächelt mit sich:
"Er singet so lieblich
Und singt es an mich."
...
Sie wandelt am Bache
Die Wiesen entlang,
Und finster und finstrer
Umschlingt sich der Gang.

Auf einmal erschein' ich,
Ein blinkender Stern.
"Was glänzet da droben,
So nah und so fern?"

Und hast du mit Staunen
Das Leuchten erblickt;
Ich lieg' dir zu Füßen,
Da bin ich beglückt!

"So nah und doch so fern" – ein immer wiederkehrendes Thema in Beethovens Beziehung zu seiner Einzigen, seiner Unsterblichen, und nun auch seiner Fernen Geliebten!

* * *

Am 27. April 1810 präsentierte Beethoven die Bagatelle für Klavier in *a-moll* WoO 59 seiner Schülerin Teresa von Malfatti. Dieses Stück wurde später unter dem Titel "Für Elise" berühmt (angeblich eine falsche Schreibung von "Für Terese").[15]

Beethoven empfand plötzlich und schmerzlich das Bedürfnis nach einer Lebensgefährtin, oder – wie er zu sagen pflegte – nach "Häuslichkeit". Da seine geliebte Josephine für ihn verloren war, fühlte er sich auch nicht mehr gebunden, nicht zu heiraten, obwohl er offensichtlich nicht die gleiche Zuneigung zu der damals 19-jährigen Teresa fühlte, einer Nichte seines Arztes Dr. Johann von Malfatti.

Am 2. Mai schrieb Beethoven an seinen Freund Wegeler[16] in Koblenz und bat ihn, ihm dringend eine Kopie seines Taufscheins zu besorgen.

Wegeler reiste sogleich nach Bonn und schickte ihm das Dokument dann Anfang Juni. Es scheint, Beethovens Heiratsantrag wurde durch einen Vermittler (Baron Gleichenstein) überbracht, doch Teresa von Malfatti lehnte ihn ab.

Die Affäre wurde dann durch einen höflichen Entschuldigungs-Brief zum Abschluß gebracht:

> Leben sie nun wohl verehrte T., ich wünsche ihnen alles, was im Leben gut und schön ist. Erinnern sie sich meiner, und gern - **vergessen sie das Tolle** - seyn sie überzeugt, Niemand kann ihr Leben froher [und] Glücklicher wissen wollen als ich, und selbst dann, wenn sie gar keinen Antheil nehmen.[17]

"Vergessen Sie das Tolle"!

* * *

Während Teresa von Malfatti dann mehr oder weniger aus seinem Leben verschwand, machte Beethoven mit der Familie Brentano Bekanntschaft, zuerst mit Bettina, dann mit ihrem Bruder Franz und dessen Frau Antonie. Daraus entstand eine enge Freundschaft mit Franz (der ihn später finanziell unterstützen sollte), und Beethoven spielte für Antonie auf dem Klavier, als sie krank war.

---

1 Thereses Memoiren, in La Mara (1909), S. 95.

2 Thereses Memoiren, in La Mara (1909), S. 95.

3 Steblin (2007), S. 157. Es gibt über diese Töchter immer noch viel Verwirrung in der Literatur und auf vielen (vor allem genealogischen) Webseiten: Aufgrund der Geheimniskrämerei um die uneheliche Geburt Maria Lauras werden die ersten beiden Töchter Stackelbergs (Maria Laura und Theophile) oft als in den Jahren 1810 und 1811 geboren berichtet (d.h. beide erscheinen so als ehelich).

4 Thereses Tagebuch, 20. Januar 1810, in Tellenbach (1983), S. 91.

5 in http://www.xs4all.nl/~ademu/Beethoven/.

6 Thereses Memoiren, in La Mara (1909), S. 96.

7 Thereses Memoiren, in La Mara (1909), S. 97. Manchmal wird dies interpretiert als "sie beharrte darauf, über ihre Verhältnisse zu leben" oder ähnlich... Es ist schwierig, diese Dinge auf eine "neutrale"

Art und Weise zu beurteilen. Tatsache ist, daß Stackelberg - als der Mann - die Entscheidungen traf, und daß er (aus verschiedenen Gründen) keine eigenen Gelder zur Verfügung hatte (oder nicht ausreichende), und warum er sich entschloß (oder zumindest versuchte), seiner Frau einen Lebensstil zu verschaffen, den er sich nicht leisten konnte, wird wohl für immer ein Rätsel bleiben. Worauf es ankommt ist nicht, jemandem die Schuld zu geben, sondern zu verstehen, daß unter den gegebenen Umständen diese beiden Menschen sich selbst und sich gegenseitig das Leben schwerer machten, als sie es verkraften konnten.

8 Thereses Memoiren, in La Mara (1909), S. 99.

9 Thereses Memoiren, in La Mara (1909), S. 96; Goldschmidt (1977), S. 241.

10 Thereses Tagebuch, 11. August 1810, in http://www.xs4all.nl/~ademu/Beethoven/.

11 Thereses Tagebuch, August 1810, in Tellenbach (1983), S. 93.

12 Thereses Tagebuch, September 1810, in Tellenbach (1983), S. 92 f.

13 Josephines Tagebuch, 16. Oktober 1810, in Tellenbach (1983), S. 93.

14 Die "Lebewohl"-Sonate, Beethovens Schüler und Gönner Erzherzog Rudolph gewidmet, hat die folgenden, vom Komponisten angegebenen, Satzbezeichnungen: "Das Lebewohl", "Abwesenheit", und "Das Wiedersehen". Im Mai 1809 wurde Wien von Napoleons Armee bombardiert und dann besetzt; wie zuvor in 1805 verließen die Aristokraten mutig die Stadt, deren Einwohner (einschließlich Beethoven) inzwischen unter den Kriegshandlungen zu leiden hatten. Es wird oft behauptet (Dahlhaus 1991, S. 34-37; Lockwood 2003, S. 299-303), daß diese Sonate ein Symbol für Beethovens emotionale Bindung an seinen geliebten Schüler Erzherzog Rudolph sei, dessen Abwesenheit (und eventuelle Rückkehr) er - angeblich - in diesem Musikstück "beschrieb". Dahlhaus (1991, S. 40) war aber so verwirrt von dieser "'eingebildeten'" Erfahrung" ["imagined" experience], daß er sich fragte, "angesichts der Natur der Beziehung zwischen Beethoven und Erzherzog Rudolph ist es wahrscheinlich zutreffend, den expressiven Charakter von 'Les Adieux' weitgehend als einen fiktiven Affekt anzusehen, obwohl das Werk nicht die geringste Spur von distanzierender [!] Ironie erkennen läßt" [given the nature of the relationship between Beethoven and Archduke Rudolph, it is probably right to think of the expressive character of "Les Adieux" as largely a matter of a fictive [fictitious] affect, although the work does not reveal the slightest trace of distancing [!] irony.] Was wohl nichts anderes heißt, als daß der Komponist eigentlich ganz froh war, daß er seinen anspruchsvollen Schüler mal eine Zeitlang los war... Diese übliche Interpretation ist auch kürzlich von L Poundie Burstein in Frage gestellt worden: "'Lebe wohl tönt überall' and 'Reunion after So Much Sorrow': Beethoven's Op.

81a and the Journeys of 1809." *Musical Quarterly* 93 (3–4), 2010, S. 366–413. Er vermutet, daß diese Sonate das "Lebewohl" bei der Verabschiedung der abziehenden Soldaten beschreibt, dann (nachdem die Schlacht gegen die Franzosen mit riesigen Verlusten verloren war), die Trauer über ihre Abwesenheit, und schließlich die Freude, als der Friede kam und Normalität wiederhergestellt war... Andererseits ist es durchaus sinnvoll, diese Sonate als Beethovens Reaktion auf Josephines Abschied zu interpretieren (der erste Satz hatte ursprünglich den Titel "**Abschied**"), seine Trauer während ihrer langen Abwesenheit, und seine freudigen Gefühle (wenn auch kurzlebig) über ihre Heimkehr: Es gab wieder **Hoffnung**!

15 Es ist durchaus nicht sicher, wann und ob überhaupt Beethoven dieses kleine Werk Teresa von Malfatti gab. Auch wer diese "Elise" war (wie es angeblich auf dem Autograph geschrieben stand), ist immer noch ein ungelöstes Rätsel. Michael Lorenz: "Die 'Enttarnte Elise'. Elisabeth Röckels kurze Karriere als Beethovens 'Elise'." *Bonner Beethoven-Studien* 9, 2011, S. 169-190 (http://homepage.univie.ac.at/michael.lorenz/beethovens_elise/, 24. Juli 2011), entlarvt Kopitz' Behauptung, daß "Elise" stattdessen Elisabeth Röckel war, als "based on flimsy evidence and cannot be upheld" [auf fadenscheinigen Beweisen basierend, die nicht haltbar sind]. – In diesem Artikel hat Lorenz noch mehr über Kopitz zu sagen: "Mir war Kopitz bis dahin nur durch seltsame Ansichten zur Identität der 'Unsterblichen Geliebten' [Kopitz 2001] und sein in biographischen Details fehlerhaftes Buch *Beethoven aus der Sicht seiner Zeitgenossen in Tagebüchern, Briefen, Gedichten und Erinnerungen* aufgefallen. Ein erschreckend schwacher Aufsatz über Haydns Wiener Wohnungen (siehe http://homepage.univie.ac.at/michael.lorenz/haydn_wohnungen/) konnte meinen Respekt auch nicht fördern. Kopitz ist in erster Linie ein mit blühender Fantasie gesegneter, renommierter Burgmüller-Forscher."

16 Siehe Brandenburg (1996), Nr. 439.

17 Beethoven an Teresa von Malfatti, Ende Mai 1810, in Tellenbach (1983), S. 275; Brandenburg (1996), Nr. 442.

Die Uneinigkeit Josephines und Stackelbergs – es war eine Auflösung![1]

1811: Familienleben

Am 4. März 1811,

> nach Theophiles Geburt und der anschließenden langwierigen Krankheit schrieb Josephine ... an Therese in Witschapp detaillierte Anweisungen für die Einrichtung ihres Schlafzimmers ... Sie machte es dabei ganz deutlich, daß sie nicht mit Stackelberg schlafen würde, und sie bestand darauf, daß ein Dienstmädchen in dem Zimmer zwischen ihren getrennten Schlafzimmern schlafen sollte.[2]

Thereses Tagebuch vom 21. März 1811 verdeutlicht, daß die Ehe schon während des ganzen vorangegangenen Jahres so gut wie zerrüttet war:

> Kein Wunder, wenn mich das Verhältniss des vorigen Sommers so ergriff, verwirrte und erschütterte. Die Uneinigkeit Jo[sephine]s und St[ackelberg]s – es war eine Auflösung! es war ein Nichtbestehen der schönsten Ahndung! ein Betrogensein in den schönsten Erwartungen.[3]

Im April reiste Stackelberg nach Prag, um eine beträchtliche Summe von einem Bankier zu leihen, und er unterzeichnete dabei einen Vertrag, der von Deyms Vetter Franz garantiert war (und der dadurch schließlich einen großen Verlust erlitt).[4] Im Mai wurde Josephine wieder krank. Im August reiste sie, begleitet von Viky, ihrer ältesten Tochter, nach Karlsbad in Böhmen, für eine Kur, die sie dringend benötigte.

Unterdessen wurde deutlich, daß nicht genug Geld da war, um Witschapp zu bezahlen.[5] Die vorherige Eigentümerin, Gräfin Trautmannsdorf, forderte es zurück, was zu einem langwierigen Prozeß gegen Stackelberg führte. Schließlich wurde das mährische Anwesen verloren, und Stackelberg blieb nichts als enorme Schulden (einschließlich Anwalts-Rechnungen).

* * *

Stackelberg erwies sich als ein sehr unsympathischer, ja sogar leicht sadistischer Mann, der wenig von dem großen Pestalozzi gelernt zu haben schien. Dies läßt sich durch einen Vergleich der divergierenden Ansichten des Paares über Kindererziehung veranschaulichen.

Zunächst Josephines "Allgemeine Gedanken zur Erziehung":

> Ich finde es gut dem Kinde morgens etwas herzliches zu sagen – ihnen Liebe durch Gespräch oder Handlung in das Herz zu legen... Man muß ein kind um es anzueifern mit niemand andrem vergleichen, weil das leidenschaftl[ich] besser sein wollen rivalität und folglich Laster erzeugt... Ein geschärfter moralischer Sinn wird erfordert wenn aus dem **Gefühl** der Übermacht nicht der Mißbrauch derselben enstehen soll... Nichts ist schädlicher als hofmeistern bei Kindern. gegen selbe immer gut.[6]

Man vergleiche dies mit dem, was man nur als die Terrorherrschaft ihres Mannes beschreiben kann:

> Stackelberg dagegen entwarf ein "Gesetzbuch" mit "Artikeln":
>
> "Die Kinder sollen nichts anrühren, was ihnen nicht gehört... Wenn die Kinder diesen Artikel nicht halten, so werden ihnen die Hände zugebunden...
>
> "Auch sollen sie sich nicht auf den Dielen herumwälzen. Wird dieser Artikel nicht gehalten, so werden die Kinder für einige Zeit auf dem Bett festgebunden."[7]

* * *

Während Josephine für ihn unerreichbar war, blieb Beethoven in Kontakt mit den anderen Brunsviks. Er tauschte Briefe mit Franz und vor allem mit Therese aus, die diesen Brief von ihm wörtlich an Josephine weiterleitete:

> Auch ungesucht gedenken die besseren Menschen sich, so ist es auch der Fall bei Ihnen und mir, werthe verehrte Therese: noch bin ich Ihnen lieben Dank schuldig für Ihr schönes Bild, und ... muß ich sogleich ein Bettler erscheinen, indem ich Sie ersuche ..., mir doch jene kleine Handzeichnung zu erneuern, welche ich so unglücklich

> war zu verlieren. **Ein Adler sah in die Sonne**, so war's, ich kann's nicht vergessen.[8]

Das "Adler"-Bild war wohl eine Zeichnung Josephines,[9] aber Beethoven konnte sie offensichtlich nicht direkt kontaktieren.

> Meine Bitte an dich, liebe Josephine, ist nun jenes Bild, das nur du am besten wieder ins Leben zu rufen vermagst, wirklich herbei zu rufen.[10]

Es ist nicht bekannt, ob Josephine diese Zeichnung wieder erstellt hat, noch ob Beethoven sie jemals erhalten hat.

Es war eine schwierige Zeit für sie beide.

---

1 Thereses Tagebuch, 21. März 1811, in Tellenbach (1983), S. 93.

2 "... after the birth of Theophile and an ensuing lengthy illness, Josephine wrote ... to Therese in Witschapp, giving detailed instructions for the set-up of her bedroom ... She made it quite clear that she would not be sleeping with Stackelberg, and even insisted that a maid sleep in the room between their separate bedrooms." (Steblin 2007, S. 171.)

3 Thereses Tagebuch, 21. März 1811, in Tellenbach (1983), S. 93.

4 Steblin (2007), S. 169, N. 70; S. 170, N. 72.

5 Nicht nur das: "Als der Kaufpreis bereits größtenteils bezahlt war, stand noch immer die für eine Eigentumsübertragung unerläßliche Aufnahme von Christoph v. Stackelberg in die böhmische Ritterschaft aus." (Wolfhart Stackelberg 2001, S. 5.) Als das Dokument (für eine Gebühr von 10,000 Gulden!) schließlich ankam, war es zu spät, was der früheren Eigentümerin einen (weiteren) Vorwand gab, um den Verkauf zu widerrufen...

6 in Tellenbach (1983), S. 93 f.

7 Tellenbach (1983), S. 94.

8 Beethoven an Therese, 23. November 1810, in La Mara (1920), S. 81; Brandenburg (1996), Nr. 479.

9 Siehe Tellenbach (1999).

10 Therese an Josephine, 23. Februar 1811, in La Mara (1920), S. 81.

Wir sind nicht mehr vermählt.[1]

1812: Intermezzo

---

[1] Josephines Tagebuch, Februar/März/April 1812, in Tellenbach (1983), S. 108.

Stackelberg will daß ich mir selbst sitzen soll. er ist gefühllos für bittende in der Noth. ...
Ich will Liebert in Prag sprechen.[1]

Januar bis Juni: Auflösung

Beethoven muß wohl von Josephines Problemen mit Stackelberg etwas gehört haben. Im Januar 1812 schrieb der Komponist in einem Brief an einen Verleger,

> wie überhaupt die Russen und liefländer windbeutel und Grossprahler sind...[2]

Im Februar diskutierten die Brunsvik-Schwestern ihre Urlaubspläne, ohne dabei Stackelberg mit einzubeziehen. Therese war sich nur allzu bewußt, was ihrer Schwester fehlte:

> Josephine braucht Pflege und Aufmerksamkeit, Erheiterung des Gemüths, reine Luft, Kräuterduft, Bäder, Übung des Körpers.[3]

Wie zuvor im Jahre 1811, machten sie Reisepläne für den Sommer:

> nach Karlsbad und Eger; sie mit einem Kinde, wir übrigen in der Nähe von Wien in ein Landhaus auf einem Berg.[4]

Ende Dezember 1811 verließen sie Witschapp und kehrten wieder in die Deym-Villa in Wien zurück.[5] Josephine beschuldigte ihren Ehegatten, Pascha-Manieren zu haben, als er es vorzog, ein Buch zu lesen, statt sich ihr zuzuwenden:

> St[ackelberg] nehmen wie er ist ... den Wirrwarr den er angerichtet hat wieder aufräumen ... wenn du so reich darinnen dich dünkst[.] Wie kan[n]st du lesen wenn du ein Geschöpf neben dir in Kummer siehst! Ehe du hilfst[,] magst du dich zerstreuen ... Wir sind nicht mehr vermählt – den[n] das Leiden der Gefährtin ist es nicht dem andren. ...
> Er ist nicht aufrichtig – und nicht zuverlässig. – Auch hat er eine tincture des bösartigen Charackters. Er sucht

> andren Vertrauen abzugewinnen durch heucheley, und sie nach seinem Belieben auszuholen. ... Dieß that er wirklich in hinsicht meiner sehr oft, daß er das edelste Vertrauen mißbrauchte – Schwatzt von Religion... So lange St[ackelberg] nicht sein eigenes Vermögen für mein Haus verwendet u. es davon erhält – so ist er mein Gast – im vorhergehenden Fall würde ich der seinige seyn.[6]

Josephine fragte sich, ob

> es meine Ehre mir erlaubt, an ihn in Zukunft gebunden zu bleiben.[7]

In ihrer Verzweiflung wandte sie sich um Rat an einen Priester:

> Ich schreibe Ihnen in der wehmütigsten Stimmung meines Lebens, den[n] ich fürchte zum erstenmal das[s] St[ackelberg] wirklich unrecht handeln kan[n]! ... Stack[elberg] sagte mir gestern – daß er ganz bestimmt sey von hier weg zu gehen, und binnen einiger Tage. Ich sehe die Folgen ein, welche dieser Schritt für meine Ehre und für mich haben wird...
>
> Zum Vorwand nimmt er[,] daß ich ihm die Verwaltung des Vermögens der Kinder nicht geben will – die wahre Ursache liegt wohl darin, daß er hier sich keine Freunde erwarb ... Es wäre doch zu wünschen[,] daß ihn jemand zu Rechenschaft zöge, wie er gegen mich, mein Vaterland, meine Freunde und Verwandte[n] handelt.[8]

Am 3. April brach ein heftiger Streit zwischen den Eltern aus, wie die zwölfjährige Tochter Viky in ihrem Tagebuch bezeugte:

> Heute Morgen wachte ich auf, und zu meinem Unglück hörte ich eine Szene, die mein Herz zerriß... Ich hörte Mama, und den zornigen Ton von Vaters Stimme ... Ich spitzte meine Ohren...
>
> Papa ... nannte Mama das Martyrium seines Lebens ... in dieser schrecklichen Illusion sagte er ihr tausend Beleidigungen ... Ich dachte an die schrecklichen Folgen der Übereilung, mit der meine Mutter, aus Liebe zu uns, wieder geheiratet hatte, was für immer ihr Unglück war, und sie hat es für uns getan.[9]

Wahrscheinlich verließ Stackelberg nach diesem Vorfall wutentbrannt seine Familie, und kehrte ein paar Wochen später für kurze Zeit zurück – nur um seine Koffer zu packen und seine Frau mit sechs Kindern (und wachsenden Schulden) zu verlassen.

* * *

Die Dinge schienen sich bald danach noch mehr zugespitzt zu haben. Am 8. Juni 1812 notierte Josephine:

> Ich habe heute einen schweren Tag. - Die Hand des Schicksals ruht düster auf mir - Ich sah nebst meinem tiefen Kummer auch noch die Entartung meiner Kinder und - fast - aller Muth wich von mir -!!![10]

Und kurz darauf:

> St.[ackelberg] will daß ich mir selbst sitzen soll [= er will mich sitzen lassen]. er ist gefühllos für bittende in der Noth. ...
> Ich will Liebert in Prag [!] sprechen. ich will die Kinder nie von mir lassen. ... Ich habe Stack[el]b[erg] zu liebe [mich] physisch zugrunde gerichtet indem ich ... noch so viele Kummer und Krankheit durch ihn zugezogen habe.[11]

"**Ich will Liebert in Prag sprechen**": Diese Tagebuch-Notiz Josephines vom Juni 1812 (nachdem sie erfuhr, daß **Stackelberg drauf und dran war, sie zu verlassen**), wo sie eindeutig ihre **Absicht** äußerte, nach **Prag** zu gehen, ist doch wohl **Beweis** genug, daß sie höchstwahrscheinlich auch tatsächlich dorthin ging!

Dies - erstmals von Steblin (2007, S. 162) veröffentlicht - ist absolut **sensationell**!

Ein solides Beweisstück, das so lange fehlte, und immer wieder von all jenen gefordert worden war, die sich weigerten - trotz aller anderen Beweise und Indizien - Josephine als eine "Kandidatin" für die Rolle von Beethovens rätselhafter "Unsterblicher Geliebter" zu akzeptieren, es sei denn, ihre Anwesenheit in Prag im Juli 1812 konnte "bewiesen" werden.[12]

Die Situation war inzwischen für Josephine so schwierig geworden, daß sie nicht nur Hilfe brauchte, um Ordnung in die von ihrem unfähigen Mann hinterlassene finanzielle Misere zu bringen, sie war auch derart verzweifelt, daß sie dringend jemanden brauchte, mit dem sie reden konnte, einen Freund, der ihr Trost spenden konnte. Es gab sicherlich etliche Bekannte und Verwandte in Prag (oder in der Nähe), die sie hätte besuchen können – natürlich inkognito.

Zur gleichen Zeit las Therese mit Entsetzen das von Stackelberg zurückgelassene Tagebuch:

> Bleibe standhaft Joseph[ine]! ... Wie schwach, wie kraftlos, wie einseitig, wie ungerecht ist dieser hochgepriesene Stackelberg! Ich erstaune. Wie gefühllos, wie ungerecht gegen Josephine! Wie egoistisch, wie eingebildet, wie montirt. ... Ich würde mich schämen in diesen Moments meine Zeit mit einem solchen Gewäsch von Tagebuch hinzubringen.[13]

Therese beschreibt anschaulich den endgültigen Zusammenbruch dieser Ehe, der (höchstwahrscheinlich) im Juni 1812 eintrat:

> Stackelberg [war] aufs äußerste gereizt. Der Ehefriede war endlich unwiederbringlich zerstört. Wie oft, wenn sie disputirten ..., warf ich mich auf die Knie vor ihnen und beschwor den einen und den andern nachzugeben. Jeder berief sich auf die Vernunft - jeder aber hielt etwas anderes für vernünftig, sowohl in Rücksicht der Erziehung ... als in der Verwaltung des Vermögens.
>
> Die pecuniären Verhältnisse schnitten endlich den gordischen Knoten entzwei. Es zeigte sich: Stackelberg bekam aus Rußland keine Gelder. ... Sein Geist war gelähmt durch zu viele Widerwärtigkeiten... Josephine ... bedeutete ihm endlich, kein Geld für seine Privat=Auslagen ihm ferner geben zu können. Sie wollte ihn zwingen, thätig zu werden, verschloß seine Kleidungstücke und Wäsche - er, zornig, machte eine Scene und verließ das Haus. Wir sahen ihn sechs Monate nicht.[14]

* * *

> Er erzählte später, er hatte ein kleines Zimmer gemiethet, sich auf sein Bett geworfen, in Thränen und Ringen nach Erleuchtung und Hilfe innigst zu Gott gebetet, und siehe da, es ward ihm Hilfe von oben - der Herr selbst

> mit seiner Gnade kehrte ein in dies von allem irdischen Hoffen und Wünschen baare Herz und erfüllte es mit Trost, mit Liebe und Glaube.
> Von diesem Augenblick an gehörte es aber auch dem Herrn allein. Er verließ Wien ... und bereitete sich so vor zu der großen Mission, die ihm ward, ... an Esthlands, seines Vaterlandes, Vervollkommnung zu arbeiten.[15]

Thereses sarkastischer Kommentar über Stackelbergs Heuchelei muß für Josephine, die sich einer schweren finanziellen Krise gegenüber sah, ein schwacher Trost gewesen sein. Stackelberg schrieb seiner Mutter in Reval einen Brief, datiert am 14. Juni 1812, in dem er ankündigte, sie "diesen Sommer" zu besuchen. Es gibt keinen Hinweis, daß dieser Brief jemals abgeschickt wurde; selbst wenn, so ist er nur ein weiteres Beispiel für sein Geschick, sich angesichts aufkommender Schwierigkeiten zu verstellen.

* * *

Von Mitte Juni 1812 bis mehrere Monate danach gibt es auffallende Lücken in den Tagebucheinträgen der beiden Schwestern – in Josephines Tagebuch sind sogar mehrere Seiten eindeutig herausgeschnitten!

Dies, zusammen mit den Lücken in Thereses (und allen anderen) Memoiren, kann nur bedeuten, daß **etwas passiert sein muß, das geheim gehalten werden mußte** (von denen, die etwas davon wußten). Könnte es etwas mit Beethoven zu tun gehabt haben?

* * *

Ende Juni 1812 verließ Beethoven Wien und reiste über Prag nach Teplitz, um dort seinen Sommerurlaub zu verbringen und "die Bäder" zu nehmen, wie von seinem Arzt Dr. Jakob Staudenheim angeordnet.

---

1 Josephines Tagebuch, Juni 1812, in Steblin (2007), S. 159–162. "... daß ich mir selbst sitzen soll" heißt soviel wie "er will mich sitzen lassen".

[2] Beethoven an Breitkopf & Härtel, 28. Januar 1812, in Tellenbach (1983), S. 97; Brandenburg (1996), Nr. 545. "Liefland" (oder "Livland", auch "Livonia") war ein anderer Name für den Baltischen Staat Estland (wo Stackelberg herkam).

[3] Thereses Tagebuch, Februar 1812, in Goldschmidt (1977), S. 236.

[4] Thereses Tagebuch, 15. Februar 1812, in Goldschmidt (1977), S. 228. Als Beethoven später (im Juli 1812) "K" (= Karlsbad) erwähnte, könnte dies bedeuten, daß Josephine dann immer noch den Plan hatte, dorthin zu gehen (aber dann - vielleicht - doch nicht).

[5] Steblin (2007), S. 173.

[6] Josephines Tagebuch, Februar/März/April 1812, in Tellenbach (1983), S. 108 f.

[7] Josephines Tagebuch, 22. März 1812, in *The Beethoven Newsletter,* Bd. 9, Nr. 2-3 (http://www.ringnebula.com/Beet/B_1812.htm, 27. April 2011).

[8] Josephine an einen Priester, Frühling 1812, in Tellenbach (1983), S. 109.

[9] "Ce matin a mon réveille le malheur voulut que j'entende une scène qui me perçat le cœur ... la voix de maman, et a son ton colère la voix de papa ... je prête l'oreille ... Papa ... ne voit en maman qu'une martyr de sa vie ... dans cette illusion affreuse mille injures ... je pensais aus suites affreuses de la übereilung [hâte] qui a fait le malheure de ma mère; qui par amour pour nous s'est marier et par ce pas important à fait pour toujours son malheur; elle l'a fait pour nous." (Viky Deyms Tagebuch, 3. April 1812, in Goldschmidt 1977, S. 222; deutsch S. 529.)

[10] Josephines Tagebuch, 8. Juni 1812, in Steblin (2007), S. 159.

[11] Josephines Tagebuch, ca. Juni 1812, in Steblin (2007), S. 162.

[12] Schmidt-Görg (1957, S. 34, N. 41) verlangte kategorisch: "Es ist ... zuerst ein Dokument für Josephines Prager Aufenthalt beizubringen, ehe man daran denken kann, daß dieser Brief [an die 'Unsterbliche Geliebte'] damals an sie geschrieben wurde." Nun, hier ist es, und zusammen mit der fast sicheren Tatsache, daß sie inkognito reiste, was brauchen wir mehr? (Sie erwähnt auch, daß Stackelberg sie verlassen hatte bzw. wollte.)

[13] Thereses Tagebuch, 9. Juni 1812, in Goldschmidt (1977), S. 214; La Mara (1920), S. 86.

[14] Thereses Memoiren, in La Mara (1909), S. 103. Dieser Eintrag erwähnt nicht das genaue Jahr, auf das er sich bezieht, und ist in der Tat mit Berichten über Ereignisse nach Minonas Geburt (1813) vermischt. Allerdings deutet die Tatsache, daß Therese überhaupt nichts vom Juli 1812 erwähnt, darauf hin, daß er zu der früheren Periode gehört. Es ist eine passende Fortsetzung zu den Tagebuch-Einträgen

(beider Schwestern) im Juni 1812 und der vorangegangenen Konflikte. Die Bemerkung "sechs Monate" bezieht sich auf Therese und die Kinder (die für diesen Zeitraum nicht mit Josephine zusammen waren). Stackelberg kehrte (höchstwahrscheinlich) im August 1812 (oder noch früher) zu Josephine zurück, nachdem er sich irgendwo in Wien ein Zimmer gemietet hatte, um mit Gott zu konferieren.

15 Thereses Memoiren, in La Mara (1909), S. 103. Stackelbergs religiöse Ambitionen wurden im Jahr 1819 schließlich belohnt, als er sich wieder in Estland niederließ und zu einem Schulleiter ernannt wurde, verantwortlich insbesondere für **religiöse** Erziehung.

Mein Engel, mein Alles, mein Ich! ... Ist es nicht ein wahres Himmels-Gebäude unsre Liebe - aber auch so fest, wie die Veste des Himmels. ... da du meine Treue gegen dich kennst, nie eine andre kann mein Herz besizen, nie - nie ... Engel, ... du - mein Leben - mein Alles ... verkenne nie das treuste Herz deines Geliebten L. -

Ewig dein - ewig mein - ewig unß.[1]

Der Monat Juli: Begegnung

Am 1. Juli 1812 kam Ludwig in Prag an, um in der Herberge "Zum schwarzen Roß" zu bleiben – nicht weit von Graf Deyms letztem Wohnsitz (der Josephine wahrscheinlich immer noch zugänglich war) und in der Nähe der Wohnung von Deyms Schwester Victoire Golz (die zu dieser Zeit in Nemischl war, 70 km südlich von Prag, aber Josephine konnte dort jederzeit wohnen).

Am selben Tag verließen der Kaiser[2] und sein Gefolge Prag plötzlich. Dies muß ein weiterer harter Schlag für Josephine gewesen sein, falls sie geplant haben sollte, ihn zu sprechen – man erinnere sich, wie er sie einst getröstet hatte, nachdem sein Freund Deym, ihr Mann starb?

Beethoven war nach Prag gekommen, um dort seinen Patron Fürst Kinsky zu sprechen. Am 3. Juli abends verpaßte er ein geplantes Treffen mit Karl August Varnhagen – wie er ihm später schrieb, sich entschuldigend:

> Von T[eplitz] ist nicht viel zu sagen, wenig Menschen und unter dieser kleinen Zahl nichts auszeichnendes, daher leb ich allein – allein! allein! allein!
> es war mir leid, lieber V. den letzten Abend in Prag nicht mit ihnen zubringen zu können, und ich fand es selbst für

> unanständig, allein ein Umstand den ich nicht vorhersehen konnte, hielt mich davon ab - halten sie daher zu gute - mündlich näher darüber -.[3]

Es scheint, daß am 3. Juli 1812, an einem milden Sommerabend, sowohl Josephine als auch Beethoven, ohne voneinander zu wissen, zu einen Spaziergang ausgingen, und – sich plötzlich über den Weg gelaufen sind.

In dieser so völlig unerwarteten, aber dann doch sehr glückhaften Begegnung wurden beide von allen ihren angestauten Konflikten, Sorgen, dem Aufruhr, und den vielen Leiden ihres Lebens unversehens erlöst! (Wir sollten uns auch nicht darüber wundern, daß neun Monate später Minona geboren wurde.)

* * *

Am Nachmittag des 4. Juli reiste Beethoven, wie geplant, weiter nach Teplitz (ca. 100 km westlich von Prag), wo er am nächsten Morgen, nach einer beschwerlichen Reise, eintraf.

Am 6. Juli morgens schrieb Ludwig den ersten Teil des sogenannten **Briefes an seine "Unsterbliche Geliebte"** (fortgesetzt am Abend und am Tag danach). Er wurde höchstwahrscheinlich niemals abgeschickt.[4] Es war nicht einmal ein richtiger "Brief". Es war ein Ausbruch von Gefühlen, Gedanken und Eindrücken aus der Eingebung des Augenblicks (wenn auch ein paar Tage nach dem Ereignis), eher wie ein Tagebucheintrag, vergleichbar in der Art zu seinem "Heiligenstädter Testament" zehn Jahre zuvor – das auch in Form eines nicht gesendeten Briefes (an seine Brüder) geschrieben war, in einer Zeit schwerer Verzweiflung (der drohenden Unvermeidlichkeit der Ertaubung).

Interessanterweise waren es diese beiden "Briefe" und eine kurze Notiz von 1807 (über "die M", die ihn scharf ansah), die in Beethovens Schreibtisch nach seinem Tod gefunden wurden.

Am 19. Juli traf Beethoven Goethe, der aber nicht sehr beeindruckt war. Am 25. Juli verließ Beethoven Teplitz und ging nach Karlsbad, wo er (wie geplant) im Gästehaus der Brentanos blieb, bis Anfang August, als sie dann alle zusammen nach Franzensbrunn reisten.

* * *

Ein sehr interessantes und aufschlußreiches Dokument wurde von Steblin (2007, S. 163–169) entdeckt und veröffentlicht: Es wurde bis dahin immer für ein Teil von Thereses Tagebuch (von 1812) gehalten, und es enthielt eine Seite mit "Verhaltensregeln", datiert "vom 5. bis zum 12. Juli [1812]". Doch überraschenderweise war dieses eine Blatt ohne jeden Zweifel in der Handschrift – Christoph Baron von Stackelbergs![5]

Am Anfang heißt es:

> Vom 5. bis zum 12. Juli. - Resolution. Sei entschlossen zu tun, was du mußt, und versäume nicht, all das zu tun, was du beschlossen hast.[6]

Darunter befand sich etwas, was man heutzutage ein Spreadsheet (oder eine Matrix) nennen würde, mit Spalten für die Wochentage (5 bis 11) und Zeilen mit moralischen Kategorien:

> Entschlossenheit, Ordnung, Sauberkeit, Besonnenheit, Keuschheit, Gerechtigkeit, Sparsamkeit, Mäßigung, Bescheidenheit, Nüchternheit.[7]

Dies ist eine klare Bestätigung von Thereses Schilderung Stackelbergs, wie er fortging, um "Erleuchtung" von oben mit Hilfe des Gebets zu suchen, und um noch tugendhafter zu werden:

> Somit ist dieses ganze Dokument, zu dem Zeitpunkt als ... er ... über seine Zukunft nachdachte, sicherlich ein weiterer Beweis dafür, daß Josephine ... im Juni und Juli 1812 allein gelassen wurde.[8]

---

1 Beethoven an Josephine?, 6./7. Juli 1812, Entwurf, in Pichler (1994), S. 370–372; Brandenburg (1996), Nr. 582.

2 Dies war in jedem Fall ein sehr ungünstiger Zeitpunkt, um den Kaiser von Österreich in einer persönlichen Angelegenheit zu sprechen: Gerade als Napoleon auf seinem verhängnisvollen Marsch nach Moskau war, kamen etliche Kaiser, Könige und Herzöge Zentraleuropas nach Prag und auch nach Teplitz, um Maßnahmen hinsichtlich des zu erwartenden Mißerfolgs des französischen Generals zu diskutieren.

3 Beethoven an Varnhagen, 14. Juli 1812, in Goldschmidt (1977), S. 33, 74, 271; Brandenburg (1996), Nr. 583. Hier bezieht sich "den Letzten Abend in Prag" nicht auf den vorhergehenden Tag (13. Juli), sondern auf den Zeitraum, als Beethoven und Varnhagen beide in Prag waren (bis 3./4. Juli).

[4] Streng genommen gibt es keinen Beweis - weder, daß er gesendet wurde, noch daß er nicht gesendet wurde. Daher haben manche darüber spekuliert, daß er vielleicht doch gesendet (da sich Beethoven über Postlaufzeiten erkundigt hatte), aber dann wieder zurückgeschickt wurde (weil Josephine doch nicht nach Karlsbad ging). Dies öffnet dann die Tür zu noch mehr Spekulationen - wie: die Empfängerin gab ihn zurück (man fragt sich, warum wohl?), oder es gab eine Kopie von Beethoven (die gesendet wurde), und er behielt nur den Original-Entwurf (sehr unwahrscheinlich), usw. Ich ziehe das philosophische Prinzip von "Occams Rasiermesser" vor, nämlich, wenn es konkurrierende Hypothesen mit ungefähr gleichem Erklärungswert und Aussagekraft gibt, dann sollte man diejenige wählen, die einfacher ist und/oder weniger Annahmen erfordert.

[5] Steblin (2007), S. 164.

[6] "Depuis 5 Juillet jusqu'au 12. - Résolution. Soyez résolu de faire ce que vous devez et, faites sans manquer ce que vous avez résolus." (in Steblin 2007, S. 163.)

[7] "Résolution, Ordre, Propreté, Tranquillité, Chasteté, Justice, Économie, Modération, Humilité, Sobriété." (in Steblin 2007, S. 164.) Interessanterweise kann man diese Kategorien auch in der berühmten "*List of Virtues to Achieve Moral Perfection* by Benjamin Franklin" (http://living-smartly.com/2010/07/moral-perfection-virtues-benjamin-franklin, 14. Mai 2011) finden. Therese hatte, wie ihr Vater, schon immer die "Gründerväter der Vereinigten Staaten" bewundert. Und sie und Stackelberg hatten wohl auch mal darüber gesprochen...

[8] "Thus this whole document, dated at the time when ... he ... was deliberating about his future, is surely further proof that Josephine was left alone ... in June and July 1812." (Steblin 2007, S. 169.)

Viel Grässliches geschah... Schreckliches Leiden... Verrath, Verläumdung, die traurigste, schrecklichste Epoche unseres Lebens... Herabsinken alles moralischen... Zerstörung... Gänzliche Auflösung.[1]

August bis Dezember: Nachwirkungen

Im August, als Therese mit den Kindern in Dornbach bei Wien war, begann sie wieder, ihr Tagebuch zu schreiben (oder besser gesagt, es gab wieder Teile davon, die überlebten). Sie malte ein eher düsteres Bild:

> Viel Grässliches geschah ... Schreckliches Leiden ... Verlust der Güter, Zerstörung alles ... Glücks[,] und Uneinigkeiten, Trennungen der Gemüther. Auflösung ... und Bedrängnisse ohne Ende. Verrath, Verläumdung, die traurigste, schrecklichste Epoche unseres Lebens. Durch Armuth und Noth ein volles Jahr. Kaum glänzt in diesem Augenblick eine heitere Morgenröthe einer glücklichen Zukunft. Herabsinken alles moralischen, der Gesundheit, Zerstörung... Gänzliche Auflösung...[2]

Josephine faßte den Entschluß, ihre Ehe wieder irgendwie zu reparieren und mit Stackelberg Frieden zu schließen, und – vor allem – ihn glauben zu lassen (oder vorgeben zu glauben, um das Gesicht zu wahren), daß er der Vater ihres nächsten Kindes war. Angesichts der garstigen Szenen, die vor nicht allzu langer Zeit stattfanden, muß dies für sie ein ganz schönes Opfer gewesen sein!

Während ihrer kurzen Begegnung in Prag hatte Josephine wohl keine andere Wahl gehabt, als Beethoven endgültig und klipp und klar mitzuteilen, daß sie es nicht über sich bringen konnte, auf ihre Kinder zu verzichten, um ihn zu heiraten: Obwohl Stackelbergs Weggang ein Ausgangspunkt hätte sein können, um sich scheiden zu lassen, würde sie doch alle ihre sechs Kinder verlieren!

Am 13. August 1812 waren Josephine und Stackelberg wieder zusammen, um einen neuen Ehevertrag zu unterzeichnen, offenbar mit Unterstützung des Polizeichefs Baron Hager und Baron Traun.[3] In diesem Vertrag war Stackelberg nicht mehr Vormund der Deym-Kinder:

> Stackelberg übernimmt die Galerie-Einrichtung... Josephine führt die Verwaltung... Josephine der Hausmutter u. der Vormünderin... Unter Hausvater versteht sich, Beschützer, Helfer, Anführer, Anweiser des Besseren... Die italiänische Reise und wenn möglich die Karlsbader Reise[4] so wie die Equipage u. Reitstunde, weil es für die Gesundheit nötig ist[,] versichert Stackelberg an Josephine... Jos. Stackelberg...
>
> Ich [er]kläre mit dem Wissen von Josephine, dass, wenn sie diese Pünkte nicht hält, ich von allen Vorwürfen frei bin, wenn ich in mein Vaterland zurückkehre. Christoph Stackelberg.[5]

Josephines ungeborenes Kind wurde mittlerweile ihrer Schwester Therese "geschenkt":

> Josephines Kind will ich nicht als das meinige ansehen, sondern es für seine Eltern mit der grössten Verleugnung und wie es Pflicht ist, erziehen.[6]

Im Oktober 1812 kehrten Therese und die Kinder aus Dornbach zurück. Die Pläne für eine Reise nach Italien wurden aufgegeben, stattdessen

> zogen im Spätherbst 1812 die sechs Kinder mit ihrer Mutter, die schwanger war, und Stackelberg nach ... Hernals, wo sie sehr genügsam lebten, mit nur einer Magd und einer Köchin. Ihre Finanzen waren völlig ruiniert; die letzten drei Pferde wurden verkauft.[7]

Die finanzielle Situation war so prekär, daß sich Therese sogar erbot, als Dienstmädchen für ihren Bruder Franz zu arbeiten, und ihren Verdienst an Josephine zu senden. Am 21. November 1812 war Stackelberg in Budapest bei Franz von Brunsvik, in der Hoffnung auf finanzielle Unterstützung angesichts der inzwischen katastrophalen Situation. Im Dezember kehrte er von einer nutzlosen Reise nach Brünn zurück.[8] Josephines gesamtes Vermögen (insbesondere das Erbe ihres Vaters, und das wenige, was ihr Deym vermacht hatte) war für immer verloren.[9]

* * *

Am 7. September 1812 verließ Beethoven den Ferienort Franzensbrunn und reiste allein nach Karlsbad zurück. Am 15./16. September ging er wieder nach Teplitz, wo er in einem Zustand der Niedergeschlagenheit ankam. Er verbrachte den Großteil seines restlichen Urlaubs im Bett.

Im Oktober tauchte Beethoven plötzlich in Linz bei seinem Bruder Johann auf, der seine Haushälterin Therese Obermayer heiraten wollte. Ludwig war dagegen, weil Therese eine unverheiratete Mutter war. Er verlangte, sie solle das Haus verlassen, und er versuchte sogar, die Polizei und den Bischof zum Eingreifen zu veranlassen! Ludwig wollte die damals gültigen polizeilichen Vorschriften durchsetzen, wonach eine Person "unmoralischen Verhaltens" die Stadt zu verlassen hatte. Aber alles war vergebens, denn am 8. November heirateten Johann und Therese – sehr zum Ärger Ludwigs des Moralisten.

Inzwischen trat eine weitere Katastrophe ein, als Fürst Kinsky, einer seiner wichtigsten Gönner, nach einem Sturz vom Pferd starb. Beethoven mußte mit Kinskys Erben noch über Jahre hinweg (sogar vor Gericht) streiten, bis sie schließlich bereit waren, ihm seine vereinbarte Rente (wenn auch stark reduziert) weiter zu zahlen.

---

1 Thereses Tagebuch, 8. Oktober 1812, in Tellenbach (1983), S. 106 f.

2 Thereses Tagebuch, 8. Oktober 1812, in Tellenbach (1983), S. 106 f.

3 "Le Comte de Traun étant arrivé hier soir, Madame la Comtesse, nous devrons avoir l'honneur de vous faire notre cours aujourd'hui à 11 heures avant Diné, espérant y trouver aussi Monsieur Stackelberg." [Der Graf von Traun kam gestern Abend an, Frau Gräfin, und wir haben die Ehre, Ihnen um 11 Uhr vor dem Mittagessen unsere Aufwartung zu machen, auch in der Hoffnung, Herrn Stackelberg dort anzutreffen.] (Hager an Josephine, 13. August 1812, in Goldschmidt 1977, S. 216.) Dieser Brief bedeutet natürlich nicht, daß Stackelberg auch anwesend war - er brachte nur die Hoffnung zum Ausdruck, daß er dort **erwartet** wurde. - Zwei Jahre später werden wir Hager wieder treffen (als Polizeipräsident, im Namen Stackelbergs handelnd). - Man beachte, wie Hager (selbst ein Baron) Josephine Baronin von Stackelberg respektvoll als "Madame la Comtesse" [Frau Gräfin] adressiert, d.h., mit ihrem angeborenen Titel, während er ihren Ehemann Baron von Stackelberg lediglich als "Monsieur" [Herr] bezeichnet, d.h., er läßt sogar dessen (niedrigeren) Titel weg. Die Unterschiede von Klasse,

Rang und Stand - zwischen als auch innerhalb - waren sehr subtil (aber dennoch wichtig) in jenen Tagen...

4 Es scheint, daß - aus irgendeinem Grund - Josephine die kurz zuvor (im Juli?) geplante Reise zu einer Kur in Karlsbad (= "K" in Beethovens Brief) aufgeben mußte und dies jetzt nachholen wollte...

5 Vertragsentwurf zwischen Stackelberg und Josephine, 13. August 1812, in Goldschmidt (1977), S. 529 f. Dieses Ereignis kam einer faktischen Trennung schon ziemlich nahe, ohne formell eine Scheidung zu sein. Man beachte jedoch, daß Stackelberg das Recht hatte, jederzeit (unter dem geringsten Vorwand) Josephine zu verlassen, und ohne irgendwelche Vergeltungen befürchten zu müssen, während sie nicht nur die Vormundschaft über ihre Deym-Kinder "gewonnen" hatte, sondern auch die alleinige Verantwortung für deren Erziehung und Ausbildung.

6 Thereses Tagebuch, 22. September 1812, in Tellenbach (1983), S. 125.

7 "... in late fall 1812 the six children moved with their mother, who was pregnant, and Stackelberg to ... Hernals, where they lived frugally with only a maid and a cook. Their finances were completely ruined, the remaining three horses were sold." (Steblin 2007, S. 173.)

8 Goldschmidt (1977), S. 216.

9 "Ankunft St.[ackelbergs] - ist wieder der Augenblick da, wo ich Josephine so viel sein könnte." (Thereses Tagebuch, 4. Dezember 1812, in Goldschmidt 1977, S. 214.)

Leben gleicht der Töne Beben.[1]

Adagio molto e cantabile

[1] Beethovens Tagebuch, in Solomon (2005), S. 32.

Ich war Taufmutter und das Kind wurde mir förmlich geschenkt.[1]

1813: Minona

Im März 1813 schrieb Josephine an Stackelberg über "die bangen Tage der Gebährung" und machte nochmals einen Versöhnungsversuch – aber nicht als seine "Sklavin":

> Wenn du das Haus, die Gallerie, mein Vermögen wi[e]der her stellest, aufrichtest, so darf dich das nicht hochmüthig machen, weil du nur ein Gebrechen verminderst ... Es thut mir weh, daß Leben abhaspeln dich dünkt – was die reinste Freude – in den bangen Tagen der Gebährung – und überhaupt deinem weibe – Freude und einige Ruhe und Unterhalt für sich und 7 Kinder[,] Mann u. Weib verschaffen –
>
> An deinem Herzen werde ich nie zweifeln – weil in Ruhigen Augenblicken du edler Erhebung fähig bist... Bis dahin habe Geduld mit mir wie ich mit dir – Wir kön[n]en noch nicht vollkommen seyn[,] Nachsicht – und Güte – Aufrichtigkeit, Verzeihung und edles Streben – du für mich und ich gegen dich bis unsre Laage ruhiger geworden – meine Gesundheit mir jene Kräfte wieder leiht welche ich so gern dann für dich hingebe. ...
>
> O Liebe um Liebe, frommes inniges Gefühl, reine Empfindung eines Geschöpfes welches dir angehört – aber nicht als Sklavin ... du bist frey.[2]

Es ist nicht klar, wann genau Stackelberg wieder fortging (vor oder nach der Geburt), und es gibt keinen Hinweis darauf, ob er geahnt hatte, daß Josephines nächstes Kind nicht seines war. Oder vielleicht doch?:

> Ich sehne mich danach daß ich dich, die du so schreklich mich beleidigt und gegen mich gefehlt hast, wieder achten u[nd] lieben könnte.[3]

Therese war natürlich dabei: am 8. April 1813

> war ein kleines Mädchen geboren: Minona;[4] – ich machte die *sage femme* [Hebamme] um 9 Uhr Abends. ... Von dem Augenblick gehörte das liebliche Engelchen mein, und anderthalb Jahre kannte es Niemanden als mich. ... Es wurde bedient und genährt durch mich. Ich trug es im Prater spazieren auf meinen Armen.[5]
>
> Ich war Taufmutter und das Kind wurde mir förmlich geschenkt.[6]

Beethoven, der wahrscheinlichste Vater, muß wohl davon erfahren haben. Wie sonst kann man erklären, daß er sofort seinen kranken Bruder drängte, ihm die Vormundschaft über dessen Sohn Karl zu gewähren? Obwohl Carl van Beethoven schon an Tuberkulose erkrankt war, hatte er noch mehr als 2 ½ Jahre zu leben![7]

Im darauf folgenden Monat schrieb Ludwig dies in sein Tagebuch:

> Eine große Handlung, welche seyn kann zu unterlassen und so bleiben ... o schreckliche Umstände, die mein Gefühl für Häuslichkeit nicht unterdrücken, aber deren Ausübung.[8]

Er war ein Vater, konnte aber keinen Anspruch auf die Vaterschaft erheben! Er könnte eine Familie und "Häuslichkeit" haben – aber die "schrecklichen Umstände" verhinderten es.

Auffällig ist, daß Beethoven um diese Zeit in mehreren Briefen an Freunde andeutete, daß er gezwungen sein könnte, das Land (vielleicht sogar plötzlich) zu verlassen. Hatte er Angst vor Stackelbergs Zorn (und damit den Konsequenzen, die zu Problemen für Josephine führen könnten)?[9]

Therese fährt in ihren Memoiren fort:

> Den 3. Juni zogen wir nach Hacking... Mein kleines Kindchen wurde sehr einfach gehalten und gedieh vortrefflich. ... Im Spätherbst ließ Josephine ihre Kinder zu sich kommen und ich blieb den Winter allein mit der lieblichen Minona.[10]

Man beachte, daß Minona nicht wirklich als eines von Josephines (d.h. Stackelbergs) Kindern zählt.

* * *

In seinem Tagebuch betonte Beethoven, wie bedeutend es für ihn war, sein (und Josephines) Geheimnis zu hüten (Herder zitierend):

> Lerne Schweigen ... Dem Silber gleichet die Rede aber zu rechter Zeit Schweigen ist lauteres Gold.[11]

Interessanterweise notierte Therese in ihrem Tagebuch etwa zur gleichen Zeit:

> Was du nicht reden darfst[,] laß auf der Zunge versiegelt.[12]

Das von Beethoven verwendete Zitat von Herder ist auch viele Jahre später in Thereses Tagebuch zu finden, und sie fügte dort hinzu:

> Dieser schöne Spruch ist von Beethoven in Musik gesetzt.[13]

Dies ist eine erstaunliche Feststellung, da sie sicher nicht den kleinen Kanon meinen konnte, den Beethoven einige Jahre später zu diesem Text komponierte. Könnte es sein, daß sie (wie auch Josephine), die sie seine Musik ihr Leben lang bewunderte, sehr gut verstand, daß so vieles davon Kommunikation ohne Worte war, "vom Herzen zum Herzen" gehend? Ich glaube, sie verstand ihn perfekt. Wenn man seiner Musik zuhört, kann man es hören, die Botschaft fühlen, empfinden. Nur, es **kann nicht** in Worten ausgedrückt werden.

* * *

Beethoven ermahnte sich, sich mehr auf seine Arbeit zu konzentrieren:

> Das Beste an dein Uibel nicht zu denken ist Beschäftigung.[14]

Und es folgten mehrere herrliche Kompositionen, von denen einige die britische Nationalhymne verwendeten.

> Ich muß den Engländern ein Wenig zeigen was in der *God save the King* für ein Segen ist.[15]

Beethoven faßte dieses schicksalhafte Jahr mit der Kopie eines Gedichtes in seinem Tagebuch zusammen:

Leben gleicht der Töne Beben
Und der Mensch dem Saitenspiel
Wenn es hart zu Boden fiel
Ist der rechte Klang verschwunden
Und es kann nicht mehr gesunden.[16]

Irgendetwas muß in seinem Leben zerbrochen sein, von dem er sich nie mehr erholen konnte: Seine Geliebte verloren, sein Kind verloren, seine Taubheit nahm bedrohlich zu, und auch seine Isolation wuchs immer mehr.

Und als ob das noch nicht genug war, trat eine weitere Katastrophe mit dem Effekt finanzieller Einbußen ein: Fürst Lobkowitz, einer seiner wichtigsten Gönner, ging bankrott und mußte Wien mit Schimpf und Schande verlassen.

---

1 Thereses Memoiren, in La Mara (1909), S. 102.

2 Josephine an Stackelberg, 20. März 1813, in Goldschmidt (1977), S. 217. Es gibt einige Zweifel an diesem Datum - es könnte auch am 20. Mai 1813 geschrieben worden sein, nach Minonas Geburt (Steblin 2007, S. 174, N. 88).

3 Stackelberg an Josephine, ca. 1812/1813, in Tellenbach (1983), S. 120.

4 Es wurde oft bemerkt, daß "Minona" rückwarts gelesen "anonim" (anonym) ist. Aber viel interessanter ist, daß es der Name eines Charakters (einer Musikerin!) in Goethes *Werther* ist (eine romantische Geschichte unerfüllter Liebe, die in viel Leid und Selbstmord endet). Die Brunsvik-Schwestern waren natürlich mit derartigen Romanen vertraut.

5 Thereses Memoiren, in La Mara (1909), S. 101. Der Prater war (und ist) der größte öffentliche Park in Wien.

6 Thereses Memoiren, in La Mara (1909), S. 102.

7 "Beethovens machte seinen Anspruch auf die Vormundschaft seines Neffen Karl ... am 12. April 1813 geltend - vier Tage nach Minonas Geburt. Dies ist sicherlich kein Zufall. Es gab starke psychologische Gründe dafür, das Kind, das er verloren hatte, zu ersetzen. ... Sein Bruder würde ... nicht vor dem 15. November 1815 sterben." [Beethoven's claim to be the legal guardian of his nephew Karl ... he made on 12 April 1813 - four days after Minona's birth. This is surely no coincidence. There were strong psychological reasons for his wanting to replace the child he had lost. ... His brother ... did not die until 15 November 1815.] (Steblin 2007, S. 176.)

[8] Beethovens Tagebuch, 13. Mai 1813, in Solomon (2005), S. 30. Solomon (2005, S. 30) mißinterpretiert dies dann als: "Offensichtlich ein weiterer Hinweis auf die Beendigung des Liebesverhältnisses mit der 'Unsterblichen Geliebten'." Er blieb fixiert auf die Idee, sie müsse Antonie Brentano gewesen sein, die nach ihrem kurzen Aufenthalt in Wien schon längst mit ihrem Mann nach Frankfurt zurückgekehrt war. Nur - es gibt keinen Hinweis, warum Beethoven so etwas schreiben sollte, und ausgerechnet zu diesem Zeitpunkt, wenn es tatsächlich um Antonie gegangen wäre!

[9] Siehe Tellenbach (1983, S. 119). Es ist wahrscheinlich, daß Stackelberg anwesend war (oder in der Nähe), als Minona geboren wurde (oder kurz danach). Zumindest schreibt dies Fritz Deym in seinen Memoiren (Steblin 2007, S. 173). In dieser Hinsicht sind Thereses Erinnerungen etwas anders (sie schien anzudeuten, daß er schon weg war). Allerdings waren beider Ansichten gefiltert, wenn nicht voreingenommen: Therese war ihrem Schwager gegenüber sehr kritisch, während Fritz seinen Stiefvater und Lehrer anscheinend sehr gern hatte (zum Leidwesen seiner Mutter und seiner Tante).

[10] Thereses Memoiren, in La Mara (1909), S. 102.

[11] Beethovens Tagebuch, in Solomon (2005), S. 31. Siehe auch den Kanon "Das Schweigen" WoO 168 Nr. 1, 1816. Und eine spätere Bemerking Thereses: "... nur in der Stille bildet ein Gemüth sich. Pythagoras: **nicht reden**! Das ist mein Ideal." (Therese an Schober, 23. Februar 1837, in La Mara 1909, S. 49.)

[12] Thereses Tagebuch, in Tellenbach (1983), S. 132.

[13] Thereses Tagebuch, 15. November 1840, in Goldschmidt (1977), S. 294.

[14] Beethovens Tagebuch, in Solomon (2005), S. 32.

[15] Beethovens Tagebuch, in Solomon (2005), S. 37. Im November 1813 komponierte er "Wellingtons Sieg, oder Die Schlacht bei Vittoria" Op. 91. Siehe auch die 5 Variationen für Klavier auf "Rule Britannia" WoO 78, 1803, und "God save the King" WoO 157 Nr. 1, 1817. Beethoven hatte eine lebenslange Bewunderung für alles Englische, und er plante mehrmals, nach England zu reisen. Und er nannte Händel den "größten" aller Komponisten.

[16] Beethovens Tagebuch, in Solomon (2005), S. 32. Exzerpt aus Adolf Müllner: *Die Schuld*. Leipzig 1816 - eine "Schicksalstragödie".

... glaube mir Josephine, daß du nicht weisst was du thust, glaube mir Therese daß du wahnsinnig bist.[1]

Man kann sie nicht verlassen. Sie ist nervenkrank, immer einer inneren Marter ausgesetzt.[2]

1814: Der Kinderraub

Beethoven begann (und beendete) das Jahr 1814 mit seinen größten Konzert-Triumphen: Die Aufführung von *Wellingtons Sieg* Op. 91, zusammen mit der Siebten und Achten Sinfonie, am 27. Februar war ein großer Erfolg. Er überarbeitete auch seine Oper *Leonore* völlig. Sie wurde im Mai unter dem neuen Titel *Fidelio* aufgeführt und gewann endlich die Anerkennung, die sie verdiente. Was für eine Ironie, daß seine Zelebration des "Triumphs der ehelichen Liebe", voller Hoffnung, Befreiung und Begeisterung, zu einer Zeit erfolgte, als sein privates Leben ein einziger Schlamassel war![3]

* * *

Während der Komponist auf seinem Höhepunkt war, durchlebte Josephine die schlimmste Zeit ihres Lebens. Therese berichtet, wie sich wieder mal eine Katastrophe zusammenbraute:

> Man wartete auf Stackelberg ... er war Käufer, er war Eigenthümer. Diese ganzen Vorgänge hindurch war er aber außer Stande, in Oesterreich zu bleiben. Er raubte uns seine drei kleinen Töchter, da sie Josephine nicht herausgeben und ihm auch nicht folgen wollte.[4]
>
> Nach den ersten 6 Monaten seiner Strebungen kam er nach Wien, besuchte seine Gattin und forderte sie auf, ihn nach Rußland zu begleiten, wo ein älterer Bruder Gottschall [Gottschalk] gestorben [war] und ihm, Christoph, die Güter vermacht hatte. Josephine konnte nicht – schon kränklich und angegriffen ... alles verlassen. Da

> verlangte er seine drei Töchter – Minona 1 ½ Jahr alt... Josephine sagte: "laß mir die Kinder, ich habe sie ja mit Schmerzen geboren!" ...
>
> Des andern Tages ging er zu Siebert,[5] der Chef der Polizey war, und zeigte ihm den Fall an. Um [die] Mittagszeit standen sechs Vertraute vor dem Thor ... und die lieben Kleinen wurden ohne Abschied, der Reisewagen vor dem Thor, mit ihrer Gouvernante, die Josephine ihnen gegeben hatte, uns entführt! Zwei Jahre hatten wir nicht die geringste Nachricht von ihrem Aufenthalt.[6]

Fritz Deym wird in seinen Memoiren später lapidar feststellen, daß sein Stiefvater die Mädchen "entführt" hatte.[7] Allerdings brachte Stackelberg sie dann nicht in seine Heimat (nach Estland), sondern zum Dechant Franz Leyer in Trautenau in Böhmen.

* * *

Kurz vor der "Entführung" der Kinder hatte der besorgte Vater noch eine freundliche Mahnung an seine geliebte Frau geschrieben:

> Theresens Brief mahnte mich ... daß du wo möglich von Tag zu Tag noch schlechter wurdest u. ich nicht unrecht hatte wenn ich dich mein weib nicht noch 8 Wochen in dieser laage lassen will...
>
> Dir alles jenes verkehrte lügenhafte Gewäsch zu beantworten um dich zu überzeugen, daß du ohne Gefühl bist u. dich irrst – hiesse einen Mohren weiß waschen wollen. Wo Herz u. Verstand einmal so verschroben sind wie bei Euch beiden kann nur Gott helfen wenn er den Sinn ändert; für Menschen habt ihr Achtung u. Zutrauen verlohren u. ihre Worte sind euch nur ein leerer Schaal ohne Wirkung.
>
> Ich will jetzt nur meine Kinder u. sie jetzt nur weil mein Gewissen mich dazu treibt. ... Wenn du mir nicht die Kinder heute zusagst[,] morgen früh mit zerrissenem Herzen thun muß [ich] was ich nicht lassen kann ohne mich selbst für einen schlechten Menschen zu halten...
>
> glaube mir Josephine[,] daß du nicht weis[s]t was du thust, glaube mir Therese daß du wahnsinnig bist[,] glaubt mir daß ihr euch selbst an den Pranger stellt u.

> einmal blutige Thränen weinen werdet. Gib nach ... ich kann keine Stunde mehr zugeben.[8]

Stackelberg, erleuchtet von frommen Ideen, war jedoch nicht zu bremsen: Josephine sollte sogar auch noch die Vormundschaft ihrer Deym-Kinder verlieren! Aus den Polizei-Akten ergibt sich ganz klar, daß er sein Bestes tat, um seine Frau zu verleumden. Es scheint, er bereitete dies sorgfältig vor, indem er diffamierende Informationen über sie und Therese verbreitete. Deren Onkel Joseph Graf von Brunsvik versuchte – vergeblich – zu intervenieren:

> Ich habe erfahren, daß die vielen ausgestreuten Gerüchte über meine Nichte B[aronin] St[ackelberg] geb. G[räfin] B[runsvik] von erdichtungen u. vergrößerungen einiger leidenschaftlicher u. gereizter Menschen u. corompirter Domestiquen herrühren u. es liegt meiner Ehre daran ... daß selbe durch die Wegnahme der ... Vormundschaft keine Bestätigung im Publikum erhalten u. auch meine Nichte nicht so empfindlich gedrükt u. betrübt werde – es ist mir auch nicht gleichgültig ob die K[inder,] die mir so werth u. so nahe verwandt sind[,] des größten Einflußes der Mutter beraubt u. einem fremden den ich nicht kenne übergeben werden[,] u. so ersuche ich sie B[aron] Hager ... alles anzuwenden um meiner Nichte die Vormundschaft zu erhalten.[9]

Polizei-Präsident Hager (er wurde dann Metternichs Gestapo-Chef und leitete die gleiche Geheimpolizei, die auch Aufzeichnungen über Beethoven und Schubert machte) war nicht zu beeindrucken:

> Wegen gänzlicher körperlicher Verwahrlosung [in] jener 2ten Ehe u. aufgeschreckt durch die Gefahr daß das Mädchen von dem Stiefbruder schon in Kindesalter verführt werde, hatte B.[aron] Stakelberg mit Beistimmung der Landrechte, Polizei assistenz erwirkt um seine Kinder anderwärtig unterzubringen[,] wozu die Mutter durch keine gütliche Vorstellung zu vermögen war...
>
> Auf diese Weise stellte sich der junge Graf [Fritz] Deym bald als gänzlich verwahrlost ja leider als ein fast schon ausgebildeter Wüstling dar, der über das Religionswesen auf die frechste Weise spöttelte – u. in dem Besuch niederer Schenken seine Lieblingsbeschäftigung fand u. leider von der Mutter in dem einen wie in dem anderen grundsatzmässig unterstützt war...
>
> Ich habe in die St[ackelberg]-schen häuslichen Verhältnisse oft einzudringen Gelegenheit gehabt u. schon

damahls überspannung, excentrische Tendenz u. apathie zugleich von Seite der Fr. Nichte[,] von der selbst auch die Wahl ihres 2ten Gemahls zeigte[,] in solchem Maaße vereinigt gefunden, daß es mich nicht befremden konnte alle meine freundschaftlichen Versuche zur Einwirkung einer bessern Ordnung der Dinge scheitern zu sehen.

Leider scheint es wahr[,] daß der Einfluß dero 2ten Fräulein Nichte Therese auf die ... Schwester dieser vorzüglich diese ungünstige Richtung gab. ... Jüngst wollten mich B.[aronin] Stakelberg u. eine Gr.[äfin Anna] Brunsvik wahrscheinlich in der selben Sache sprechen – allein ich war schon unpäßlich u. konnte sie weder Besuchen noch empfangen.[10]

Stackelberg, der fromme und gelehrte Pestalozzi-Anhänger, hatte nicht nur den jungen Fritz, seinen Lieblings-Stiefsohn, erfolgreich dazu erzogen, zu einem Trinker zu werden, über Religion [!] zu lästern und – irgendwie – mit dem Einsetzen der Pubertät zurecht zu kommen:

Stackelberg [war] nicht einmal vor der Verdächtigung des Inzests unter den Stiefgeschwistern zurückgeschreckt.[11]

Therese war wütend, und sie schrieb ihrer Mutter:

Hager sollte sich schämen, einem Fremden[,] diesen St[ackelberg,] zu glauben und die Familie so zu beleidigen.[12]

Und sie beschwor Hager:

Jene bösen Beschuldigungen des rachsüchtigen Stiefvaters sind Verläumdungen ... Wer könnte eine Mutter die das Beste will so kränken! lieber theurer Freund retten Sie diese Frau von dem ihr drohenden unglück. Bedenken Sie daß den Kindern nichts schädlicher sein kann, als wenn sie glauben müßten ihre Mutter kön[n]e nicht ihre Leiterin auf dieser Welt sein. Sie sind vaterlos[,] hängen mit ganzer Seele an der Mutter u. sind in dem Alter, wo sie schon begreiffen was sie lieben.[13]

Sogar die 14-jährige Tochter Viky schrieb einen Bittbrief an die Polizei:

Vaterlose Wesen werden Sie nicht auch Mutter los machen wollen! – erhalten Sie uns die beste aller Mütter! ... Stoßen Sie uns nicht unter fremde Menschen! ... Glauben Sie nicht der lästerung.[14]

* * *

Beethoven hatte in der Zwischenzeit mit etwas banaleren Angelegenheiten zu kämpfen, da er es für nötig befand, sich in seinem Tagebuch zu ermahnen:

> Schuhbürsten zum Abputzen, wenn Jemand kommt.[15]

Offenbar hatte ihn jemand auf seine ungepflegte Erscheinung aufmerksam gemacht!

Jedoch verursachten wiederholte Erkrankungen ihm viel Kummer und Sorge:

> Bestimmung der Aerzte über mein Leben - - ist keine Rettung mehr - so muß ich - - - - - - - - brauchen - ???[16]

Bedenkt man, daß damals der Stand der Medizin noch auf dem Niveau des Mittelalters war, ist es verständlich, daß Beethoven ein tiefes Mißtrauen gegenüber Ärzten hatte. Die verschiedenen Kuren, die er zu erdulden hatte, ganz zu schweigen von den fragwürdigen Medikamenten, hatten ihm wahrscheinlich mehr geschadet als genützt.

Wie üblich tröstete er sich, indem er sich auf seine Arbeit konzentrierte:

> Vieles ist auf Erden zu thun, thue es bald! Nicht mein jetziges Alltagsleben fortsetzen, die Kunst fordert auch dieses Opfer - - in der Zerstreuung ruhn um desto kräftiger in der Kunst zu wirken - Den[n] ausduldenden Muth verlieh den Menschen das Schiksal –.[17]

Beethoven beendete dieses Jahr (am 29. November 1814) mit einem weiteren äußerst erfolgreichen Konzert zur Eröffnung des Wiener Kongresses im Redoutensaal, dem die Kaiserinnen von Österreich und Rußland, der König von Preußen und etliche Mitglieder des höchsten Adels beiwohnten.[18] Er führte die Kantate "Der glorreiche Augenblick" Op. 136 – passend zum Anlaß – und wiederum die *Schlacht-Sinfonie* ("Wellingtons Sieg") Op. 91 sowie die Sinfonie Nr. 7 Op. 92 auf.

* * *

Ein bemerkenswerter Eintrag in Thereses Tagebuch:

> Josephine ist Tasso, [so] ist Beethoven, **ihre** schöne Seele erhebt uns zum Himmel: **wir** müssen ihr die irdische Nahrung reichen...
> Reçu la lettre de Beethoven. Écrit a Beethoven [Erhielt den Brief von Beethoven. Schrieb an Beethoven] ... Jos[ephine]. Geschichte schreiben. Bet[hoven].[19]

Obzwar rätselhaft und verschlüsselt, offenbart dies doch einiges:

- Josephine und Beethoven werden verstanden als vereinigt im metaphorischen Sinne durch die Figur des *Tasso*, nach einem Theaterstück von Goethe, einer Tragödie von unerfüllter Liebe, Leiden und frühem Tod. Bemerkenswerterweise machte Therese diese Beobachtung im gleichen Jahr, als *Fidelio* mit großem Erfolg uraufgeführt wurde – und Tassos Geliebte hieß "Eleonore"![20]
- Ihre "Seele" geht in den Himmel, aber sie braucht noch "irdische Nahrung": vielleicht eine Anspielung darauf, daß Josephine entweder nicht aß, weil sie zu krank war, oder einfach nur, daß ihre Armut immer größer und Geld – selbst für Lebensmittel – immer knapper wurde.
- Therese war (d.h., blieb) **in regelmäßigem Briefkontakt mit Beethoven** – wovon natürlich nichts überlebte. Höchstwahrscheinlich trafen sie sich auch regelmäßig.
- Sie erwog, eine "Geschichte" von Josephine und Beethoven zu schreiben. Sicherlich nicht mit der Absicht, veröffentlicht zu werden; aber dies weist noch einmal darauf hin, daß ihre Beziehung nicht nur eine kurze Affäre vor einem Dutzend Jahren war, sondern in der Tat noch weiter bestand – für immer.

Therese erwog sogar das Undenkbare – daß eine Gräfin arbeiten muß, als sie Josephine schrieb:

> [Die Mutter] will für dich sorgen – sie will ... wenn du wünschst eine anstellung bei Kaiserin Louise od. dem Großherzog [von Würzburg] verschaffen, sie ist froh das du nicht bei St[ackelberg] bleibst... Franz ... ist wild u. verdrießlich weil sie das Geld haben will für dich... Sie frug so wehmütig ob es den[n] nicht denkbar sei bei ihr zu bleiben.[21]

Die schrecklichen Ereignisse des Jahres 1814, der Verlust von drei Kindern, und die Drohung, die Vormundschaft der übrigen vier zu verlieren, hatten ihre Spuren hinterlassen:

> Man kann sie nicht verlassen. Sie ist nervenkrank, immer einer inneren Marter ausgesetzt. Ich liebe und schätze Josephine nur um so mehr, weil sie nicht glücklich ist. Lottchen und ich sollen sie nicht untergehen lassen; sie hat eine hohe Individualität...
>
> Josephinens Geist strebt nach dem Höchsten.[22]

* * *

Josephine war verzweifelt bemüht, ihr Leben als Mutter von vier zunehmend widerspenstigen Teenagern wieder in normale Bahnen zu bringen. Ihr Hauptanliegen war die ordnungsgemäße Erziehung ihres ältesten Sohnes Fritz, der nach seinen jüngsten Eskapaden eine feste Hand benötigte. Wie das Schicksal so spielt, bekam sie mehr als sie wohl erwartet hatte. Sie

> stellte einen dubiosen Mathematiklehrer namens Andrian [Karl Eduard von Andrehan-Werburg] ein ... sie fiel allmählich unter seinen charismatischen Zauber, wurde schwanger und gebar Emilie, versteckt in einer Hütte.[23]

Nicht viel ist bekannt über diesen "Andrian", eine eher dubiose Person, der somit der vierte Mann wurde, von dem Josephines ein Kind hatte. Steblin (2007) scheint die erste gewesen zu sein, die Einzelheiten über ihn publizierte (nachdem Tellenbach 1983, S.141–189, ihn als einen aufrichtigen Menschen ansah und dachte, daß Emilie seine Schwester war).

Wieder einmal wurde sie schwach in einem Zustand von Verzweiflung und Krankheit – eine Wiederholung ihrer Verführung durch Stackelberg, wenn es auch dieses Mal in der Tat eine außereheliche Affäre war. Da sie (immer noch) außergewöhnlich schön und attraktiv war, war es kein Wunder, daß jeder Mann, der ihr nahe kam, von ihr hingerissen war.

> Josephine wollte nichts mehr mit diesem Scharlatan zu tun haben. Sie verließ ihr achtes Kind, als Emilie sieben Tage alt war, und Andrian war gezwungen, das Kind alleine groß zu ziehen.[24]

Das Mädchen starb zwei Jahre später an den Masern.[25]

1 Stackelberg an Josephine, Mai 1814, in Tellenbach (1983), S. 134.

2 Thereses Tagebuch, 1814–15, in Goldschmidt (1977), S. 293.

3 Beethoven wechselte um diese Zeit häufig seine Wohnung – Zeichen einer unerklärlichen Rastlosigkeit. Einigen Berichten zufolge fiel er durch arrogantes Verhalten in der Öffentlichkeit auf, durch Nichtbezahlen seiner Rechnungen in Gasthäusern, seine Kleidung war schmutzig, und sein Haar lang und ungekämmt...

4 Thereses Memoiren, in La Mara (1909), S. 100 f.

5 Der Polizeibefehl vom 8. Mai 1814 ist in Goldschmidt (1977, S. 531 f.) reproduziert.

6 Thereses Memoiren, in La Mara (1909), S. 107. Thereses Memoiren enthalten hier einen Fehler, da der Tod dieses Bruders tatsächlich ein Jahr später eintrat. Wie im Fall der Jahre 1812-1813 (und anderswo), neigte sie dazu, Ereignisse, die zu verschiedenen Zeitpunkten stattfanden, zu einem einzigen zusammen zu ziehen.

7 Steblin (2007), S. 174.

8 Stackelberg an Josephine, Mai 1814, in Tellenbach (1983), S. 133 f.

9 Joseph Graf von Brunsvik an Polizei-Präsident Hager, 9. August 1814, in Tellenbach (1983), S. 135.

10 Polizei-Präsident Hager an Joseph Graf von Brunsvik, 28. Oktober 1814, in Goldschmidt (1977), S. 533 f.

11 Tellenbach (1983), S. 135.

12 Therese an ihre Mutter, 20. Oktober 1814, in Goldschmidt (1977), S. 535.

13 Therese an Polizei-Präsident Hager, 1815, in Tellenbach (1983), S. 136.

14 Viky Deym an die Polizei, in Tellenbach (1983), S. 137.

15 Beethovens Tagebuch, in Solomon (2005), S. 38.

16 Beethovens Tagebuch, in Solomon (2005), S. 39. Die Striche deuten wahrscheinlich Unterlassungen des Kopisten an, oder es waren unleserliche Stellen, oder - enthielten etwas, das man besser nicht veröffentlichen sollte...

17 Beethovens Tagebuch, in Solomon (2005), S. 41. Der letzte Satz ist ein Zitat aus Homers *Ilias*.

18 Tellenbach (1983), S. 130.

19 Thereses Tagebuch, Oktober 1814, in La Mara (1920), S. 86; Tellenbach (1983), S. 141.

20 Goldschmidt (1977), S. 319.

[21] Therese an Josephine, 10. August 1814, in Tellenbach (1983), S. 131.

[22] Thereses Tagebuch, 1814–15, in La Mara (1920), S. 86.

[23] "... hired the dubious mathematics teacher Andrian ... she gradually fell under his charismatic spell, becoming pregnant and giving birth to Emilie, hiding in a hut." (Steblin 2007, S. 174.)

[24] "Josephine would have nothing more to do with this charlatan. She abandoned her eighth child when Emilie was seven days, and Andrian was forced to raise the baby alone." (Steblin 2007, S. 174.)

[25] Skwara/Steblin (2007), S. 187, N. 15.

Welche Kämpfe! welche Auftritte 1815 und 16! Von da an war ihr schwindendes Leben eine schreckliche Zerrissenheit.[1]

1815: Tohuwabohu[2]

Beethoven begann dieses Jahr, indem er sich an die Notwendigkeit erinnerte, sein Schweigen nicht zu brechen:

> Auch den vertrautesten Freund verschone mit deinem Geheimniß! - Forderst du Treue von ihm, die du dir selber versagst?[3]

Und wieder versuchte er, im Angesicht von Widrigkeiten sich auf seine Kunst zu konzentrieren (trotzdem war seine Produktivität weiterhin sehr niedrig):

> Alles was Leben heißt sey der Erhabenen geopfert und ein Heiligthum der Kunst, laß mich leben, sey es auch mit Hilfsmitteln wenn sie sich nur finden![4]
>
> Das hohe Gut der **Selbstvollendung im Erschaffen** suchen...
>
> Der Einzelne kann öfters mehr als im Verein mit Tausend[,] denn schwer zu lenken sind der Menschen Willen und selten siegt der bessere Verstand.[5]

Sein Kampf war ein einsamer – denn er war einsam. Und allein.

Beethoven vertiefte sich in das Studium von Werken über Pantheismus und östliche Religionen:

> Was frey ist von aller Lust und Begier das ist der Mächtige[.] Er allein. Kein Größerer ist, als Er, Sein Geist ist verschlungen in sich selbst. Er der Mächtige ist in jedem Theile des Raumes gegenwärtig.[6]
>
> Geist der Geister ... Güte ohne Grenzen! Weisheit ohne Maaß! - O leite meinen Geist[.] O hebe ihn aus dieser schweren Tiefe durch deine Kraft entzückt[,] damit er furchtlos streb' aufwärts in feurigem Schwunge.[7]
>
> Auf Deiner Wanderschaft über die Erde, wo die Pfade bald hoch bald niedrig gehen und der echte selten kenntlich ist, wird allerdings die Spur deiner Tritte nicht

> immer gleichförmig seyn; aber die Tugend wird dich in gerader Richtung vorwärts treiben.[8]
>
> Selig ist, der alle Leidenschaften unterdrückt hat und dann mit seiner Thatkraft alle Angelegenheiten des Lebens unbesorgt um den Erfolg verrichtet! Laß den Beweggrund in der That und nicht im Ausgang seyn. Sey nicht einer von denen[,] deren Triebfeder zum Handeln die Hoffnung des Lohn[es] ist. Laß dein Leben nicht in Unthätigkeit vorüber gehen. Sey betriebsam, erfülle deine Pflicht. ... Der wahre Weise kümmert sich nicht um [das] Gute oder Böse in dieser Welt. Befleissige dich also diesen Gebrauch deiner Vernunft zu erhalten denn solcher Gebrauch ist im Leben eine köstliche Kunst.[9]
>
> Die Tugend aber führt auf einen steilen Pfad und kann dabey nicht so leicht und geschwind die Menschen an sich ziehn.[10]

* * *

Am 6. April 1815 starb einer von Stackelbergs Brüdern und hinterließ ihm eine beträchtliche Erbschaft. Endlich besaß er (wieder) etwas Geld, und so ging er nach Wien (vermutlich in einer triumphalen Stimmung), um Josephine abzuholen.

Sie weigerte sich jedoch, ihm zu folgen – wie zuvor. Offenbar hatte sie gerade Andrian hinausgeworfen und war verständlicherweise auch nicht geneigt, Stackelberg ihre Schwangerschaft merken zu lassen. Daraufhin schrieb er ihr einen langen Brief,[11] wohl nach einem weiteren Streit. Darin offenbarte er einiges von den Schwierigkeiten, die die beiden miteinander hatten.

Am 29. April 1815 versuchten

> Josephines Tante, Catherine Dezasse, geb. Brunsvik, und ... Onkel Philipp Seeberg ... der aufgebrachen Josephine zu helfen und schlagen eine befristete Trennung der Eheleute von zwei bzw. drei Jahren vor.[12]

Es scheint, daß Stackelberg sie dann wieder verließ ... nicht ohne vorher der Polizei einiges über sie zu erzählen. (Andrian hatte möglicherweise auch etwas beigetragen.)

Am 30. Juni 1815 forderte die Wiener Polizei Spitzelberichte über Josephine aus Budapest an. Darin hieß es:

> Diese ... Gräfin hatte ... einige zeit ... blos von der freywilligen Spende ihrer Mutter gelebt. Vorher soll sie mit ihrem Ehegatten ... Stakelberg auf einem ... Gut flott gelebt, und zusammen das ganze Deymische Vermögen verthan haben, wodurch sie nicht allein sich selbst, und ihre Kinder in höchst mißliche Lage versetzt hat, sondern auch ihren Bruder, welcher für sie den Betrag von 5000,- Dukaten Bürgschaft geleistet haben solle, in eine nicht geringe Verlegenheit gebracht hat.
>
> Die Moralität dieser Gräfin solle in keinem Vortheilhaften Renomée stehen, und man behauptet Dieselbe von dem Vorwurf der gegebenen Veranlassung zur erfolgten Mißhelligkeit der Ehe, nicht frey sprechen zu können.[13]

Stackelberg – obwohl er einmal keinen Geldmangel hatte – war es somit nicht nur gelungen, ein weiteres Darlehen von seinem Schwager Franz zu extrahieren (der zu jener Zeit noch alles tat, was er konnte, um seiner Schwester zu helfen), er zeigte auch seine Dankbarkeit, indem er Josephine bei der Polizei verleumdete!

> Die Menschen[,] die Kreaturen sind sich **alle** gleich ... die Menschen voll Fehler[,] persönlichkeit[,] Dünkel u. Eigennutz. ... a[ndrian] hat mißtrauen u. Eifersucht wie C[hristoph,] **einer wie der andre**... Voll eigennütziger Absicht handeln Kreaturen. -
>
> Zu trauen[,] zu glauben ist keiner! Thor der glaubt u. traut.[14]

Therese, wie immer, blieb loyal an ihrer Schwester Seite – und sie blieb in Kontakt mit Beethoven (indem sie seine Aufenthaltsorte notierte):

> Man kann sie nicht verlassen. Sie ist nervenkrank, immer einer inneren Marter ausgesetzt... Döbling Beethoven ... Paskolati 94 Mölkerbastey.[15]
>
> Das abermalige höchst traurige Beispiel meiner unglücklichen Schwester lehrt mich[,] daß man mit allen fremden Personen auf dem Freundschaftsfuß bleiben muß. leute ins Haus nehmen u. zu vertraulichkeit brauchen ist höchst gefährlich u. dumm.[16]
>
> *Beethoven* 1055–56 Seilerstaat.[17]

Am 16. September 1815, dem Tag, an dem Josephine Emilie gebar (im Verborgenen, versteckt unter dem Pseudonym "Gräfin von Mayersfeld" in einer Berghütte), notierte Therese (man kann sie seufzen hören):

> Geburt Emiliens 4 uhr ¼ auf 4. Morgens. Empfindungen[,] Gedanken, *Ohdieu!* Rein bleibe sie! wahr u seelig! darum ließest du Geschöpfe werden, Großes mächtiges Wesen![18]

Und als ob all dies noch nicht genug Schmerz und Leid war, fing Josephines Mutter an, ihre Unterstützung zu entziehen. Therese klagte:

> Unglückliche Mutter! unwürdige Mutter! Du **darfst** nicht wissen, du sollst nicht wissen was dein Kind tödtet![19]

Die gegenseitige Entfremdung zwischen den einst so glücklich vereinten Mitgliedern der Brunsvik-Familie nahm in rasantem Tempo zu:

> Wie diese Mutter, stets kleinlich und beschränkt, oft bizarr, gemein mit ihren Urtheilen, Reden, Ansichten mir die Phantasie verdirbt, verwundert, die Gedanken zerreißt![20]
>
> Mutter untersteht sich, uns leichtsinnig zu nennen, wir, die wir unser Leben den solidesten Bestrebungen weihen mit grenzenloser Aufopferung! Leichtsinnig sind wir nicht – leichtsinnig ist sie, die ihr edles Kind weggab an einen Greisen ohne Vermögen ... Enterbt hat sie uns. ... Der Kleinlichkeitsgeist hat unsre Familie so extravagant unglücklich gemacht; darum ist er mir verhaßt.[21]

* * *

Am 14. November 1815 machte Carl van Beethoven sein Testament, in dem er seiner Frau Johanna und seinem Bruder Ludwig die gemeinsame Vormundschaft über seinen damals neun Jahre alten Sohn Karl gab. Johanna hatte angeblich eine Affäre während der Zeit seiner letzten Krankheit. Als Ludwig davon hörte, gab er die Information an seinen Bruder weiter – was dann höchstwahrscheinlich Carls Entscheidung, Johannas Namen zu löschen, motivierte. Kurz nachdem Ludwig ihn verlassen hatte, fügte er jedoch einen Zusatz an, der Johanna wieder als Mitvormund bestimmte und auch, daß Karl weiterhin bei seiner Mutter leben sollte.

Dies war der Anfang von Beethovens verzweifelten Bestrebungen, Vaterschaft und so etwas wie ein Familienleben zu erlangen, gefolgt von langwierigen und bösartigen juristischen Auseinandersetzungen mit seiner Schwägerin. Die Bemühungen um seinen Neffen wurden letztendlich nicht belohnt; Karl war schließlich so verzweifelt, daß er einen Selbstmordversuch unternahm, der seinem Onkel das Herz brechen sollte...

Dies ist jedoch eine andere Geschichte, die zu einem anderen Zeitpunkt (und an einem anderen Ort) zu erzählen ist, und sie ist auch schon voller Mythen und Legenden.[22]

---

1 Thereses Memoiren, in La Mara (1909), S. 96.

2 Chaos, Durcheinander, Wirrwarr; Schlamassel, Fiasko, Disaster.

3 Beethovens Tagebuch, in Solomon (2005), S. 52. Zitat von Herder.

4 Beethovens Tagebuch, in Solomon (2005), S. 45.

5 Beethovens Tagebuch, in Solomon (2005), S. 55.

6 Beethovens Tagebuch, in Solomon (2005), S. 57. Aus *Das brahmanische Religionssystem*.

7 Beethovens Tagebuch, in Solomon (2005), S. 62. Aus der *Hymne an Narayena*.

8 Beethovens Tagebuch, in Solomon (2005), S. 61.

9 Beethovens Tagebuch, in Solomon (2005), S. 61 f. Aus der *Bhagavad-Gita*.

10 Beethovens Tagebuch, in Solomon (2005), S. 64. Zitat von Hesiod.

11 in Skwara/Steblin (2007), S.183-187; siehe unten, unter "Reflexionen".

12 Tellenbach (1983), S. 182.

13 in Tellenbach (1983), S. 140.

14 Thereses Tagebuch, Juli 1815, in Tellenbach (1983), S. 143.

15 Thereses Tagebuch, Sommer 1815, in Tellenbach (1983), S. 142 f. Döbling war einer von Beethovens häufigen Sommer-Urlaubsorten (wie auch Baden) - wo er daher Therese getroffen haben könnte. "Paskolati 94 Mölkerbastey" war seine (etwas falsch geschriebene) Adresse in Wien. Es gab also zumindest (wieder oder immer noch) Briefkontakt.

16 Thereses Tagebuch, Juli/August 1815, in Tellenbach (1983), S. 142 f.

17 Thereses Tagebuch, 1816, S. 106, in Steblin (2007), S. 150, N. 25. "Seilerstaat" ist "Auf der Seilerstadt" (heute "Seilerstätte").

18 Thereses Tagebuch, 16. September 1815, in Steblin (2007), S. 174, N. 90.

[19] Thereses Tagebuch, 25 Oktober 1815, in Tellenbach (1983), S. 131.

[20] Thereses Tagebuch, 1815–17, in La Mara (1920), S. 85.

[21] Thereses Tagebuch, 5. Dezember 1816, in La Mara (1920), S. 85 f.

[22] Siehe Magnani (1972).

Ertragung - Ergebung -
Ergebung.[1]

1816: Die letzte Sehnsucht

Ehe das Jahr 1815 zu Ende ging, schrieb Dechant Franz Leyer in Trautenau, Böhmen, an Josephine. Er berichtete über ihre drei Töchter, die seit fast zwei Jahren bei ihm waren:

> Schon längst wäre es meine Pflicht gewesen ... Nachricht von dem Wohlbefinden Ihrer liebenswürdigen Kinder, und der herzlichen Sehnsucht zu geben, womit Sie nach Ihnen als ihrer innigstgeliebtesten Mutter schmachten.
>
> Allein meine fortdauernde Hoffnung: Herr Baron von Stackelberg würde dieselben seinem Versprechen gemäß bald abholen und in Ihre zärtlichen Arme führen, hinderte mich daran. Doch seit seiner Abreise in die Schweiz erfahren wir auch nicht das Geringste von Ihm, und Sein Stillschweigen und besonders das Ausbleiben Seiner Geldhülfe setzt uns Alle, besonders mich, in die größte Verlegenheit.
>
> Schon während seiner Anwesenheit in Rußland gerieten wir in Schulden... Allein jetzt da Er gar nicht[s] mehr schickt wird unsere Verlegenheit mit jedem Tage größer, und wir haben nicht ... die geringsten Mittel in Händen, womit wir in Zukunft ihre Kost, Wohnung u. s. w. Besorgen sollen...
>
> Was ist also mit den armen bedauerungswürdigen Kindern anzufangen? ... Die Zeit gleicht alle Mißverhältnisse aus, sie heilt nach und nach alle Wunden! Ich bitte Sie als Unbekannter, als Priester einer Religion, die Frieden, Versöhnung und Liebe predigt, lassen Sie die Irrungen eines Vaters nicht die armen, unbefangenen hilflosen Kinder entgelten.[2]

Josephine kratzte sofort etwas Geld zusammen und schickte es an Leyer,[3] der prompt antwortete:

> Nehmen Sie in Namen Ihrer vortrefflichen Kinder unsern innigsten Dank nicht nur für die erhaltenen 800 fl

> sondern auch insonderheit für den süßen Trost, den Sie uns für die Zukunft zuzusichern die Gnade haben.
> Als ich in den Kreis Ihrer unbefangenen Kleinen kam, und Ihnen sagte: Ihre gute Mutter würde uns nun alles Kummers um fernere Versorgung entreißen, da weinte und schrie alles vor Freude, und [sie] wünschten, die Mutter möchte morgen schon kommen.[4]

Mehrere Monate lang passierte nichts, und Stackelberg konnte es anscheinend nicht über sich bringen, seine beträchtliche Erbschaft zugunsten seine eigenen Kinder anzutasten. Man beachte auch, daß er den Kirchenmann offensichtlich angelogen hatte, als er Leyer anwies, für die Kinder zu sorgen, bis er wieder kommen würde, um sie zu ihrer Mutter zurückzubringen!

Dechant Leyer machte schließlich einen Vorschlag zur Vernunft, da er von Stackelberg

> auch nicht den Geringsten Beitrag für die Verpflegung der Kinder erhalten... Das Beste für die Kinder wäre freilich, Sie nehmen solche nach Wien, in dem, wie ich glaube, bei den mißlichen ökonomischen Verhältnissen des Vaters gar nicht auf eine solche Unterstützung zu rechnen ist, und dort die Kinder doch die Erziehung erhalten können, die Ihrer Geburt und Ihrem Stande zusagt.[5]

Therese schildert in ihren Memoiren anschaulich, was dann geschah:

> Zwei Jahre hatten wir nicht die geringste Nachricht von ihrem Aufenthalt... Plötzlich erscheint ein Brief vom Dechant von Trautenau in Böhmen, welcher uns meldet, daß die Kinder ... bei ihm durch Baron Stackelberg für wenige Wochen zurückgelassen wurden, das Geld aber ... schon längst verzehrt [sei]... Er bitte, da der Vater verschollen, die Kinder abholen zu lassen und das nöthige Geld zu senden...
> Die Kinder sitzen schon im Wagen – da erscheint Baron Otto Stackelberg, der jüngere Bruder, und legt Protest ein gegen die Abreise der Kinder. Er kommt im Namen des Vaters [!] mit Geld versehen. – unser Geld wurde aber nicht zurückgesendet.[6]

Die endgültige Trennung Josephines von ihrem Mann (der aber noch einmal zurückkehren sollte) wurde von Therese so beschrieben:

> Stackelberg hatte Abschied genommen von uns und Oesterreich... Aber seine neue Würde als gläubiger Christ

> verbot ihm Rache und Prozesse. Er reiste ... davon, indigniert im tiefsten seiner Seele![7]

Obwohl dies ein ziemlicher Schock für Josephine gewesen sein muß, hat Therese, von ihrem Blickwinkel zu einem späteren Zeitpunkt, diese Ereignisse mit der anschließenden Trennung der Brunsvik–Schwestern verschmolzen:

> Josephine ließ sie ruhig ziehen... Sie kränkelte ... wir trennten uns.[8]

Josephine war inzwischen so krank und hatte auch genug mit der Erziehung ihrer vier Deym–Kinder zu tun (die jetzt im Teenageralter waren), daß sie wohl eher froh war, von der Sorge um die Erziehung der drei Stackelberg–Mädchen entlastet zu werden (und Therese war ja auch schon drauf und dran, sie zu verlassen).

* * *

Wahrscheinlich gab es nochmals ein Treffen – das allerletzte – zwischen Ludwig und Josephine während ihrer Sommerferien:[9]

> 1816, waren sie alle in Baden für einen wundervollen Urlaub... Die gedruckte Liste der Kurgäste nennt Josephine dort am 30. April 1816 registriert als: "Nr. 7 Frau Gräffin v. Mayersfeld-Dejm, aus Wien"... Somit war Josephine im Mai 1816 in Baden, und Beethoven könnte mit ihr einen Spaziergang gemacht haben, und erwähnte sie dann als die "eine Frau", die er liebte, in seinem Brief an Ries vom 8. Mai, und voller Sehnsucht über ihre Abwesenheit, wie er später erwähnte, und notiert von Fanny[10] in ihrem Tagebuch am 16. September 1816.[11]

Am 2. Juni beantragte Josephine einen Pass, um in den Badeort "Pirmont" [Bad Pyrmont][12] zu reisen. Jedoch mußte sie dann ihre Reisepläne ändern, wohl nach dem kürzlichen Durcheinander, verursacht durch Stackelbergs Intervention (und wohl auch wegen anhaltenden Geldmangels).[13]

Erstaunlicherweise findet sich dann dieser Eintrag in Beethovens Tagebuch, um den August 1816:

> ... nicht nach P - t, sondern mit P. – abreden, wie es am besten zu machen sey –.[14]

Es scheint, daß beide heimlich geplant hatten (vielleicht auch wieder mit Hilfe von Therese als Zwischenträgerin), nach Bad Pyrmont zu fahren (und sich dort zu treffen), aber aufgrund von Josephines geändertem Reiseplan trafen sie sich stattdessen in Baden – wo es durchaus möglich war, von jemandem, der sie kannte, gesehen zu werden.

Solomon – in seinem Kommentar zu Beethovens Tagebuch – hatte keine Ahnung:

> "P-t" und "P" können nicht identifiziert werden. Leitzmann sieht "Pt" als einen Ortsnamen an und nennt tentativ das westfälische Bad Pyrmont.[15]

Was den geheimnisvollen Buchstaben "P" betrifft, so ist es möglich, daß Beethoven ihren Kosenamen "Pepi" abkürzte, und "sondern mit P[epi]" könnte ein Kürzel sein für entweder "verreisen mit P[epi]" (nach Baden statt nach Bad Pyrmont) oder "Aufenthalt bei (oder treffen mit) P[epi]" (in Baden). Offensichtlich machte es die plötzliche Änderung von Josephines Reiseplänen notwendig, einiges anders zu arrangieren.

Interessanterweise gab es auch – Jahre später – einen Eintrag des Neffen Karl in einem Konversationsheft Beethovens:

> In Helena [Baden] bist du mit Einer Arm in Arm gegangen. Wer **das** war?[16]

Die Antwort – wenn er überhaupt eine gab – ist nicht bekannt. Wir können jedoch sicher sein, daß Beethoven sein Schweigen nicht brach.

Im November wurde Josephine von einer schweren Depression befallen, angesichts wachsender Schulden und dazu noch Stackelbergs Ankündigung, im nächsten Sommer wieder zu kommen. Therese notierte:

> Arme Jo[sephine]! Wie bedaure ich dich, wie muss deine zerrüt[t]ete Seele aussehen und was musst du leiden.[17]

* * *

Andrian, der anscheinend Schwierigkeiten hatte, die Trennung von ihr zu akzeptieren, schrieb dies zum Abschied an Josephine:

> Ich wiederhole dir[,] daß ich auch in der Ferne dich lieben werde, und daß ich Emilien, dein Andenken rein und theuer erhalten werde... Gott mit dir du armes verlassnes Weib, das Unrecht leidet und Unrecht thut nur aus - Liebe -.[18]

In der Tat, mehr Qual als Trost, möchte man meinen.

* * *

Im Februar 1816 gab es in der Deym–Villa ein Konzert, ausschließlich mit Musik Beethovens, wo der Komponist ebenfalls anwesend war. Wahrscheinlich traf er auch die Brunsvik-Schwestern bei dieser Gelegenheit wieder.[19] Im April komponierte Beethoven dann den Liederzyklus "An die ferne Geliebte" Op. 98. War sie dann für ihn wieder einmal "so nah, so fern"?

Ein Brief an Ries scheint anzudeuten, daß er immer noch (oder wieder mal) an seine (einzige) Geliebte dachte, und an die zunehmend schwindende Möglichkeit, sie zu heiraten:

> Alles Schöne an Ihre Frau; leider hab ich keine; ich fand nur eine [!], die ich wohl nie besitzen werde, bin aber deswegen kein weiberfeind.[20]

"**Nur eine**"! Man beachte auch, daß die Einschränkung "wohl" andeutet, daß diese Frau noch potentiell zur Verfügung stand (d.h., sie konnte nicht Antonie Brentano gewesen sein, da sie schon lange weit entfernt in Frankfurt am Main wohnte).

Beethoven war nicht nur schon wieder schwerkrank, sondern auch in einer so verzweifelten Stimmung, daß er an den Tod und womöglich an Selbstmord dachte – wie in diesem Brief:

> Nun ist meine Gesundheit auch seit 6 Wochen auf schwankenden Füßen so daß ich öfter an meinen tod, jedoch nicht mit Furcht denke.[21]

In seinem Tagebuch notierte er morbide Bemerkungen wie diese:

> Der mit einem Uibel behaftet wird, welches er nicht ändern kann, sondern welches nach und nach ihn dem Tode näher bringt und ohne welches sein Leben länger gedauert hätte, muß denken, dass er auch so durch Mord oder andere Ursachen hätte noch geschwinder umkommen können.[22]

Er wiederholte seinen Entschluß, keine Opern mehr zu schreiben, oder ähnliche Musik, die um diese Zeit "populär" war, sondern mit seinem eigenen Stil fortzufahren (und er war nun auch fast vollständig taub):

> Opern und alles seyn lassen[,] nur für deine Weise schreiben - und dann eine Kutte wo[mit] du das unglückliche Leben beschließest.[23]

Die "Kutte" symbolisiert hier die Abkehr vom normalen irdischen Leben (um dann wie ein Mönch zu werden, im metaphorischen Sinn).

Das folgende Zitat symbolisiert wieder den Konflikt zwischen Widerstand gegen die erdrückende Macht des Schicksals, und Resignation, Hingabe, Demut:

> Zeige deine Gewalt Schicksal! Wir sind nicht Herrn über uns selbst; was beschlossen ist, muß seyn, und so sey es denn![24]
>
> Ertragung - Ergebung - Ergebung[,] so gewinnen wir noch beym höchsten Elend und machen uns würdig.[25]

Durch Leiden zur Erlösung.

> Nur in deinem Kunstleben[,] so beschränkt du auch jetzt deiner Sinne halber bist, so ist dieses doch das Einzige Daseyn für dich.[26]

Per aspera ad astra.[27]

Seine Kompositionen in diesem Jahr waren wieder hauptsächlich Volkslieder und Lieder – unter ihnen eine zweite Vertonung von "An die Hoffnung" Op. 94, die insofern bemerkenswert ist, als sie, im Unterschied zu der ersten zehn Jahre zuvor, diesen Anfang hatte:

Ob ein Gott sei? Ob er einst erfülle,
Was die Sehnsucht weinend sich verspricht?
Ob, vor irgendeinem Weltgericht,
Sich dies rätselhafte Sein enthülle?
Hoffen soll der Mensch! Er frage nicht!

Und noch eine (die dritte) Version eines Liedes in *E-Dur* "Sehnsucht" WoO 146, das so endete:

O zaubre meinen Blicken
Die Holde, die mich flieht,
Laß mich ans Herz sie drücken,
Daß edle Lieb' entglüht!

Du Holde, die ich meine,
Wie sehn' ich mich nach dir;
Erscheine, ach, erscheine
Und lächle Hoffnung mir!

Zwei der interessantesten – und faszinierendsten – Tagebuch-Einträge Beethovens um diese Zeit waren (wahrscheinlich) über Therese:

> Wegen T. ist nicht anders als Gott es anheim zu stellen, nie dort hin zu gehen, wo man Unrecht aus Schwachheit begehen könnte.[28]
>
> Jedoch gegen T. so gut als möglich[,] ihre Anhänglichkeit verdient immer nie vergessen zu werden - wenn auch leider nie davon vorteilhafte Folgen für dich entstehen könnten.[29]

Er betonte hier wohl seine Dankbarkeit zu Therese, die nicht nur Josephine weiterhin unterstützte (und die ihr Treffen in Baden anrrangiert haben könnte),[30] sondern die auch ihre nie endende Hingabe an Beethoven immer wieder demonstriert hatte.

Allerdings waren "vorteilhafte Folgen" (Vereinigung mit Josephine) nicht zu erwarten. Es gab "keinen anderen Weg".

* * *

Josephines Situation, insbesondere ihre Krankheit, wurde immer schlimmer. Obwohl sie noch auf die anhaltende Unterstützung ihrer Schwester zählen konnte, wurde ihr nun die frustrierende Erfahrung des endgültigen Verlustes der Liebe und Unterstützung ihrer Mutter nicht erspart.

> Es ist ein herzzerreissender Anblick, die gute aber schwache Josephine zu sehen ... sie ist nervenschwach u. ihre laage ist wohl kaum geeignet um [sich] selber davon zu curieren.[31]

Josephine wußte

> die wahre Ursache mein[es] kör[perlichen] Leiden[s]... Der Körper n[ä]hmlich ist nur mitleidend. Die Seele leidet unerträglichen Schmerz.[32]

wie sie ihrem Arzt erklärte. Und noch hatte sie Thereses Mitgefühl:

> Arme Jo[sephine]! Wie bedaure ich dich[,] wie muß es in deiner zerrütteten Seele aussehen[,] was mußt du leiden! Zürnen kann dir wahrlich niemand.[33]

Josephine machte einen letzten Versuch, sich mit ihrer Mutter zu versöhnen:

> Ich halte es für meine Pflicht liebe Mutter Ihnen von der Verlegenheit in welcher ich mich befinde Nachricht zu geben... Wehmut erlaubt mir nicht meiner Mutter von meiner Lage Kunde zu geben welche sie nicht zu wissen scheinen will.
> Nicht nur der Verlust der Verwaltung des Vermögens meiner Kinder, sondern mein Leben ist wahrscheinlich der Preis dafür ... und erregt in mir das Gefühl Sie wahrscheinlich das letztemal umarmt zu haben. Der Arzt erklärt feyerlich daß ... bey sowenig Gemüths Ruhe, Frohsinn und Heiterkeit ... an keine Genesung zu denken sey, und nichts als ein gewisser Todt vorauszusehen sey. So bin ich beständig an das Bett geschmiedet, an ein unglückliches Loos, welches ... mich in eine andre Welt führt.[34]

Auf die Nachricht, daß ihre Tochter im Sterben lag, reagierte Anna von Brunsvik nicht gerade mitleidsvoll:

> Ich bedaure deine Unpäßlichkeit, noch mehr aber deine traurige Laage, in welche du dich immer tiefer versenken wirst, so lange Eine gänzliche Sinnesänderung deinen Handlungen keine angemeßene Wendung geben wirdt – such Alle Schuld bloß in dir selbst ... aber mit dem ernstlichen Vorsatz, die Quel[l]e des Übels mit aller Anstrengung auf immer zu zernichten.
> – wer Gott verläßt Pepi, Den verläßt Er auch!!! – Kehre zum Allbarmherzigen zurück, Er wird dich wieder aufnehmen[,] dich erleuchten, und dir sichtbar beystehen... Kenntnis unserer selbst ist das aller Erste Bedürfnis, das kann uns niemand als wir selbst uns geben, dir Menschenkenntniß beyzubringen bewarb sich dein Erster Gemahl – deine Verbindung mit ihm hätte dein Glück seyn können wänn du gewollt hättest.
> – bey seinem Tode verließ Er dich in recht guten Umständen; wänn du dich ... nicht von der Begierde nach höhrem Genuß hättest hinreißen lassen, als ich dich damahls in Baaden melancolisch und Unzufrieden mit deinem Schicksaal fand, rief ich dir mehrmalen zu[:]

> Pepi! versündige dich nicht an Gott! ... eben so jung als du wurde ich Wittwe ... ich ... streckte mich nach der Decke ... lebte überall klein ... aber immer mit Ehre und Anstand... Ich kann also nur bedauern, aber nicht helfen - Vorzüglich bedaure ich deine armen Kinder und deine Mutter.[35]

Geschieht dir ganz recht! Gegen Gott zu sündigen!

Therese faßte die Qualen dieser Jahre zusammen:

> Man wollte ihr die Söhne nehmen und sie in einem gemeinen Institut zu gemeinen Menschen bilden. Welche Kämpfe! welche Auftritte 1815 und 16! Von da an war ihr schwindendes Leben eine schreckliche Zerrissenheit.[36]

---

1 Beethovens Tagebuch, in Solomon (2005), S. 68.

2 Leyer an Josephine, 29. Dezember 1815, in Tellenbach (1983), S. 137 f.

3 Tellenbach (1983), S. 138.

4 Leyer an Josephine, 22. Januar 1816, in Tellenbach (1983), S. 138.

5 Leyer an Josephine, 26. April 1816, in Tellenbach (1983), S. 139.

6 in La Mara (1909), S. 105. Nach Thereses Erinnerung sieht es so aus, als ob sie oder Josephine (oder beide) in der Tat nach Trautenau fuhren, um die Mädchen abzuholen. Jedoch, und wohl vor allem wegen Josephines Gesundheitszustand (wiederum verschlimmert nach der Geburt ihres achten Kindes), blieb Therese bei ihr in Wien, und sie schickten stattdessen Diener (und Geld) mit einer Kutsche nach Trautenau.

7 Thereses Memoiren, in La Mara (1909), S. 105. Anscheinend kommentiert Therese hier süffisant Stackelbergs Rechtfertigung für seine Weigerung, die juristischen Auseinandersetzungen zur Rettung des Witschapp-Anwesens fortzusetzen.

8 Thereses Memoiren, in La Mara (1909), S. 105.

9 Wie so oft zuvor, in Baden - siehe Tellenbach (1983), S. 148.

10 Fanny war eine Tochter von Cajetan Giannatasio del Rio, der um diese Zeit Beethovens Neffe in Obhut hatte. Sie schrieb ein Tagebuch, in dem sie berichtete, daß Beethoven auf die Frage ihres Vaters erwähnte, er sei vor einigen Jahren in eine Frau verliebt gewesen, die er nicht heiraten konnte. "Dennoch ist es jetzt wie den ersten Tag. Ich hab's noch nicht aus dem Gemüth bringen können." (Tellenbach 1983, S. 146; Goldschmidt 1977, S. 309.) Es scheint, als ob er sein jüngstes Treffen mit Josephine in Baden noch frisch im

Gedächtnis hatte. Fanny, die hoffnungslos in den Komponisten verliebt war, hatte wohl ihren Vater gebeten, herauszufinden, ob er "zu haben" war. Seine Antwort war wahrscheinlich ausweichend, da er die damals 26-jährige Fanny offensichtlich nicht liebte. (Fanny bemerkte später auch einen kostbaren Ring an Beethovens Hand, siehe Tellenbach 1983, S. 146 f.).

11 "1816, they were all in Baden for a wonderful holiday. ... The printed list of spa guests shows Josephine registered there on 30 April 1816 as: 'Nr. 7 Frau Gräffin v. Mayersfeld-Dejm, aus Wien'. ... Thus, Josephine was in Baden in May 1816, and Beethoven could have gone for a walk with her then, mentioning her as the 'one woman' whom he loved in his letter to Ries on 8 May, and pining over her absence later that summer, as Fanny noted in her diary on 16 September 1816." (Steblin 2007, S. 179.)

12 Tellenbach (1983), S. 148.

13 "Josephine ist nicht mehr nach Pyrmont gefahren." (Tellenbach 1983, S. 149.)

14 Beethovens Tagebuch, in Solomon (2005), S. 73.

15 Solomon (2005), S. 73. Siehe Albert Leitzmann: *Ludwig van Beethoven. Berichte der Zeitgenossen, Briefe und persönliche Aufzeichnungen*. Leipzig 1921.

16 Konversationsheft 1824, in Tellenbach (1983), S. 149.

17 Thereses Tagebuch, 5. November 1816, in http://www.xs4all.nl/~ademu/Beethoven/.

18 Andrian an Josephine, 26. Juni 1817, in Tellenbach (1983), S. 175.

19 Tellenbach (1983), S. 147.

20 Beethoven an Ries, 8. Mai 1816, in Goldschmidt (1977), S. 159; Brandenburg (1996), Nr. 933. Anderson (1961) übersetzt "wohl" unrichtig mit "doubtless" [zweifellos] (Tellenbach 1983, S. 249). Der deutsche Text macht es aber klar, daß es durchaus noch "Zweifel" gab – oder vielmehr: Hoffnung!

21 Beethoven an Marie Erdödy, 13. Mai 1816, in Solomon (2005), S. 66; Brandenburg (1996), Nr. 934.

22 Beethovens Tagebuch, in Solomon (2005), S. 66.

23 Beethovens Tagebuch, in Solomon (2005), S. 71.

24 Beethovens Tagebuch, in Solomon (2005), S. 66.

25 Beethovens Tagebuch, in Solomon (2005), S. 68.

26 Beethovens Tagebuch, in Solomon (2005), S. 72.

27 Durch Schwierigkeiten zu den Sternen. Siehe auch Goldschmidt (1977), S. 439–443.

28 Beethovens Tagebuch, in Solomon (2005), S. 79.

29 Beethovens Tagebuch, in Solomon (2005), S. 82.

[30] Es gibt Anzeichen, daß Therese mit Beethoven in Kontakt blieb, da sie wieder einmal sorgfältig seine Adresse notierte: "*Beethoven* 1055-56 Seilerstaat." (Thereses Tagebuch, 1816, S. 106, in Steblin 2007, S. 150, N. 25.)

[31] Thereses Tagebuch, 5. November 1816, in Tellenbach (1983), S. 162.

[32] Josephine an ihren Arzt, November 1816, in Tellenbach (1983), S. 162.

[33] Thereses Tagebuch, November 1816, in Tellenbach (1983), S. 162.

[34] Josephine an ihre Mutter, 9. November 1816, in Tellenbach (1983), S. 163 f.

[35] Anna an Josephine, 30. Dezember 1816, in Tellenbach (1983), S. 164 f.

[36] Thereses Memoiren, in La Mara (1909), S. 96.

Lisch aus, mein Licht![1]

1817: Resignation

Beethoven verbrachte den größten Teil dieses Jahres in tiefer Depression. Seine Taubheit war nun fast total, und er machte wieder mal Reisepläne (die wie immer im Sande verliefen):

> Dich zu retten ist kein anderes Mittel als [fort] von hier, nur dadurch kannst du wieder so zu den Höhen deiner Kunst entschweben, wo du hier in Gemeinheit versinkst.[2]

Wie Josephine in ihren Briefen an ihn (in 1807), erkannte er erneut die Bedeutung einer spirituellen Vereinigung, Plutarch zitierend:

> Sinnlicher Genuß ohne Vereinigung der Seelen ist und bleibt viehisch, nach selben hat man keine Spur einer edlen Empfindung[,] vielmehr Reue – – –.[3]
>
> Ruhe und Freyheit sind die größten Güter. – Wahre Freundschaft kann nur beruhn auf der Verbindung ähnlicher Naturen.[4]

Seine Taubheit vergrößerte seine Einsamkeit, sowie seinen Argwohn und sein Mißtrauen:

> Das Alleinleben ist wie Gift für dich bey deinem Gehörlosen Zustande, Argwohn muß bey einem niedern Menschen um dich stets gehegt werden.[5]

* * *

Zu den wenigen Kompositionen dieses Jahres (überwiegend Lieder), gehört das Lied "Resignation" in *D-Dur* WoO 149:

Lisch aus, mein Licht!
Was dir gebricht,
Das ist nun fort,
An diesem Ort
Kannst du's nicht wieder finden!
Du mußt nun los dich binden.

Sonst hast du lustig aufgebrannt,
Nun hat man dir die Luft entwandt;
Wenn diese fort geweht,
Die Flamme irregeht,
Sucht, findet nicht;
Lisch aus, mein Licht!

Therese fragte sich,

> Ob Josephine nicht Straffe leidet wegen Luigis Weh! Seine Gattin – was hätte sie nicht aus dem Heros gemacht![6]

Zu spät!

* * *

Am 9. März 1817 kehrte Stackelberg nach Wien zurück, offenbar nachdem er die zwei Jahre der Trennung "abgesessen" hatte, so wie es von Josephines Verwandten im Jahre 1815 gewünscht wurde. Wiederum versuchte er, Josephine davon zu überzeugen, Wien zu verlassen und mit ihm zu gehen. Und wiederum weigerte sie sich – die Erinnerung an den Schock war noch zu frisch, als Stackelbergs Bruder Otto ihr die drei kleinen Mädchen entrissen hatte.

Ein Dokument, von Christoph von Stackelberg signiert und datiert 23. Juni 1817, über einen Geldbetrag, den ihm Josephine lieh, illustriert den Hauptgrund für seine Wiederkehr – nämlich, um Geld zu schnorren:

> Ueber 342 sage drei Hundert und zwei und vierzig Gulden in Zwanziger.[7]

[1] Lied in *D-Dur* "Resignation" WoO 149.

[2] Beethovens Tagebuch, in Solomon (2005), S. 86.

[3] Beethovens Tagebuch, in Solomon (2005), S. 87. Diese Bemerkung wird häufig als ein Hinweis darauf angesehen, daß Beethoven sich mit einer Prostituierten abgegeben hatte. Na und? (Siehe jedoch das Kapitel über "Solomon".)

[4] Beethovens Tagebuch, in Solomon (2005), S. 89.

[5] Beethovens Tagebuch, in Solomon (2005), S. 92.

[6] Thereses Tagebuch, 12. Juli 1817 (oder 1818), in Schmidt-Görg (1957), S. 31.

[7] Stackelberg an Josephine, 23. Juni 1817, in Tellenbach (1983), S. 171.

Du stirbst edle Seele.[1]

Finale

[1] Therese an Josephine, 27. Dezember 1819, in Tellenbach (1983), S. 187.

In eins zusammen schmelzen kann nur dann geschehen, wenn zuerst in eins geschmolzen wir sind mit dem Ewigen ... ist allein Vereinigung - für ewig.[1]

1818: Der letzte Brief

Beethoven kämpfte weiterhin mit seinem Schicksal, mit seiner Taubheit und seiner Einsamkeit – und mit den zusätzlichen (und eher selbstverschuldeten) Problemen, die er mit seinem widerspenstigen Neffen hatte. Seine Lösung war, sich einmal mehr auf seine Kunst zu konzentrieren:

> Opfere noch einmal alle Kleinigkeiten des gesellschaftlichen Lebens deiner Kunst.[2]

Die einzige größere Komposition dieser Zeit war die Sonate für Klavier Nr. 29 in *B-Dur* "Hammerklavier" Op. 106, die ihn den größten Teil der letzten drei Jahre beschäftigte – und was für ein gewaltiges Werk es dann war!

Die letzten Worte seines Tagebuchs, zum Abschluß eines halben Jahrzehnts voller Kummer und Elend, ehe er sich auf die letzte und letztendlich erfolgreichste Periode seines Schaffens warf, mit den ersten Keimen der Neunten Sinfonie, der glorreichen *Missa Solemnis* und den alles transzendierenden späten Streichquartetten bereits im Sinn:

> Gelassen will ich mich also allen Veränderungen unterwerfen und nur auf deine unwandelbare Güte o Gott! mein ganzes Vertrauen setzen. Dein[,] Unwandelbarer[,] Deiner soll sich meine Seele freuen. Sey mein Fels, mein Licht, ewig meine Zuversicht! – – –[3]

* * *

Und somit sind wir wieder bei Josephine, als sie, todkrank und im Delirium, am 8. April 1818, Minonas fünftem Geburtstag, einen langen Brief schrieb – vielleicht an Ludwig?

Der allerletzte Brief.

> Ich kann nur mit wenig Worten von dem sprechen was der Geist zu mir spricht in den Augenblicken der Ruhe... Unsere Freundschaft kann auch nur in solchen Augenblicken als existierend angenommen werden... Indem die Seele spricht - spricht sie nicht mehr. - Geister sind stumm.
>
> Ich hätte diese Bruchstücke nicht geschrieben, glaubte ich nicht hiedurch einem Wunsch von dir zu begegnen, der mir nach deinen letzten Worten theuer seyn muß - Was deine Erscheinung in mein[en] Empfindungen weckt - kann ich nicht schildern - - - - - - Wir wissen keines, was wir thun, sprechen, sind - das Weltall in der Brust ... ist der Sternenhimmel... - - - Sie scheint zu brechen in uns die Axe, aufgelöst, aus den Angeln gerissen, zerstört stehen wir da - uns gegen über ... was wir an uns gegenseitig, was wir in uns selbst zu Grunde richteten - - - - - - es steht vor unsrem innern Auge...
>
> glücklich bist du nicht - - - - - aber betäubt [!] - - - mit einem ernsten blick hinaus beschäftigt - u. so ruhig - gelassen ... in einem zustande von negativem Glück - das Buch der Erinnerung zeigt mancherlei Farben - du hast es durchgeblättert oft - durchgesehen - gerichtet - auch dich - selbst...
>
> In eins zusammen schmelzen kann nur dan[n] geschehen, wenn zuerst in eins geschmolzen wir sind mit dem Ewigen, mit wahrer innigkeit dieses reine Verlangen, je mehr es sich reinigt - ist allein Vereinigung - für ewig - alles andere Schaale; Form; Gehäuse welche ... in einer fortlaufenden Linie sich bewegen bis an den letzten punkt - Kön[n]te der Geist sich dir ganz offenbaren[,] seine Mäng[e]l sind es, das[s] er es nicht kann - - - - - - - - - -.[4]

* * *

So wie Beethoven in seinem Brief von 1812, versäumte es Josephine (zu unserem Leidwesen), den Adressaten zu nennen. Wir können nur vermuten, daß Josephine an Minonas Geburtstag an ihn dachte, da Beethoven vermutlich ihr Vater war. Sie bezeichnet ihn sogar als "betäubt" (was soviel wie "taub" heißen könnte)! Natürlich läßt sich der fragmentierte und eher zusammenhanglose Charakter dieses Brief durch ihren zunehmend durch Krankheit verwirrten Geisteszustand erklären. Aber wer kann es ihr verdenken?

Josephines zunehmendes Elend, ihre Verarmung, Trauer, Einsamkeit, Gebrechlichkeit und die anhaltenden Konflikte mit ihrer Familie (sie sollte Wien verlassen und nach Ungarn zurückkehren) wurden von Therese so zusammengefaßt:

> Was hat alles geschehen müssen u. wie habe ich Josephine oft wehgethan u. sie gar nicht verstanden.[5]

---

1 Josephine an Beethoven?, 8. April 1818, Entwurf, in Tellenbach (1983), S. 195.

2 Beethovens Tagebuch, in Solomon (2005), S. 104.

3 Beethovens Tagebuch, in Solomon (2005), S. 105. Zitat aus Christian Sturm: *Betrachtungen über die Werke Gottes im Reiche der Natur*. Reutlingen 1811.

4 Josephine an Beethoven?, 8. April 1818, Entwurf, in Tellenbach (1983), S. 195.

5 Thereses Tagebuch, 1818, in Tellenbach (1983), S. 183.

... ein ungewöhnlich hartes Schicksal ist unser Loos... Eine weite Kluft liegt zwischen uns. Der Mutter Herz hat keinen Anklang für ihr Kind - die Schwesterliebe ist erloschen.[1]

1819: Der letzte Besuch

Josephines ältester Sohn machte ihr wieder mal Sorgen:

> Fritz Deym, der Sohn, hatte nichts gelernt ... und wollte nichts lernen. Er zeigte Lust zum Militär – der Mutter, die schon viel bettlägerig war, ein Gräuel.[2]

Therese war ebenso schockiert; ihre Ansicht vom Militär war nur zu realistisch:

> Sie sollen unser Schutz sein und sind auf Commando gegen ihr eignes Volk![3]

Während des Sommers 1819 verursachte Fritz mit seinen Spielschulden nur noch mehr finanzielle Probleme für Josephine. Dies führte dann zu einem endgültigen Bruch mit ihrer Mutter – und ihrem Bruder, der nicht mehr bereit war, sie zu unterstützen:

> Franz war eisern entschlossen, keine Opfer mehr für Josephinen ... zu bringen.[4]

Mutter Anna erklärte, sie würde ihr alle weitere Unterstützung entziehen, es sei denn, Josephine verkaufte die Deym-Villa, trennte sich formell von Stackelberg und kehrte nach Ungarn zurück. Josephine, wohlwissend, daß sie die Kinder nach einer Scheidung nicht behalten konnte, weigerte sich, zur Verzweiflung Thereses, die wiederum ihre Mutter darüber zur Rechenschaft zog (aber leider nur in ihrem Tagebuch!), daß alles Geld an Franz gegeben wurde:

> O Mutter, wie grausam, wie unbillig verfährst du mit uns, wie gewissenlos! Das Mutterherz, welches ein Kind vorzieht in der Austheilung, wo nur Recht und Gerechtigkeit herrschen soll, ist von der Gottheit verworfen. Zitterst du nicht vor der Reue auf dem Sterbebett?[5]

* * *

> Nach 2 ½ Jahren kömmt endlich Stackelberg mit der nun schon sechsjährigen Minona und ihren Schwestern nach Wien. Merkwürdig hatte sich das Kind entwickelt. Ohne schön zu sein, war sie stark und imponierte dermaßen ihren ältern Schestern, daß wir sie immer die Gouvernante nannten. Es zeigte sich auch später, daß sie das meiste Genie unter den Schwestern hatte.[6]

Während Josephine viel zu krank und im Delirium war, um an irgend etwas interessiert zu sein (nicht einmal mehr an ihren Kindern), war Therese begeistert, wie "ihre" Minona sich entwickelt hatte.

* * *

Aber ... da war auch noch Beethoven, der davon gehört zu haben schien (vielleicht von Therese):

> Als Stackelberg mit Minona in Wien war, sprach Beethoven dauernd über eine Frau, deren Mann mißtrauisch werden könnte, daß eines seiner Kinder, welches musikalisches Talent hatte, von Beethoven sein könnte. Es gibt in der Tat Hinweise darauf, daß Minona musikalisch war.[7]

Dies beruhte auf dem folgenden Eintrag seines Freundes Oliva in Beethovens Konversationsheft von Mitte Dezember 1819:

> Oliva: "Weil Sie immer von der Frau sprechen, so wird der Gemahl an jenem seine[r] Kinder das Musiktalent besitzt **Ihr** Kind erkennen."[8]

"Die Frau": Hatte Beethoven etwa ihren Namen erwähnt? Höchstwahrscheinlich nicht (sonst könnte Oliva sich darauf bezogen haben). Mit Sicherheit hat Beethoven sein Schweigen nicht gebrochen. Aber das Wissen, daß seine Tochter Minona in der Nähe war – und zum ersten Mal nach mehreren Jahren – muß ihn so sehr aufgeregt haben, daß er sich nicht zurückhalten konnte, ein paar Bemerkungen über ein Kind, das eine unbekannte Frau von ihm hatte, in einem Gespräch mit Oliva zu machen (dieser kannte ihn nicht besonders gut, und in jedem Fall, wie alle anderen, wußte er absolut **nichts** über Josephine). Wir können auch davon ausgehen, daß Beethoven Oliva (der seine delikaten finanziellen Angelegenheiten abwickelte) vertrauen konnte, nicht zu viel Aufhebens von der Sache zu machen.

* * *

Josephine beendete das Jahr mit einen Abschiedsbrief an ihre Schwester Therese, der voller Bitterkeit war:

> Mir scheint wirklich, daß du in deinem Überfluß die dunkeln Schatten unsres Lebens gerne übersiehst. Du weißt nichts von den trüben Stunden[,] die Gefährten jedes unsrer Tage [sind.] – ... ein ungewöhnlich hartes Schicksal ist unser Loos – Bescheidenheit und Selbstgefühl g[e]bieten zu schweigen.
>
> Eine weite Kluft liegt zwischen uns. Der Mutter Herz hat keinen Anklang für ihr Kind – die Schwesterliebe ist erloschen – Profane Wirklichkeit triumphiert – Hier jammern 4 Kinder und eine Mutter – und dort sind Feste an der Tagesordnung – Man sucht Gründe, um nicht zu glauben – was ist[.] – Lebt wohl – auch scheidend, sterbend, werde ich die Lieben, die mich hassen.[9]

Therese, als die ältere Schwester, konnte dem Drang, sie zu tadeln, nicht widerstehen:

> Du stirbst edle Seele – aus Eigensinn, aus falscher Ansicht des Lebens u. der Tugend – du stirbst u. erfüllst dadurch dein selbstgewähltes Loos; ... ich weiß daß dir kein Mensch helfen kann, wenn du dir nicht selbst hilfst – nehmlich dadurch daß du dich dem Gesetz der nothwendigkeit ... unterwirfst... Nicht die Herzen sind also getrennt, aber die Ansichten; deine Ansicht tödtet dich... Du weißt daß ich meine existence in jedem Sinn des Wortes hingebe[,] um dich zu retten.[10]

---

1 Josephine an Therese, Dezember 1819, in Tellenbach (1983), S. 187.

2 Thereses Memoiren, in La Mara (1909), S. 105.

3 Thereses Memoiren, in La Mara (1909), S. 106.

4 Tellenbach (1983), S. 190.

5 Thereses Tagebuch, 1818–19, in La Mara (1920), S. 85.

6 Thereses Memoiren, in La Mara (1909), S. 105.

[7] "[When] Stackelberg was in Vienna with Minona, Beethoven talked continually about a woman whose husband might become suspicious that one of his children, the one with musical talent, might be Beethoven's. There is in fact evidence that Minona was musical." (Steblin 2007, S. 180.)

[8] in Steblin (2007), S. 179.

[9] Josephine an Therese, Dezember 1819, in Tellenbach (1983), S. 187.

[10] Therese an Josephine, 27. Dezember 1819, in Tellenbach (1983), S. 187 f.

... niemand helfen kann - ! ...
nur Einer, doch der darfs nicht wissen![1]

1820: Die letzte Krankheit

Die Spaltung der Familie war nunmehr endgültig und irreparabel:

> Josephine war zu stolz, die Mutter selbst noch einmal um Hilfe anzugehen.[2]

Alles, was Therese tun konnte, war, ihr Schicksal zu bejammern:

> Meine Schwester vergeht in Angst u. Kummer! ich kann sie retten nicht![3]
>
> Josephine, meine geistvolle Schwester ... wurde schwächer und schwächer ... die Nervenschwindsucht bildete sich aus – und sie ward uns entrissen, die herrliche Frau.[4]
>
> Ihr Loos war höchst tragisch.[5]

Verärgert schrieb sie an Josephine:

> Zuletzt muß ich auch noch glauben du seist wirklich verrükt!! ... u. wenn du dießmal zu Grunde gehst[,] so geschieht nur etwas, daß ich 3 Jahre vorausahnde.[6]

Gegen Ende des Jahres, bereits auf dem Sterbebett, schrieb Josephine an ihren Sohn Fritz:

> Es sehnt mein Gemüth sich ... nur allein nach den Gütern des Geistes u. vor allem an Treue soll es mir nicht gebrechen ... Wer leben mag für die seinigen, soll auch für sie sterben[,] den letzten Pfennig mit ihren Kindern theilen...
>
> Wenn unsere Gr[oß-]M[utter] mir bis zum neuen Jahre die so oft gebetenen 10 M[ark] nicht sendet[,] so kan[n] ich für keinen Ausgang stehen – im entgegengesetzten Falle ist meine Rechnung so gestellt, daß wir im Januar 1821 nicht nur das Vermögen geendet[,] sondern [nicht einmal] einen sicheren, zur Nothdurft anständigen Unterhalt haben werden. Mein Leid und meine Anstrengungen überfordern wie Du weißt schon lange das Maß meiner Kräfte.[7]

Noch einmal, und zum letzten Mal, bringt sie ihre Opferbereitschaft, aus Liebe zu ihren Kindern, zum Ausdruck.

Therese schrieb in ihrer Verzweiflung über die letzten Tage Josephines:

> Meine Schwester vergeht in Angst u. Kummer! ich kann sie retten nicht! ... Ich bin gefesselt an Leib u. Seele ... u. endlich bricht es morsch zusammen da niemand helfen kann – ! ... nur Einer, doch der darfs nicht wissen u. Eine – die weiß es schon![8]

"Nur einer"? Könnte das Beethoven gewesen sein? Denn – er "**darfs nicht** wissen"! Und die "Eine", die es nur zu gut wußte (aber der es egal war), muß ihre Mutter gewesen sein...

* * *

Beethoven (dem es finanziell eigentlich ziemlich gut ging) wandte sich an seinen Freund Franz Brentano und bat ihn um mehr Geld:

> Meine Lage ist dermalen hart und bedrängt; ... schuld bin ich, Gott sei dank, nicht daran. Meine zu große Hingebung für andere ist es.[9]

Man könnte meinen, seine "Hingebung" an seinen Neffen Karl war der Hauptgrund dafür (aber dann hätte er ihn ja erwähnen können – die Brentanos wußten über seinen Neffen Bescheid). Es scheint jedoch, daß er möglicherweise – heimlich – Geld an Josephine sandte, über einen Strohmann:

> Am 17. Dezember dankte er Artaria für einen Vorschuß von 150 Gulden und bat zugleich um weitere einhundertfünfzig.[10]
>
> Ich bitte Sie recht sehr, die Ihnen übertragene Angelegenheit nicht aufzuschieben. Der Mann ist krank, wohnt in der Adlergasse ... gegenüber dem gräflich Deymschen Haus.[11]

Es war zu spät.

---

1 Thereses Tagebuch, 1820, in Tellenbach (1983), S. 194.

2 Tellenbach (1983), S. 192.

3 Thereses Tagebuch, 1920, in Tellenbach (1983), S. 193 f.

4 Thereses Memoiren, in La Mara (1909), S. 110 f.

[5] Thereses Tagebuch, 1820, in Tellenbach (1983), S. 183.

[6] Thereses an Josephine, 18. November 1820, in Tellenbach (1983), S. 191 f.

[7] Josephine an Fritz Deym, Dezember 1820, in Tellenbach (1983), S. 193.

[8] Thereses Tagebuch, 1820, in Tellenbach (1983), S. 193 f.

[9] Beethoven an Franz Brentano, 28. November 1820, in Tellenbach (1983), S. 194; Brandenburg (1996), Nr. 1419.

[10] Tellenbach (1983), S. 194; siehe Brandenburg (1996), Nr. 1420.

[11] Beethoven an Artaria, 17. Dezember 1820, in Tellenbach (1983), S. 194; Brandenburg (1996), Nr. 1421.

Beethoven! ... Josephinens Haus- und Herzensfreund! Sie waren für einander geboren.[1]

1821: Tod und Vergessenheit

Therese erinnert sich an die letzte Krankheit und den Tod ihrer Schwester Josephine:

> Die Nervenschwindsucht bildete sie aus. Sie litt Mangel, entbehrte Nahrungsmittel und Hilfe aller Art – und sie wurde uns entrissen, diese herrliche Frau, die noch am Rande des Abgrunds wie ein unbefangenes Kind mit Blumen spielte. Meine so sehr geliebte Schwester war mir alles gewesen: Freundin, Mutter, Vorbild, Leiterin![2]

* * *

Josephine von Brunsvik starb am 31. März 1821 in ihrem eigenen Haus. Nur Viky, ihre älteste Tochter, war bei ihr. Josephine wurde ohne jegliche Zeremonie im Währinger Friedhof begraben.

> Kein Gedenkstein bezeichnet ihr Grab ... Auch hier hat die Familie Brunswick ihre *damnatio memoriae* in aller Strenge betätigt. Genau sechs Jahre später wählten Breuning und Schindler dort, "wo er stets gern weilte", eine Grabstätte für Beethoven.[3]

Sie wurde vergessen, als ob sie niemals existiert hätte. Außer von einem Mann, der "stets gern" an ihrem Grab "weilte".

Aber niemand wußte jemals, warum.

* * *

Zu Beginn des Jahres 1821 erkrankte Ludwig an einem "rheumatischen Fieber"; im Juli, kaum erholt, bekam er Gelbsucht.

Im Herbst erlitt Beethoven die Schmach, als Landstreicher verhaftet und zu einer Polizeiwache vor den Toren Wiens gebracht zu werden, wo er am folgenden Morgen von Herzog, dem Musik-Direktor in Wiener Neustadt, identifiziert wurde. Die Polizisten konnten einfach nicht glauben, daß dieser Mann, der wie ein Landstreicher aussah, der berühmte Komponist Beethoven war, wie er immer wieder beteuerte!

Auch seine musikalische Leistung war an einem Tiefpunkt. Aber die bedeutendste Komposition dieses Jahres war die Sonate für Klavier Nr. 31 in *As-Dur* Op. 110, eindeutig ein Requiem für Josephine.[4] Sie war ursprünglich geplant, Antonie Brentano[5] gewidmet zu werden, deren Ehemann Franz Beethoven großzügig mit Geld unterstützt hatte.

Beethoven verwendete womöglich einen Teil dieses Geldes, um Josephine am Leben zu halten – bis zum bitteren Ende.

* * *

Zwanzig Jahre später reflektierte Therese in ihrem Tagebuch über Beethoven:

> Wie unglüklich bei so grossen Geistesgaben. Zu gleicher Zeit war Josephine unglüklich! *Le mieux est l'enemi du bien* - sie beide zusammen wären glüklich gewesen (vielleicht). Ihm hat eine Frau gefehlt[,] das ist gewiß.[6]

"Vielleicht" in der Tat. Die traurigste Ironie ihrer beiden tragischen Lebensschicksale ist, daß sie sich gegenseitig viel Ärger dadurch ersparten, daß sie eben nicht miteinander als Ehepaar lebten, da sie beide nunmal schwierige Persönlichkeiten waren. Wer weiß, wie sie miteinander zurecht gekommen wären...

Wenigstens konnte Ludwig den Verlust seiner Geliebten (im Jahre 1812) sublimieren, nach einer langen Dürreperiode seiner Produktivität, die fast sechs Jahre gedauert hatte (die "Tagebuch-Jahre"), wo er sich immer wieder dazu ermahnen mußte, sich auf seine Kunst zu konzentrieren. Und er beschloß sein Leben als Künstler – vor allem nach Josephines Tod – mit der Komposition seiner größten Werke: Die Neunte Sinfonie, die *Missa Solemnis* und – nach einer Pause von 13 Jahren – die letzten fünf (und herausragendsten) seiner 16 Streichquartette. Diese Kompositionen transzendierten und übertrafen alles, was jemals zuvor gehört wurde, und sie wurden zu Recht als "absolute Musik" bezeichnet.

Während Beethoven, nach bescheidenen Anfängen, zum Weltstar aufstieg, auch wenn der Preis dafür war, taub und einsam zu werden, ohne eine liebende Frau zu sein, und zunehmend krank und leidend, hatte Josephines Leben auf der sonnigen Seite begonnen: Sie wurde als eine wohlhabende Gräfin geboren, nach den Standards ihrer Klasse erzogen und ausgebildet, und nach der Heirat mit dem (vermeintlich) reichen Grafen Deym konnte sie sich auf ein "Leben wie ein Ball" freuen – mit Star–Pianist Beethoven (unter anderen) zuständig für das Entertainment.

Zumindest schien es zunächst so. Josephines größter "Fehler" war sicherlich – und das war letztlich ihre Tragik – ihre Schönheit, ihr Charme und ihre Anmut. Männer, die sie sahen, waren ihr verfallen. Wir wissen dies von Deym, Wolkenstein, Stackelberg, Andrian – sie alle verliebten sich auf den ersten Blick in sie. Auch Beethoven – zunächst, nur mußte er dann seine Gefühle fünf Jahre lang unterdrücken, und danach konnte er sich nur in geheimen Liebesbriefen ausdrücken – und in Musik. Ludwig & Josephines Liebe war **im Himmel** gemacht, auf gegenseitiges Verständnis im **Spirituellen** gebaut, und zwar von Anfang an.

Und auf **Musik**.

Beide kämpften – in jeweils idiosynkratischer Weise – darum, mit den Konsequenzen klar zu kommen: Josephine war von Anfang an "enthusiastisch" über seine Musik; Ludwig war nicht so sehr von ihrem "Sex-Appeal" angezogen als von **allen** ihren Eigenschaften als **Person**, von ihrem "ganzen Selbst". **Musik** war die Sprache, durch die er sich ausdrückte, die Sprache, die sie beide verstanden.

Und – ihre Liebe war immer ein **Geheimnis**, in der Tat war dies eine ihrer Vorbedingungen. Es war immer ihr gemeinsames Verständnis, daß eine "normale" Verbindung in einer Ehe nicht möglich war (und niemals möglich sein würde). Und jegliche Publizität (oder irgendwelche Gerüchte) wäre fatal gewesen. Somit war es wirklich nur Schwester Therese, die alles wußte. Und höchstwahrscheinlich auch ihr Bruder Franz, mit dem Beethoven per "Du" war. Doch seltsamerweise sind fast alle Briefe zwischen Franz (ebenso Therese) und Beethoven verschollen, auch alle Einträge von Franz in Konversationsheften (falls es welche gab)!

* * *

Im Jahre 1848 erinnerte sich Therese:

> Ich Glückliche hatte Beethovens intimen, geistigen Umgang so viele Jahre! Josephinens Haus- und Herzensfreund! Sie waren für einander geboren[,] und lebten beide noch, hätten sie sich vereint.[7]

---

[1] Thereses Tagebuch, März 1848, in Goldschmidt (1977), S. 296.

[2] Thereses Memoiren, in La Mara (1909), S. 111.

[3] Tellenbach (1983), S. 198.

[4] Tellenbach (1983), S. 259 f.

[5] Goldschmidt (1977), S. 118.

[6] Thereses Tagebuch, 22. Dezember 1846, in Goldschmidt (1977), S. 296.

[7] Thereses Tagebuch, März 1848, in Goldschmidt (1977), S. 296.

Reflexionen

Welche Sehnsucht mit Thränen nach dir - dir - dir - mein Leben - mein alles![1]

Der Brief

Der sogenannte "Brief an die Unsterbliche Geliebte", den Beethoven am 6./7. Juli 1812 schrieb, hat viel Rätselraten ausgelöst, seitdem er nach seinem Tod von Schindler entdeckt wurde, zusammen mit dem Brief von 1802, dem sog. "Heiligenstädter Testament", und einer kurzen Notiz vom Jahre 1807 über "die M".

Diese Notiz aus dem Jahre 1807, die Beethovens Verzweiflung über die Unmöglichkeit zum Ausdruck brachte, die, die ihm "**erlaubt**" ist, zu gewinnen, als er vom strengen Blick der Mutter ("M") seiner geliebten Josephine konfrontiert wurde, zusammen mit den beiden langen "Briefen" von 1802 und 1812, illustrieren am treffendsten seinen Gemütszustand in drei entscheidenden Phasen während dieses zentralen Jahrzehnts seines Lebens.

Das "Heiligenstädter Testament" war auch wie ein Brief (an seine beiden Brüder) geschrieben, aber offensichtlich nie abgeschickt worden. Es war wohl niemals beabsichtigt, gesendet zu werden. Denn es war in Wirklichkeit mehr wie ein "Brief an sich selbst", oder eine Tagebuch-Notiz, in Briefform geschrieben. So wie die Notiz über "die M", auf einem Blatt Papier.

Das "Testament" von 1802 war aufgrund seines Charakters immer dahingehend interpretiert worden, daß es nicht ein Brief gewesen sein kann. Das gleiche gilt wohl auch für den Entwurf eines Briefes an die "Unsterbliche Geliebte" – eigentlich eine ganz falsche Bezeichnung, da er sie so **gar nicht** anredete (zu Beginn desselben). Der Begriff "Unsterbliche Geliebte" erscheint nur einmal, fast wie nebenher, im dritten Teil dieses Dokuments. Wahrscheinlich wurde er nur deshalb so berühmt, weil er einzigartig in Beethovens Wortschatz war (und blieb).

Der Begriff, mit dem Beethoven seine "Unsterbliche Geliebte" zuerst und vor allem anredete (ganz am Anfang des Briefes und noch einmal gegen Ende) war

Mein Engel.

Und das ist wirklich der Punkt, wo man mit der Suche (oder "Jagd") nach dieser – angeblich – "geheimnisvollen" Frau beginnen sollte. Schindler (1840) dachte, sie sei Julie Guicciardi – wahrscheinlich, nachdem er mit Franz von Brunsvik gesprochen hatte, der nur allzu begierig war, jeden Verdacht von Josephine abzulenken.[2]

Therese wußte jedoch sofort, daß ein solches Schreiben (es bestand aus drei Teilen) nicht an Julie ("Giulietta") gerichtet sein konnte:

> Drei Briefe von Beethoven, angeblich an Giulietta. Sollten es Machwerke sein?[3]

Und später schrieb sie in ihr Tagebuch in klaren Worten:

> 3 Briefe Beethovens..., sie werden wohl an Josephine sein die er leidenschaftlich geliebt hat.[4]

Und an sonst niemand.

Thereses Tagebuch wurde jedoch nie vollständig veröffentlicht (ausgenommen der erste Teil in einem ungarischen Buch),[5] und in ihren Memoiren[6] findet sich kein einziges Wort über die Liebe zwischen Josephine und Beethoven. Und seine Liebesbriefe wurden bis 1957 unter Verschluß gehalten.[7] **Niemand außerhalb der Brunsvik-Familie wußte jemals irgend etwas** – die einzigen Ausnahmen waren Beethovens enge Freunde Lichnowsky und Zmeskall, die aber nie ein Wort über Ludwig & Josephine sagten.

Es blieb ein Geheimnis bis 1920, als La Mara (Pseudonym von Ida Maria Lipsius) ein kurzes Buch veröffentlichte, mit Dokumenten, die sie kürzlich entdeckte hatte.[8] Sie schloß daraus, daß Josephine wahrscheinlich die "Unsterbliche Geliebte" war, basierend auf der geheimen Widmung des Liedes "An die Hoffnung" und Briefen von Charlotte und Therese, die Besorgnis über Ludwigs allzu häufige Besuche bei Josephine zum Ausdruck brachten.

Allerdings glaubte La Mara immer noch, daß der Brief um 1806/7 geschrieben war. Nachdem festgestellt wurde, daß der Brief im Jahre 1812 geschrieben sein mußte (basierend auf Wasserzeichen), war es

Kaznelson (1954), der eins und eins zusammenzählte und herausfand, daß es tatsächlich zwei ist: Er schlußfolgerte, daß Josephines neun Monate später geborene Tochter Minona Beethovens Kind gewesen sein muß. Und zwar, weil Stackelberg abwesend war.

Dies wurde mit Pauken und Trompeten bestätigt, als Schmidt-Görg 13 der bislang unbekannten Liebesbriefe Beethovens im Jahr 1957 veröffentlichte. Oder vielmehr, es hätte so sein sollen. Denn er zog fälschlicherweise den Schluß, daß die Liebesgeschichte im Jahr 1807 schon zu Ende war, aufgrund des offensichtlichen (aber deutlich erzwungenen) Rückzugs von Josephine.

Aber nicht nur war der letzte Austausch von Liebesbriefen tatsächlich erst im Jahre 1809 (als Josephine bereits mit dem ersten Kind Stackelbergs schwanger war), möglicherweise sogar erst 1810 – es war gerade in diesen letzten Briefen, daß Beethoven insbesondere und immer wieder seine "ewige Treue" zu Josephine betonte, trotz (oder gerade wegen) ihres Rückzugs!

Auch nur die Möglichkeit in Erwägung zu ziehen, daß Beethovens moralische Haltung derart war, daß es ihm egal war, daß Josephine ihn verließ, und sich dann einfach einer anderen Freundin zuwandte, als ob nichts geschehen wäre, **und dann einen Brief wie diesen an jemand anders zu schreiben – das ist einfach unbegreiflich**.

Es stimmt zwar, daß er für eine kurze Zeit in Julie Guicciardi verliebt war, aber er wußte nur zu gut, daß er nie in der Lage sein würde, sie zu heiraten, und er kam sehr schnell über ihre Eheschließung mit Graf Gallenberg hinweg. (Und er gab ihr als "Zugabe" noch die Widmung seiner "Mondschein-Sonate".)

Es stimmt wohl auch, daß er Teresa von Malfatti einen eher unbeholfenen Heiratsantrag machte (den ihre adlige Familie sowieso nicht akzeptiert hätte). Er erkannte bald, daß es ein "törichter" Schritt war – ein impulsiver Akt, geboren aus der Frustration, nachdem Josephine wieder geheiratet hatte.

Und es war nur zu wahr, daß Ludwigs Liebe zu Josephine **nicht die geringste Chance** hatte, jemals zu einer Heirat zu führen – selbst nachdem sie Witwe geworden war und "zur Verfügung" stand. Wie im Falle Julies, so konnte er niemals hoffen, eine Gräfin zu heiraten. Nicht nur war die Zustimmung der Familie Brunsvik nicht zu erwarten – trotz seines Ruhmes als Komponist und seiner aufrichtigen Freundschaft mit

Bruder Franz: Josephine wäre gezwungen gewesen, die Vormundschaft ihrer Kinder (die Beethoven auch sehr gern hatte) aufzugeben.

Diese Tatsachen waren beiden nur allzu schmerzlich bewußt. Das ist auch der Hauptgrund, warum sie alles taten (erfolgreich, wie sich dann herausstellte), um ihre Beziehung **geheim** zu halten. Und es ist gerade deshalb – da eine "normale" Liebesbeziehung, mit der Ehe als Voraussetzung für körperliche Vereinigung, unerreichbar war –, daß Ludwig und Josephine zusammen in das Reich der Geister, des Spirituellen, entschwebten. In eine Welt, wo sie sich zu Hause fühlten, mit einer Sprache, die sie beide verstanden – die Welt und die Sprache der **Musik**. In der diesseitigen Welt, und auch in der nächsten.

Ihre Liebe war und blieb – jetzt und für immer – ein "wahres Himmelsgebäude".

Das ist auch der Grund, weshalb Ludwig immer wieder seine Unfähigkeit betonte, seine Gefühle in Worte zu fassen – nur die **Musik** war ihm zu Willen, hier war er der unbestrittene Meister. Er wußte es, und sie wußte es ebenso.

Sie verstanden einander – durch Musik.

Deshalb hat es Ludwig niemals für nötig befunden, ihr offiziell eine Komposition zu widmen – das war auch gar nicht notwendig, da beide genau wußten, welche Werke für Josephine komponiert waren. Es wäre auch eine Verletzung ihrer **Vereinbarung über totale Geheimhaltung** gewesen.

Deshalb versicherte Ludwig Josephine, daß es nicht der "Hang zum andern Geschlechte" war, der ihn zu ihr hinzog, sondern "**ihr ganzes Ich** mit allen ihren Eigenheiten".

Deshalb warnte Josephine ihn freundlich, sie nicht zu "sinnlich" zu lieben – man kann wohl davon ausgehen, daß er von ihr einen Kuß erhalten (oder vielleicht auch nur darum gebeten) hatte, aber sie wollte nicht weiter gehen, um eine unerwünschte Schwangerschaft zu vermeiden.

Sie liebten einander als gleichgesinnte Geister.

Natürlich war Josephine in der spannungsgeladenen Situation, die ihrer unerwarteten Begegnung am 3. Juli 1812 vorausging, gerade von ihrem Mann verlassen worden, und sie war äußerst verzweifelt. Aber nachdem er drei Tage darüber nachgedacht hatte, wurde Beethoven sich langsam bewußt, daß eine dauerhafte Verbindung mit ihr in dieser Welt unwahrscheinlich, wenn nicht unmöglich, war.[9]

Ihre Liebe war nun, endgültig und unwiderruflich, transzendiert (für ihn, durch Musik) – "bis ich in deine Arme fliegen kann, meine Seele von dir umgeben in's Reich der Geister schicken kann".

* * *

Von mehreren Kompositionen (besonders von solchen, die auffälligerweise ohne Widmung blieben) kann gezeigt werden, daß sie speziell für Josephine oder mit dem Gedanken an sie komponiert wurden:[10]

- Die 3 Klaviersonaten Op. 31 (1801-1802) waren die ersten der bedeutenderen Werke Beethovens, die ohne Widmung blieben (er schickte das gedruckte Autograph sofort an Josephine).
- Im Jahre 1803 hielt er es für angemessen, das Lied in *G-Dur* "Ich liebe dich so wie du mich" WoO 123, auch bekannt als "Zärtliche Liebe", 1795 komponiert, zu veröffentlichen. Ohne Widmung.
- Das *Andante favori* in *F-Dur* WoO 57, "Josephines Leitmotiv": er schickte ihr dies zusammen mit einem Liebesbrief ("hier **ihr – ihr –** *Andante*"). Ohne Widmung.
- Das Klavier-Sonate in *F-Dur* Op. 54 war ohne Widmung, und die Sonate in *f-moll* Op. 57 "Appassionata" wurde Franz von Brunsvik gewidmet. Skizzen zu beiden Sonaten sind vermischt mit denen zur Oper *Leonore* (Le-o-no-re = Jo-se-phine), im Jahre 1804 komponiert, nachdem sie Witwe geworden war.
- Im Jahr 1807 wurde Josephines Rückzug in vier Versionen des Liedes "Sehnsucht" WoO 134 reflektiert, und im Jahre 1808 in der Cello-Sonate in *A-Dur* Op. 69, mit der Überschrift "Inter Lacrimas et Luctum" [Unter Tränen und Trauer].
- Im Jahr 1809, die Klaviersonate in *Fis-Dur* Op. 78 war Therese gewidmet, und in der Klaviersonate in *Es-Dur* "Das Lebewohl" Op. 81a trauerte er über Josephines Abwesenheit und drückte seine Freude über ihre Rückkehr aus (und ein kurzes Wiederaufleben von Hoffnung).
- Im Jahr 1810, nach ihrer Heirat mit Stackelberg, kam das Lied "Wonne der Wehmut" Op. 83 Nr. 1. Und das Streichquartett Nr. 11 in *f-moll* "Quartetto serioso" Op. 95 war so persönlich, daß es erst 1816 veröffentlicht wurde, nachdem

Beethoven Josephine zum letzten Mal wiedersah, und dann widmete er dieses Werk Nikolaus Zmeskall – dem Mann, der ihr gemeinsamer Freund seit ihrem ersten Treffen im Mai 1799 gewesen war.

- Die Sinfonie Nr. 8 in *F-Dur* Op. 93 von 1812, ausgelassen und voller Freude, war die einzige Sinfonie ohne Widmung; ähnliche Gefühle sind in der letzten Violinsonate in *G-Dur* Op. 96 ausgedrückt.
- Im Jahre 1817 war es das Lied in *D-Dur* "Resignation" WoO 149, das – nach ihrem letzten Treffen – nur allzu deutlich die Situation zum Ausdruck brachte (Josephine kränkelte immer mehr, ja war wahrscheinlich schon todkrank). Ohne Widmung.

Erst im Jahre 1818 – als die Auswirkungen der Ereignisse von 1812 schließlich absorbiert waren – war Beethoven wieder soweit auf der Höhe, daß er sich den drei größten und gigantischsten Werken seines Lebens widmen konnte: Die "Hammerklavier"-Sonate in *B-Dur* Op. 106 (vollendet 1818), und dann die Sinfonie Nr. 9 in *d-Moll* Op. 125, und sein größtes Werk, die *Missa Solemnis* Op. 123.

Dazwischen kam die traurigste aller Nachrichten: vom frühen Tod Josephines im Jahre 1821. Dies veranlaßte Beethoven, die Sonate für Klavier in *As-Dur* Op. 110 als ihr Requiem zu komponieren – und die ursprüngliche Widmung derselben zu entfernen.

Sie war ursprünglich Antonie Brentano gewidmet.

* * *

Um diesen inzwischen so berühmt gewordenen "Brief an die Unsterbliche Geliebte" zu sezieren, muß man **die Worte und die Formulierungen** desselben analysieren, und man muß sich dabei daran erinnern, was Beethoven nur wenige Jahre zuvor an Josephine schrieb, in (mindestens) 15 Liebesbriefen (und einigen bekannt gewordenen Briefen, die sie an ihn schrieb),[11] und an die Umstände, die den Hintergrund ihrer Beziehung bildeten, von den Anfängen bis zum Juli 1812.

Der relevante Text dieses Briefes wird nachfolgend gegeben,[12] unmittelbar gefolgt von einigen Kommentaren (gekennzeichnet durch Subskript-Referenzen).

Mein Engel[1], mein alles[2], mein Ich[3]. –

nur einige Worte heute, und zwar mit Bleijstift (mit deinem)[4] ... warum dieser tiefe Gram, wo die Nothwendigkeit spricht – Kann unsre Liebe anders bestehn als durch Aufopferungen[5], durch nicht alles verlangen. Kannst du es ändern, daß du nicht ganz mein, ich nicht ganz dein bin ... blick in die schöne Natur[6] und beruhige dein Gemüth über das müßende[7] – die Liebe fordert alles und ganz mit Recht[8], so ist es **mir mit dir, dir mit mir** – nur vergißt du so leicht, daß ich **für mich und für dich** leben muß, wären wir ganz vereinigt du würdest dieses schmerzliche eben so wenig als ich empfinden –

meine Reise war schrecklich ... Esterhazi hatte ... dasselbe Schicksal[9] ... nun geschwind zum innern vom aüßern, wir werden unß wohl bald sehn[10], auch heute kann ich dir meine Bemerkungen nicht mittheilen, welche ich während dieser einigen Tage über mein Leben machte ... die Brust ist voll dir viel zu sagen[11] – Ach – Es gibt Momente, wo ich finde daß die Sprache noch gar nichts ist[12] – erheitre dich – bleibe mein treuer einziger schatz[13], mein alles, wie ich dir[;][14] das übrige müßen die Götter schicken, was für unß sejn muß und sejn soll. –

dein treuer[15] ludwig. –

Abends Montags am 6ten Juli –

Du leidest mein theuerstes Wesen[16] – eben jetzt nehme ich wahr ... die einzigen Täge wo die Post von hier nach K.[17] geht – du leidest[18] – Ach, wo ich bin, bist du mit mir, mit mir und dir rede ich[,] mache daß ich mit dir leben kann[19], welches Leben!!!! so!!!! ohne dich ... wie du mich auch liebst – stärker liebe ich dich doch[20] – doch nie verberge dich vor mir[21] – Gute Nacht ... Ach Gott – so nah! so weit![22] ist es nicht ein wahres Him[m]els-Gebäude unsre Liebe[23] – aber auch so fest, wie die Veste des Himmels[24]. –

Guten Morgen am 7ten Juli –

schon im Bette drängen sich die Ideen zu dir meine Unsterbliche Geliebte[25], hier und da freudig, dann wieder traurig. Vom Schicksaale abwartend, ob es unß erhört – leben kann ich entweder nur ganz mit dir oder gar nicht[26], ja ich habe beschlossen in der Ferne so lange herum zu irren[27], bis ich in deine Arme fliegen kann, meine Seele von dir umgeben in's Reich der Geister schicken kann[28] – ja leider muß es sejn[29] – du wirst dich fassen um so mehr, da du meine Treue gegen dich kennst[30], nie eine andre kann mein Herz besizen, nie – nie[31] – O Gott warum sich entfernen müßen, was man so liebt und doch ist mein Leben in V[ien] so wie jezt ein kümmerliches Leben – Deine Liebe macht mich zum glücklichsten und zum unglücklichsten zugleich[32] - in meinen Jahren jezt bedürfte ich einiger Einförmigkeit[,] Gleichheit des Lebens – kann diese bei unserm Verhältniße bestehn?[33] –

Engel[34] ... sej ruhig, nur durch Ruhiges beschauen unsres Dasejns können wir unsern Zweck zusam[m]en zu leben erreichen – sej ruhig[35] – liebe mich – heute – gestern[36] – Welche Sehnsucht mit Thränen nach dir – dir – dir – mein Leben – mein alles[37] – leb wohl – o liebe mich fort – verken[ne] nie das treuste[38] Herz deines Geliebten

L.

ewig dein
ewig mein
ewig unß[39].

Anmerkungen:

1 "Mein **Engel**": Der Liebesbrief Beethovens an Josephine vom April 1805 schließt mit "Leb wohl **Engel** - meines Herzens", das einzige Mal (vor 1812), daß er die intime "**du**"-Form verwendet! Der nächste Brief im April/Mai 1805 schließt mit "leben Sie Wohl **Engel** meines Herzens", diesmal wieder in der üblichen "Sie"-Form.

2 "mein **alles**": In seinem Liebesbrief von Anfang 1805 nennt er sie "mein **Alles** meine Glückseeligkeit" und "Meine Erquickung - mein **Alles**", und zum Abschluß beteuert er wieder, daß sie "**alles**" für ihn ist. In seinem Brief vom 20. September 1807 schließt er mit "liebe J. **alles - alles** für Sie".

3 "Mein **Ich**": Eine weitere Variation von Ludwig & Josephines Thema als "gleichgesinnte Geister".

4 "mit **Bleijstift** (mit deinem)": Josephine hatte um diese Zeit begonnen, einen **Bleistift** zum Schreiben ihres Tagebuchs zu verwenden.[13] Der Gedanke ist faszinierend, daß sie Ludwig denselben Bleistift gab, mit dem sie von sich schrieb, sie wolle wie ein "**Engel**" sein (siehe das Zitat am Anfang dieses Buches).

5 "warum dieser tiefe **Gram**, wo die **Nothwendigkeit** spricht - Kann unsre Liebe anders bestehn als durch Aufopferungen": Beethoven bezieht sich auf ihre Liebesbeziehung, die seit dem Beginn im Jahre 1799 und besonders seit 1804/5, in ihrer intensivsten Phase, niemals Erfüllung finden konnte (zumindest nicht in Form einer Heirat). Das größte **Opfer**, das sie beide machen mußten, war die Notwendigkeit, ihre Liebe die ganze Zeit **geheim** zu halten.

6 "blick in die schöne **Natur**": Eine Erinnerung an die Zeiten, die sie zusammen in den Sommerferien auf dem Lande verbracht hatten. Beethovens *Pastorale* (von 1807/8, begonnen in 1803) kann daher zu Recht als eine Sinfonie für Josephine angesehen werden.

7 "beruhige dein Gemüth über das **müßende**": "Es **muß** sein" würde ein immer wiederkehrendes Thema in Beethovens Leben werden - und es ist auch in seiner Musik zu finden (siehe die Notiz, die er am Beginn des vierten Satzes seines letzten Streichquartetts Nr. 16 in *F-Dur* Op. 135 schrieb: "**Muß** es sein? - Es **muß** sein!"). Interpretiert als seine Auseinandersetzung mit einem gnadenlosen Schicksal...

8 "die Liebe fordert **alles und ganz mit Recht**": Vielleicht die deutlichste Anspielung auf die Tatsache, daß in der Nacht vom 3. Juli 1812 ihre Liebe endgültig Erfüllung fand.

9 "meine Reise war schrecklich ... **Esterhazi** hatte ... dasselbe Schicksal": Fürst Paul Anton Esterházy war natürlich den Brunsviks, seinen ungarischen Landsleuten, wohlbekannt. Beethoven nahm, eher beiläufig, auf ihn Bezug, was darauf hindeutet, daß sowhl der Schreiber als auch die Adressatin ihn gut kannten. (Die Messe in *C-Dur* Op. 86 wurde 1807 im Schloß Esterházy uraufgeführt.) Dies allein schließt es praktisch aus, daß Antonie Brentano (oder wer auch immer) die "Un-

sterbliche Geliebte" gewesen sein könnte, denn selbst wenn sie diesen Namen gekannt hätte (**und** auch noch gewußt hätte, daß Beethoven ihn kannte), ist es unwahrscheinlich, daß Beethoven ihn in dieser beiläufigen Weise erwähnt hätte.

10 "wir werden unß wohl bald sehn": Hier klingt "wohl" – unter Berücksichtigung des Kontexts – eher wie ein hoffnungsvolles "vielleicht". Es klingt wie ein Appell an die andere Person, ein Treffen zu arrangieren, jedoch um diese Zeit ist es noch nicht sicher, ob es jemals stattfinden würde. Diese Formulierung schließt wiederum (insbesondere) Antonie Brentano aus: Obwohl Beethoven und die Brentanos sich in der Tat kurz danach (in Karlsbad) treffen sollten, wie es bereits von beiden Parteien im voraus geplant war, ist es überhaupt nicht klar, warum Beethoven sich dahingehend äußern sollte, als ob er ein Treffen mit ihr **erhoffte**, das aber möglicherweise nicht stattfinden konnte (wie es ja in der Tat der Fall war mit Josephine, die höchstwahrscheinlich sofort nach Wien zurückkehrte).

11 "heute kann ich dir meine Bemerkungen nicht mittheilen, welche ich während dieser einigen Tage über mein Leben machte ... die Brust ist voll dir viel zu sagen": Mit Bezug auf das nächste (erhoffte) Treffen: es gibt noch viel zu sagen.

12 "Es gibt Momente, wo ich finde daß die **Sprache** noch gar nichts ist": In seinem Brief vom ersten Quartal 1805 klagt Beethoven: "warum giebt es keine Sprache die das Ausdrücken kann was noch weit über Achtung – weit über alles ist – was wir noch nennen können – o wer kann **Sie** aussprechen, und nicht fühlen daß so viel er auch über Sie sprechen möchte – das alles nicht **Sie** – erreicht – – nur in **Tönen** – Ach bin ich nicht zu stolz, wenn ich glaube, die Töne wären mir williger als die Worte – **Sie** Sie mein Alles meine Glückseeligkeit – Ach nein – auch nicht **in meinen Tönen** kann ich es, obschon du Natur mich hierin nicht karg beschenktest, so ist [es] doch zu wenig für **Sie**." In seinem Liebesbrief vom März/April 1805 schreibt Beethoven: "was mögt ich ihnen noch alles sagen – wie ich an sie denke – was ich für sie fühle – aber wie schwach wie armseelig diese **sprache** – wenigstens die meinige".

13 "erheitre dich – **bleibe** mein **treuer einziger** schatz": Ludwig erwähnt (und appelliert an) Josephines Treue und fordert sie auf, ihm treu zu "**bleiben**"; dies bezieht sich eindeutig auf eine **bereits bestehende und langandauernde** Beziehung. Es ist von daher äußerst unwahrscheinlich, daß Antonie Brentano (oder sonst jemand) als "treu" zu Ludwig verstanden wird, undenkbar nach nur wenigen Monaten (vermeintlich) "intimer" Bekanntschaft. Mehr noch als dieser Appell an sie, ihm "treu" zu sein **und** zu bleiben – wen anders als Josephine hätte er bitten können, sein "**einziger**" Schatz zu bleiben? Es sei denn, man postuliert, daß Beethoven unaufrichtig war, und ein Lügner...

14 "mein **alles**, wie ich dir": Wie schon zuvor, wiederholt als eine nochmalige Erinnerung daran, was in den früheren Liebesbriefen schon ausgedrückt wurde, mit dem Zusatz, daß er ihr ebenso treu bleibt.

15 "dein **treuer** ludwig": Es scheint, Beethoven wollte diesen Brief bereits am Morgen des 6. Juli abschließen (einmal mehr mit seiner "Treue" zeichnend).

16 "Du **leidest** mein theuerstes Wesen": Beethoven war sich nur zu sehr bewußt, wie krank und verzweifelt Josephine war (wahrscheinlich ein weiterer Grund, warum sie in einen Kurort wie Karlsbad oder Franzensbrunn gehen wollte - wie sie es bereits zu Beginn des Jahres geplant hatte).

17 "die einzigen Täge wo die Post von hier nach **K**. geht": "K" ist höchstwahrscheinlich **Karlsbad**, wohin Josephine vermutlich (und ursprünglich) reisen wollte. Es spielt keine Rolle, ob sie tatsächlich dorthin ging oder nicht (und ob sie dort bleiben konnte, ohne gemeldet zu sein, was ja nicht völlig unmöglich war) - Beethoven hat den Brief (wahrscheinlich) eh nicht abgeschickt (oder wenn er es tat, bekam er ihn zurück, weil er unzustellbar war). Auf der anderen Seite ist es undenkbar, daß er versucht hätte, einen solchen Brief an Antonie Brentano zu schicken (die auf dem Weg nach Karlsbad war, mit Mann und Kind), da er sie sowieso bald wieder in Karlsbad treffen würde. Und was ist mit der Möglichkeit, daß Antonies Mann einen solchen Brief hätte abfangen können? Ist das wirklich vorstellbar?

18 "du **leidest**": Die Wiederholung zeigt die Bedeutung von Josephines Elend und Verzweiflung an, höchstwahrscheinlich verstärkt durch die Tatsache, daß sie nicht mit Ludwig zusammen sein konnte, wegen ihrer Kinder und ihrer finanziellen Situation (die im Falle einer Scheidung sogar noch katastrophaler geworden wäre). Auf der anderen Seite war Antonies Situation vergleichsweise komfortabel. Sie war auf dem Weg nach Frankfurt, Brentanos Heimatstadt, und obwohl sie öfters etwas Heimweh hatte, war sie um diese Zeit eigentlich "guter Hoffnung": Sie war seit einem Monat schwanger.

19 "Ach, wo ich bin, bist du mit mir, mit mir und dir rede ich[,] mache daß ich mit dir leben kann": Es liegt an Josephine, zu "arrangieren", daß sie miteinander leben können (vermittels einer Scheidung).[14]

20 "wie du mich auch liebst - stärker liebe ich dich doch": Wahrscheinlich ein Hinweis, daß er nicht aufhörte, sie zu lieben, nachdem sie sich von ihm (vor ein paar Jahren) zurückzog.

21 "doch nie **verberge** dich vor mir": Eine ziemliche starke Mahnung mit der Erinnerung daran, daß Ludwig nicht vergessen hatte, wie Josephine sich **verleugnen** ließ, als er sie im Jahr 1807 besuchen wollte. Dies allein sollte ein mehr als ausreichender **Beweis** sein, daß sie und **nur** sie die Adressatin gewesen sein kann - **keiner anderen Frau** hätte Beethoven vorwerfen können, sich vor ihm zu "**verbergen**"!

22 "Ach Gott - so **nah**! so **weit**!": Eine Erinnerung daran, daß Ludwig und Josephine beide in Wien lebten, aber sie war - im metaphorischen Sinn - "**weit**" weg von ihm, das heißt, **unerreichbar**.

23 "ist es nicht ein wahres **Him[m]el**s-Gebäude unsre Liebe": Wieder eine Anspielung auf ihre Liebe, die nur im Reich der Geister möglich war.

24 "aber auch so **fest**, wie die Veste des Himmels": Über ein Wortspiel, ein weiterer Hinweis auf die **ewige** (unsterbliche) Natur ihrer Beziehung.

25 "schon im Bette drängen sich die Ideen zu dir meine **Unsterbliche** Geliebte": "**Unsterblich**" ist mit Sicherheit nicht auf die Person mit diesem Attribut zu beziehen (sie starb nur zu bald), sondern es ist Beethovens Liebe, die "**Unsterblich**" ist. D.h., sie wird niemals sterben (und so war es auch). Dies allein sollte es nochmals verdeutlichen, daß **nur eine** Frau jemals das Objekt einer solchen Liebe gewesen sein kann - irgendeine andere Frau als Adressatin dieses Schreibens vorzuschlagen setzt voraus, daß Ludwigs Liebe zu Josephine in der Tat starb, was zu beweisen wäre!

26 "leben kann ich entweder nur ganz mit dir oder gar nicht": Dies ist nicht der Abschiedsbrief eines Selbstmörders (wie es manchmal falsch interpretiert wird). Es bedeutet nur, "leben kann ich entweder nur ganz mit dir oder gar nicht **mit dir**". Was natürlich nichts weiter ist als die traurige Tatsache, daß sie weiterhin getrennt leben müssen.

27 "ja ich habe beschlossen in der Ferne so lange herum zu irren": Es scheint, daß Beethoven wieder mal Reisepläne hatte, wie auch im ersten Eintrag seines "Tagebuches" bald danach notiert wurde.

28 "bis ich in deine Arme fliegen kann, meine Seele von dir umgeben in's Reich der Geister schicken kann": Wieder einmal das Hauptthema ihrer "ewigen" Liebe, die schließlich im "Reich der Geister" Erfüllung finden wird.

29 "ja leider **muß** es sejn": Noch einmal das Thema des "Es **muß** sein".

30 "du wirst dich fassen um so mehr, da du meine **Treue** gegen dich kennst": Klar doch - sie wußte von diesem seinem Gelübde seit mindestens acht Jahren.

31 "nie eine andre kann mein Herz besizen, nie - nie": Was brauchen wir mehr, um zu schließen, daß "ewig", "unsterblich" und "für immer" sich sowohl auf die Zukunft als auch auf die Vergangenheit beziehen (und auf nur **eine einzige** Frau)!

32 "Deine Liebe macht mich zum glücklichsten und zum unglücklichsten zugleich": "glücklich", weil seine Liebe erwidert wird, "unglücklich", weil sie nicht zusammen bleiben können.

33 "in meinen Jahren jezt bedürfte ich einiger Einförmigkeit[,] Gleichheit des Lebens - kann diese bei unserm Verhältniße bestehn?": Da er nun schon 41 Jahre alt ist, vermißt er die Häuslichkeit des Ehelebens...

34 "**Engel**": Das ist das Wort, mit dem er sie anredet. Und dies wiederum ist der Grund, warum wir dieses Dokument besser den "Brief an seinen **Engel**" nennen sollten, denn damit beginnt und schließt er,

und es zeigt sich darin deutlich die Kontinuität mit den früheren 15 Briefen.

35 "sej ruhig, nur durch Ruhiges beschauen unsres Dasejns können wir unsern Zweck zusam[m]en zu leben erreichen - sej ruhig": Er versucht sie zu trösten, da sie nach den jüngsten Entwicklungen in ihrer Ehe deutlich verstört ist.

36 "liebe mich - heute - gestern": "gestern" ist hier metaphorisch zu verstehen, sich auf die frühere Periode ihrer Liebe beziehend.

37 "Welche **Sehnsucht** mit Thränen nach dir - dir - dir - mein Leben - mein **alles**": Ein Hinweis, daß Ludwig darauf gewartet hatte (hoffend und sehnsüchtig); und wiederum ist sie sein "**alles**".

38 "leb wohl - o liebe mich fort - verken[ne] nie das **treuste** Herz deines Geliebten L.": Wie so oft zuvor, betont er seine **Treue** am Ende des Briefes.

39 "**ewig** dein - **ewig** mein - **ewig** unß": Dieser Dreiklang am Ende paßt harmonisch mit dem Anfang "Mein **Engel**, mein **Alles**, mein **Ich**" zusammen. Und "Ewig", dreimal wiederholt: ist es denkbar, daß ein solches Versprechen einer Frau gegeben werden könnte, die er erst seit kurzer Zeit kannte, im Gegensatz zu Josephine, nach der er mehr als 10 Jahre geschmachtet hatte?

* * *

Man kann diesen Brief analysieren bis zum Geht-nicht-mehr, aber es ist unmöglich, den Eindruck zu vermeiden, daß die Wahl der Worte (einschließlich der absichtlichen Hinweise an die Empfängerin auf das, was nur sie beide wußten) derart den vorangegangenen 15 Liebesbriefen ähnelt (und die waren alle an Josephine – es gibt keine anderen), daß man auch ohne jede weitere Bestätigung gezwungen ist, anzunehmen, daß, obwohl nicht genannt, **nur Josephine** die "Unsterbliche Geliebte" gewesen sein konnte.

Es sei noch einmal betont: Die Frau, die mehrmals in diesem Brief als "Mein **Engel**" und "Mein **Alles**" angesprochen wurde, muß die gleiche sein wie die Empfängerin der früheren Liebesbriefe. Es ist einfach unvorstellbar, daß Beethoven solche Worte und Ausdrücke im Zusammenhang mit irgendeiner anderen Frau seiner Bekanntschaft gewählt hätte, egal wie eng eine solche Freundschaft gewesen war.

---

1 Beethoven an Josephine?, 6./7. Juli 1812, Entwurf, in Pichler (1994), S. 371 f.; Brandenburg (1996), Nr. 582.

2 Tellenbach (1983), S. 17.

3 Thereses Tagebuch, 12. November 1840, in Tellenbach (1983), S. 15. Angesichts der Tatsache, daß Beethoven kurzzeitig in Julie ("Giulietta") Guicciardi verliebt war (wie sich aus seinem Brief an Wegeler in 1801 ergibt), und dies zu jener Zeit auch bekannt war (zumindest Therese und Franz) - wenn Therese die Möglichkeit ausschloß, daß ein solcher Brief angeblich an Julie ein "Machwerk" sein muß, was würde sie wohl gesagt haben, wenn jemand behauptet hätte, daß Beethovens Brief stattdessen an eine gewisse Antonie Brentano gerichtet war? Oder an irgendjemand anders? (Weitere interessante Details über "Giulietta" in Steblin 2009.) - Was Schindler (1940) betrifft, er hat nicht nur vieles gefälscht, sondern auch viele Briefe und Konversationshefte vernichtet, und seine - immer noch häufig zitierte - Biographie Beethovens (die erste) ist voller Fehler und in erster Linie ein Versuch der Selbstverherrlichung.

4 Thereses Tagebuch, 15. Januar 1847, in Tellenbach (1983), S. 16; Goldschmidt (1977), S. 295. Der Begriff "wohl" in diesem Zusammenhang könnte auch als "wahrscheinlich" oder "sicherlich" interpretiert werden. Allerdings klingt es schon so, als ob sich Therese ziemlich sicher war.

5 Thereses Tagebuch und andere Notizen (in Deutsch und Französisch), bis 1813, wurden zuerst von Czeke (1938) veröffentlicht, mit einer längeren Einführung in ungarischer Sprache. Marianne Czeke konnte für den zweiten Teil keinen Verleger finden; diese Notizen befinden sich jetzt in Budapest und (auf Film) im Beethoven-Archiv in Bonn. Rolland (1928) sah einen Teil davon und kam nahe zur Identifizierung Josephines, aber dann tendierte er zu Therese. Kaznelson (1954) benutzte Thereses Tagebuch als eine Quelle, und siehe da, er kam zu dem Schluß, daß die "Unsterbliche Geliebte" Josephine gewesen sein muß. Goldschmidt, Tellenbach und Steblin verbrachten auch viel Zeit und Mühe, um Dokumente zu finden, zu prüfen und zu verifizieren (siehe Steblin 2007, S. 162).

6 La Mara (1909) veröffentlichte erstmals Thereses Memoiren und glaubte, sie sei diejenige gewesen. Aber später, nach der Analyse von Briefen, die sie im Brunsvik-Nachlaß fand, "drängte sich mir die Überzeugung auf, daß ... Josephine verwitwete Gräfin Deym die 'unsterbliche Geliebte' Beethovens ... sei." (La Mara 1920, S. 1.) La Maras lesenswerte Bücher sind in der alten, für Ungeübte schwer lesbaren, deutschen Fraktur gedruckt.

7 Beethovens "13 Briefe" befanden sich zuerst im Nachlaß von Fritz Deym in Nemischl, und nach dem Zweiten Weltkrieg landeten sie im Beethoven-Archiv in Bonn - lange vor 1957.

8 La Mara fand Briefe der Brunsvik-Schwestern in Charlottes Nachlaß in Siebenbürgen (Rumänien), die jetzt verschollen sind.

[9] Das ist nicht dahingehend mißzuverstehen, daß Beethoven alle Hoffnung aufgegeben hätte - im Gegenteil, "**Hoffnung**" blieb für ihn ein zentrales Thema für mindestens vier oder fünf weitere Jahre (was sich auch in seiner Musik widerspiegelt), bis er schließlich in Resignation verfiel. In dem Brief von 1812 brachte er immer noch die Absicht zum Ausdruck, "in der Ferne so lange herum zu irren"...

[10] Siehe die ausführlichen Diskussionen in Tellenbach (1983), S. 205-267, und Goldschmidt (1977), S. 343-431. "Wohin man blickt, ein einziger ununterbrochener Gefühlsstrom von op. 96 bis op. 111!" (Goldschmidt 1977, S. 376.)

[11] Schmidt-Görg (1957) veröffentlichte 13 Liebesbriefe Beethovens an Josephine, sowie eine Notiz Josephines, die eine Kopie von einem anderen Brief Beethoven zu sein scheint (zwischen den als Brief 4 und 5 nummerierten). Ein weiterer (der 14. oder 15.) Brief wurde von Schmidt-Görg (1969) veröffentlicht. Siehe auch Goldschmidt (1983), S. 187-189.

[12] Siehe Goldschmidt (1977), S. 21-23; Fotokopie des Originals S. 240 f.

[13] Steblin (2007), S. 162.

[14] Siehe Steblin (2007), S. 147, N. 2.

Es gibt keinen Beweis dafür, daß Beethoven und Antonie sich in Prag getroffen haben.[1]
Es gibt immer noch Raum für einen begründeten Zweifel.[2]

Solomons Sprüche

Beethovens sogenannter "Brief an die Unsterbliche Geliebte" erschien vielen, auch heute noch, wie

> ein unkontrollierter Ausbruch leidenschaftlichen Gefühls, dithyrambisch[3] im Ton, voll von verwirrten Gedanken und widerstreitenden Gefühlen.[4]

Obwohl es vielerlei Spekulationen gab, vor allem aufgrund des Mangels an festen Beweisen, ist dieser Brief offensichtlich für die Beurteilung von Beethovens Leben und Persönlichkeit von erheblicher Bedeutung. Das eiserne Schweigen, das die Familie Brunsvik die meiste Zeit einhielt, hat auch nicht gerade geholfen.

Als daher Maynard Solomon 1972 behauptete, daß Antonie Brentano Beethovens "Unsterbliche Geliebte" gewesen sei, schlug das wie eine Bombe ein. Bis dahin hatte niemand auch nur an sie gedacht – obwohl doch, nach Solomon, die notwendigen Fakten, um zu diesem Ergebnis zu gelangen, die ganze Zeit offenbar gewesen waren: Sie war zur gleichen Zeit wie Beethoven in Prag und in Karlsbad, und sie war mit ihm bekannt, sogar eng befreundet. Allerdings gibt es **kein einziges Dokument und keinen Brief** von irgend jemand, mit auch nur dem geringsten Hinweis, daß diese Beziehung jemals dem auch nur nahe gekommen wäre, was man als "Liebe" bezeichnen könnte – abgesehen natürlich von diesem einen schicksalhaften Brief.

Solomon war zuerst als Schallplattenproduzent hervorgetreten, dann als marxistischer Schriftsteller,[5] und schließlich durch die Veröffentlichung von Werken über Mozart, Schubert und Beethoven – gekennzeichnet durch "kühne" psychoanalytische Spekulationen.[6] Er gewann einige Anerkennung für seine Werke, vor allem in Nordamerika, aber zunehmend auch in Europa – wahrscheinlich, weil diejenigen, die seine Schriften lobten, selbst wenig Erfahrung in der Durchführung wissenschaftlicher Forschung in Europa oder mit Fremdsprachen hatten: Die wichtigsten Studien zu diesem Thema wurden in der Regel in deutscher (manchmal auch in französischer) Sprache veröffentlicht.

Heutzutage kommt dazu noch eine Lawine von Webseiten im Internet, die oft überwiegend Fehlinformationen verbreiten.[7]

* * *

Bevor wir uns ausführlicher damit befassen, was Solomon berühmt (oder "berüchtigt") gemacht hat im Zusammenhang mit der rätselhaften "Unsterblichen Geliebten", ist es vielleicht angebracht, einige der krassesten Beispiele für seine zahlreichen Verfälschungen durch **unrichtige Übersetzungen aus dem Deutschen** zu präsentieren – falsch nicht nur im Sinne eines gelegentliches Fehlers, verursacht durch Fehlinterpretation bestimmter Wörter oder Phrasen. Nein – er wählte bewußt und absichtlich (und bestand in der zweiten Auflage seines *Beethoven*-Buches darauf, auch nachdem ihm Korrekturen angeboten wurden) ziemlich anzügliche Formulierungen.

Angesichts der Tatsache, daß wir es hier mit Beethovens "Liebesleben" im weiteren Sinne zu tun haben, ist zunächst einmal festzustellen, daß die Unterstellung, er habe jemals – gelegentlich oder gar regelmäßig – Prostituierte besucht, von keinerlei schlüssigen Beweisen unterstützt wird.[8] Ein typisches Beispiel ist Beethovens Antwort auf einen Brief seines Freundes Zmeskall, der offensichtlich vorher eine Bemerkung über "Festungen" gemacht hatte – Slang zu jener Zeit für Frauen, die leicht "erobert" (d.h. mit Geld gekauft) werden konnten:

> Ich danke Ihnen herzlich, mein lieber Z., für Ihre mir gegebenen Erörterungen. Was die Festungen anbelangt, so dächte ich, daß Sie von mir die Meinung hätten, mich nicht in sumpfigen Gegenden aufhalten zu wollen.[9]

Dies ist, wenn überhaupt, eine sehr klare Ablehnung (und eine ehrlich gemeinte – einem guten Freund gegenüber). Es ist auch wohlbekannt, daß Beethoven meistens, wenn nicht sogar sein ganzes Leben lang, mehr oder weniger wie ein Mönch (d.h., zölibatär) lebte.[10] Und wie sehr kam er in Konflikt mit seinen Brüdern, weil beide Frauen von "fragwürdigem" (aus Ludwigs Sicht: unmoralischem) Charakter heirateten!

* * *

Nachdem Solomon sich ausführlich mit einigen Gerüchten befaßte, daß Beethoven regelmäßig Prostituierte besucht haben könnte (zu einer Zeit, als er schon über 50 war – er war damals oft krank und bettlägerig, und kurz vor seinem Ende!),[11] wird uns dann diese eher schlüpfrige Geschichte präsentiert:

> "Möchten Sie mit meiner Frau schlafen?", fragte Karl Peters in einem Konversationsheft vom Januar 1820... Peters war im Begriff, zu verreisen und bot Beethoven großzügigerweise seine Frau ... für eine Nacht an. Beethovens Antwort ... war anscheinend zustimmend, denn Peters schrieb, daß er fortgehen würde, um "seine Frau zu holen".[12]

In einer Fußnote gibt er sogar den ursprünglichen deutschen Text (in Deutsch) von dem, was Peters schrieb:

> Wollen Sie bey [!] meiner Frau schlafen? Es ist so kalt.[13]

Das deutsche "bey" (heute "bei"), übersetzt ins Englische, ergibt "**at**" (und dann vielleicht "in", "with", etc., je nach Kontext). Und warum wohl wurde "Es ist so kalt" weggelassen?

Solomon fügt dann den – in der Tat erstaunlichen – Kommentar hinzu:

> Von einer gewissen Autorität wurde der unplausible [!] Vorschlag gemacht, daß dieser Eintrag auch als "Would you like to sleep over at my wife's place?" [Möchten Sie im Haus meiner Frau übernachten?] gelesen werden könnte.[14]

Wer (als Englischsprechender) auch nur ein wenig Deutsch kann, sollte eigentlich geneigt sein, das gleiche wie diese "gewisse Autorität" (warum wohl ungenannt?) zu glauben (aber ganz plausibel!): Der Kontext paßt jedoch leider nicht in das Bild von Beethoven als einem notorisch schamlosen Wüstling (und dem – allgemein respektierten – Ehepaar Peters[15] als gewohnheitsmäßig promiskuitiv). Nach Tellenbach verhielt es sich jedoch wie folgt (auf der linken Seite im originalen Deutsch, auf der rechten in Englisch – meine Übersetzung):

Hofrat Peters: "Ich muß mit meiner Frau um 5 nach Gumpendorf. Wollen Sie bey meiner Frau schlafen? Es ist so kalt."[16]	Court Councilor Peters: "I have to go to Gumpendorf with my wife at 5 o'clock. Do you want to sleep at my wife's [place]? It is very cold."

Beethovens (und Fürst Lobkowitz') alter Freund Peters bot ihm also das Haus seiner Frau an (das leer war, aber gut geheizt – es war Januar!), um dort zu übernachten... Woraufhin Peters sich entschuldigte, da er noch weg mußte, wie er in das Buch des tauben Mannes schrieb:

Ich soll noch ... meine Frau abholen.[17]

– für ihre gemeinsame Reise. **Nicht** um sie zu "holen" und dann an Beethovens Bett zu geleiten!

* * *

Antonie von Birkenstock wurde 1780 in Wien geboren und verbrachte den größten Teil ihrer Jugend (von 7 bis 15 Jahre, nach dem Tod ihrer Mutter) in einem Kloster. Wie Josephine (aber hier hören die Ähnlichkeiten auf), wurde sie schon früh (1798) an einen reichen (und viel älteren) Mann verheiratet, den sie nicht kannte (was aber damals durchaus üblich war): Franz Brentano (geboren 1765), ein Bankier und Kaufmann, der sie dann in seine Heimatstadt Frankfurt am Main mitnahm.

Im Gegensatz zu Joseph Graf Deym war Franz Brentano in der Tat sehr reich und erfolgreich mit seinen Unternehmen, und daher war das Fehlen eines Adelstitels durchaus kein Hindernis für die Heirat mit einer Adligen.[18] Seine junge Frau gebar ihm sechs Kinder, und abgesehen von Antonies gelegentlichem Heimweh, sind sie anscheinend gut miteinander ausgekommen.

Ende 1809 lag Antonies Vater im Sterben, und die Brentanos kehrten nach Wien zurück, wo von Birkenstock bald darauf starb. Antonie mußte daraufhin innerhalb der nächsten zwei Jahre sehr viel Zeit mit der Verwaltung und Versteigerung ihres Erbes verbringen (eine Villa und riesige Kunstsammlungen), während ihr Mann häufig geschäftlich in Frankfurt war.

Im Laufe des Jahres 1810 machte Beethoven mit den Brentanos Bekanntschaft, zuerst mit Franzens Schwester Bettina. In Teplitz sah

Goethe zu seiner Verwunderung, wie sie und Beethoven Arm in Arm spazieren gingen. Bettina sollte später dadurch berüchtigt werden, daß sie – nachdem Beethoven berühmt geworden war – Briefe von ihm fälschte, um den Eindruck zu erwecken, daß es damals eine Liebesaffäre mit ihm gab.[19]

Beethoven entwickelte zu Franz und Antonie eine tiefe, gegenseitige Freundschaft. Er besuchte sie oft in Wien, und er spielte Klavier, um Antonie zu trösten, als sie krank war – sogar in Franzens Abwesenheit. Beide Ehegatten waren ihm sehr dankbar dafür. Und: Es gab niemals irgendwelche Anzeichen von Eifersucht von Franzens Seite, der ein lebenslanger Freund Ludwigs wurde (so wie der andere Franz, Graf von Brunsvik).

Könnte es sein, daß es einfach keinen Grund zur Eifersucht gab, in der Tat niemals, bis zum Ende von Beethovens Leben? So wie es nie einen Grund für Graf Deym gab, eifersüchtig zu sein, obwohl Beethoven fast täglich kam, um Josephine Klavierunterricht zu geben?

Die einzige Erklärung – in Bezug auf Josephines erste und zweite Ehe, sowie Antonies – ist, daß Beethoven konsequent den Status jeder verheirateten Frau respektiert hat, und das ist (und war) wohlbekannt. Es gab da einen berühmt gewordenen Vorfall im Jahre 1807, als Beethoven, in seiner Naivität, seine schöne Schülerin Marie Bigot zu einem Ausflug einlud, als sie allein zu Hause war. Ihr außerordentlich eifersüchtiger Ehemann sah das dann wohl etwas anders, und Beethoven schrieb schnell einen Entschuldigungsbrief, worin er seine moralische Haltung in Bezug auf seinen Respekt der Ehe hervorhob.[20]

Dies, zusammen mit Beethovens musikalischer Verherrlichung der ehelichen Liebe und Treue in der Oper *Leonore* (*Fidelio*), und sein ausdrückliches Eingeständnis an Josephine, daß er seine aufkeimenden Liebesgefühle während ihrer Ehe mit Graf Deym unterdrückt hatte, sollte mehr noch als alles andere die Möglichkeit ausschließen, daß ein Verhältnis mit Antonie, der Frau seines besten Freundes, in Betracht gezogen werden könnte, das über bloße Freundschaft hinausging.

Antonies Bewunderung, ja Anbetung, Beethovens (als Komponist) war jedoch kein Geheimnis, wie sie an ihren Schwager Clemens Brentano schrieb:

> ... und das original in Beethovens heilige Hände legen[,] den ich tief verehre, er wandelt göttlich under den Sterblichen, sein höheren Standpunkt gegen die niedere Welt.[21]

Solomon räumt ein:

> Bis dahin gab es noch keine Anzeichen für eine romantische Zuneigung zwischen Beethoven und Antonie Brentano.[22]

Aber selbst eine "romantische Zuneigung" (die Beethoven zweifellos für einige Zeit gegenüber Bettina empfand) ist nicht wirklich das gleiche wie "Liebe".

Doch was dann folgt, ist reine Spekulation:

> Ab welchem Punkt diese Verehrung sich in Liebe verwandelte, ist noch nicht bekannt. Meine Schätzung ist ... im Herbst 1811... Die Affäre war Ende 1811 in vollem Gange.[23]

Er beweist diese "Schätzung" nachträglich mit ihrem Brief an Clemens – welcher jedoch gerade nicht eine "romantische" Zuneigung Antonies bezeugt, sondern lediglich die Tatsache, daß sie Beethoven als Komponist "tief verehrte".

Es ist erstaunlich, daß Solomon uns glauben machen will, es könne so etwas wie eine "Liebesbeziehung" gegeben haben – der einzige Grund, der dafür spricht, ist seine Annahme, daß der Brief von 1812 an Antonie gerichtet war, und daher **muß** es doch zwischen den beiden etwas gegeben haben. Und nicht umgekehrt, wie im Fall von Josephine, wo eine leidenschaftliche (aber stets geheim gehaltene!) Liebe, die mehr als ein Jahrzehnt dauerte, kurzzeitig neu entfacht wurde.

Und wessen "Verehrung wurde in Liebe umgewandelt"? Offensichtlich nur Antonies. Falls man überhaupt so weit gehen will, angesichts dieses einen Briefes an Clemens – der aber offenbar nicht begriff, was los war. Und was war mit Beethoven? Gibt es irgendetwas, was zumindest eine vage Ähnlichkeit mit seinen vielen Liebesbriefen an Josephine hat?

Ja, es gibt etwas (oder so etwas ähnliches): Beethoven präsentierte Antonie mit zwei Kompositionen, eine von ihnen das überarbeitete Oratorium *Christus am Ölberg* Op. 85 (nicht gerade etwas mit überaus erotischem Inhalt, aber die im Kloster erzogene Antonie wird es wohl geschätzt haben).

Und natürlich wußte Franz Brentano über alles genauestens Bescheid:

> Mich sehnt's nach Wien, denn Toni ist den ganzen Winter nicht wohl, das mir hier manche kummervolle Stunde verursachte, Bethhoven erheitert sie zuweilen durch sein schönes Clavier Spiel.[24]

Franz wußte sicherlich auch alles über das Lied "An die Geliebte" WoO 140. Auf einem Autograph desselben steht in Antonies Handschrift die Bemerkung: "Den 2tn März, 1812 mir vom Author erbethen."[25]

Oh, daß ich dir vom stillen Auge
In seinem liebevollen Schein
Die Träne von der Wange sauge,
Eh' sie die Erde trinket ein.

Wohl hält sie zögernd auf der Wange,
Und will sich heiß der Treue weihn;
Nun ich sie so im Kuß empfange,
Nun sind auch deine Schmerzen mein![26]

Der Hintergrund dazu war, laut Goldschmidt:

> November 1811 sehen wir Beethoven ein neuverfaßtes Lied mit der Überschrift "An die Geliebte" der bayerischen Hofsängerin Regina Lang ins Stammbuch schreiben...
> Die dilettantischen Verse haben ebenfalls Stammbuchcharakter. Als den linkischen Verfasser ... von einem wirklichen Dilettanten, dem Kaffeehaus-Literaten Joseph Ludwig Stoll.[27]

Beethoven hatte auch seine Unzufriedenheit mit dem Text zum Ausdruck gebracht – aber warum sollte er nicht einer hübschen (und talentierten) Dame einen kleinen Gefallen tun, wenn er dazu aufgelegt war?

So wie es aussieht, hatte Antonie irgendwie von diesem Liedchen gehört, und als sie dann auch noch erfuhr, daß es von Beethoven komponiert war, hat sie diesen um eine Kopie gebeten. Das also sind die Fakten: Beethoven komponierte ein (wohlgemerkt: nicht sehr tiefschürfendes) Liebeslied für irgendeine Sängerin und schrieb ihr sogar den Text ins Album – bedeutet dies nun, daß wir noch einen weiteren Eintrag in unserer langen Liste von "Kandidatinnen" für eine mögliche "Unsterbliche Geliebte" vor uns haben? Auf jeden Fall hat Beethoven dieses Lied **nicht** für Antonie komponiert (und schon gar nicht für Josephine – Gedichte, die er für **sie** in Musik gesetzt hat, waren in der Regel von Dichtern wie Goethe). Und kann eine Komposition zu so einem Text von einem "Kaffeehaus-Literaten" wirklich als Ausdruck tiefer Zuneigung zu einer gebildeten Frau gelten?

Solomon erwähnt jedoch nicht den Hintergrund der Entstehung dieses drittklassigen Second-Hand-Liedes. Stattdessen erweckt er den Eindruck, daß Beethoven es ausdrücklich für seine geliebte Antonie komponiert hatte – "vom Author erbethen"! Voller Zuversicht enthüllt er uns dann des "Rätsels Lösung":

> Diese Fäden eines mächtigen [!] Gewebes von Beweisen ... lassen es nun als vollkommen sicher erscheinen, daß Antonie Brentano die Frau war, der Ludwig van Beethoven seinen leidenschaftlichen Brief vom 6. und 7. Juli 1812 schrieb.[28]

* * *

Zwei weitere Beispiele für Solomons Fehlinterpretationen (und Falschdarstellungen) zeigen, wie er mit Beweismaterial (oder dem Fehlen desselben) verfährt, so wie es ihm paßt.

Zunächst zitiert er Beethovens Notiz, die er im Jahre 1807 über "die M." machte, und behauptet, sie sei 1817 geschrieben worden. Sein Hauptirrtum ist jedoch (wieder einmal) ein bedeutsamer Übersetzungsfehler. Der Originaltext Beethovens:

> Baaden am 27 Juli[.] Als die M. vorbeifuhr und es schien als blickte sie auf mich.[29]

wird von ihm wiedergegeben als

> Baden, 27 July, when M. passed by and, I think, looked at me.[30]

Meine eigene Übersetzung ins Englische:

> Baden, 27 July [1807.] When the M. drove by and it appeared as if she looked at me.

Wichtig ist hier, daß Solomon "**die** M." [**the** M.] einfach als "M." wiedergibt – implizierend, daß es als ein Name zu interpretieren ist, im Gegensatz zu "die M.", was eher als Abkürzung für die **Rolle** einer Person anzusehen wäre. Es ist auch wohlbekannt, daß Anna von Brunsvik, **die** Mutter, in der Regel einfach als "[die] M." von ihren Kindern bezeichnet wurde – und war Beethoven nicht fast schon sowas wie ein Familienmitglied?

Solomon bemerkt ganz richtig:

> Der Anblick "[der] M" riß wieder ... eine halb verheilte Wunde auf.[31]

(nämlich: Beethoven mußte erkennen, daß "**die** M." = **die** Mutter Anna von Brunsvik ihm nie erlauben würde, Josephine zu heiraten), aber dann spekuliert er, daß

> "M" ihre [Antonies] Tochter Maximiliane war, deren Anblick (dachte Thayer) in Beethoven wieder das Bild ihrer Mutter zum Leben erweckte.[32]

Reinste Fantasie![33] Es war schon längst anhand von Wasserzeichen bewiesen worden (Schmidt–Görg 1966), daß diese Notiz Beethovens im Jahre 1807 geschrieben wurde. Es gibt keinen Beweis, daß die Brentanos (die 1812 nach Frankfurt gezogen waren) im Jahre 1817 auch nur in der Nähe von Baden waren, aber es gibt Beweise, daß Anna von Brunsvik im Jahre 1807 in Baden war.

* * *

Das zweite Beispiel ist voll von verwickelter Argumentation. Es betrifft die längst revidierten oder zumindest korrigierten Vermutungen Thayers,[34] diesmal in Bezug auf Beethovens Hinweise auf "**T**" in seinem Tagebuch gegen Ende 1816 (wo er wahrscheinlich seine Dankbarkeit zu Therese ausdrückte, da sie ihn wohl mit Josephine in Kontakt gebracht hatte, um sie in Baden zu treffen). Solomon beginnt mit der unbegründeten Behauptung:

> Thayer wußte [!] von der Existenz einer Liebesbeziehung zwischen Beethoven und Antonie Brentano.[35]

Nur hat er nie jemandem davon erzählt! Und als Beweis bietet Solomon ein merkwürdiges Zitat Thayers an:

> Eine der vorübergehenden [!] und intensiven Leidenschaften Beethovens für eine verheiratete Frau, die bekanntlich [?] in dieser Periode seines Lebens stattgefunden hatte, wird exakt durch diese Passagen in seinem sogenannten "Tagebuch" aus den Jahren 1816 und 1817 fixiert. ... Da der Familienname dieser Dame ... bekannt ist [?], ist es auch sicher, daß das T ... nicht für Therese Malfatti steht.[36]

Daraus schlußfolgert Solomon nun:

> Thayers Worte passen genau [!] auf Antonie und Franz Brentano. ... "Toni" Brentano war die Frau, deren Familie Thayer versuchte, vor schädlicher [?] Publizität zu schützen.[37]

Thayer wußte in Wirklichkeit sehr wenig von Antonie Brentano, geschweige denn, daß sie jemals eine "Affäre" mit Beethoven hatte. Und obwohl – oder gerade weil – Thayer in seiner Interpretation von Beethovens Tagebuchnotizen aus dem Jahre 1816 keine Namen nannte (abgesehen davon, daß er einen Namen, den Teresa von Malfattis, **ausschloß**), ist man nun noch mehr durch die Tatsache verwirrt, daß das, was Thayer klar (wenn auch nicht ausführlich) als eine "**vorübergehende**" Leidenschaft (1816 – nicht 1812!) identifizierte, für Solomon zu einem weiteren Teil in dem Puzzle wird, welches Antonie Brentano als Beethovens "Unsterbliche (nicht gerade "vorübergehende") Geliebte" fixiert! Und natürlich hielt Thayer dicht in bezug auf dieses "schädliche" Geheimnis, obwohl er sonst so ziemlich alles über Beethoven veröffentlichte, dessen er habhaft werden konnte.

* * *

Im Juni 1812 planten die Brentanos eine Reise nach Prag und dann nach Karlsbad, unter anderem, um einen Lehrer für ihre Kinder zu finden. Da Beethovens Arzt ihm auch "verordnet" hatte, die Bäder in Teplitz und Karlsbad zu besuchen, kamen sie alle drei überein, sich in Karlsbad zu treffen – was sie dann auch taten.

Solomon verkündet unter seiner "Lösung des Rätsels"

> Voraussetzungen ... erstens, daß die Unsterbliche Geliebte im fraglichen Zeitraum eng mit Beethoven vertraut gewesen sein muß.[38]

Warum ist dies eine Voraussetzung? Genügt es, anzunehmen, daß eine "enge" Bekanntschaft einen solchen Brief zur Folge haben könnte – im Gegensatz zu Josephine, in die Beethoven offensichtlich mehrere Jahre leidenschaftlich verliebt war?

Dann fährt er fort, Josephine (und alle anderen "Kandidatinnen") auszuschließen, nur weil es in der Tat (noch) **keinen Beweis** dafür gibt, daß Josephine in Prag war – und ebenso in Karlsbad, wie Solomon fordert (der Brief enthält einen Hinweis auf "K"), obwohl es den Anschein hat, daß sie Prag unmittelbar nach ihrer Begegnung mit Beethoven verließ. Es gibt jedoch überhaupt nichts über den Verbleib Josephines um diese Zeit, das ihre Anwesenheit in Prag **widerlegen** könnte. (In der Tat, für alle anderen "Kandidatinnen" außer Josephine und Antonie gibt es genügend Beweise dafür, daß sie am 3. Juli 1812 **nicht** in Prag waren, sondern anderswo.)

Und daß Antonie in Beethoven verliebt gewesen sein soll, wird später von Solomon verzweifelt zu bestätigen versucht, indem er die kryptischsten Bemerkungen in Briefen und Tagebüchern von und über Beethoven und anderen (re)interpretiert – unter der **Annahme**, daß sie die "Unsterbliche Geliebte" gewesen sein **muß**.

Josephines "Kandidatur" für die "Rolle" von Beethovens "Unsterblicher Geliebter" wird zurückgewiesen durch die Annahme, daß, sobald es "vorbei" war (im Jahre 1807 oder 1809, oder wann auch immer), es in der Tat für immer vorbei war:

> Die Bekanntmachung im Jahre 1957 der Korrespondenz zwischen Beethoven und Josephine Brunsvik-Deym von 1804 bis 1807 deutet auf ein frühes [!] (und frostiges [!]) Ende einer unerfüllten Romanze hin, und obwohl es keine Gewißheit gibt, daß die Affäre nicht ein halbes Jahrzehnt später kurzzeitig wieder entfacht wurde, gibt es keinen Beweis dafür, daß dies in der Tat stattgefunden hat.[39]

So, er ließ sie (oder sie ihn) sitzen, und wandte sich dann einfach der nächsten Liebschaft zu... Doch was hier wirklich erforderlich ist, ist ein **überzeugender** Beweis, daß die "Romanze" zwischen Beethoven und Josephine (1) in der Tat vorüber war und (2) in einer solchen Art und Weise **endgültig** vorbei war, daß sie **nicht** "neu entfacht" werden konnte.

Hier muß zuerst einmal festgestellt werden, daß es in Wirklichkeit überhaupt kein "frostiges" Ende gab (wenn man sich die Mühe macht, diese Briefe wirklich zu lesen und auch und vor allem den wachsenden Druck durch die Familie Brunsvik[40] in Betracht zu ziehen), daß Josephine sogar Ende 1809, als sie mit Stackelbergs Kind schwanger war, an Beethoven dachte und ihm schrieb, daß Beethoven von 1804 bis 1809 immer wieder und unermüdlich Josephine seiner nie endenden Treue versicherte, seiner "**ewigen**" (= unsterblichen) Liebe – mit den **gleichen** Worten und Formulierungen, die man auch in dem Brief von 1812 wieder findet, der an seinen "**Engel**" adressiert war. Doch nirgends sind derartige Ausdrücke, nicht einmal auch nur entfernt ähnliche, von oder an Antonie zu finden.

* * *

Nach der Veröffentlichung von Solomons "kühner" Hypothese erschienen wohlüberlegte und gut recherchierte Beurteilungen und Widerlegungen (in Deutsch) von Goldschmidt (1977) und vor allem Tellenbach (1983). Unter Heranziehung neuerer Forschungen und Dokumente (aus Archiven in der Tschechoslowakei und Ungarn) zeigten sie schlüssig, daß nur Josephine die "Einzige" gewesen sein konnte.

Solomon, wohl gestochen von der Kritik, reagierte (und übertrieb es dabei etwas) mit einem Artikel unter dem Titel "Recherche de Josephine Deym",[41] wie er sie zu bezeichnen pflegte – aber dachte, war nicht

> die Frau, die Beethoven in seinem Brief vom 6./7. Juli 1812 als "meine Unsterbliche Geliebte" bezeichnete, aber deren Namen er dummerweise [!] zu nennen vergaß.[42]

Zunächst mal war ihr Name zu jener Zeit nicht "Josephine Deym", sondern "Josephine von Stackelberg" – d.h., im Jahr 1812. Und sie war nicht eine "Gräfin", sondern bloß eine "Baronin" – ein sehr wichtiger Unterschied in jenen Zeiten aristokratischer Standesunterschiede; man erinnere sich, wie ihre Familie gezögert hatte, ihr eine Heirat unter ihrem Stand zu erlauben.[43]

Zweitens und noch viel wichtiger: Was Solomon – sich spöttisch gebend – bedauert, daß Beethoven "dummerweise **vergaß**", den Namen zu nennen – nun, das ist doch genau das, was wir wissen wollen: **Warum?** Sobald wir den Grund wissen, warum alles **geheim** gehalten wurde, was zur Identifizierung dieser so geheimnisvollen (?) Frau relevant sein könnte, haben wir schon die Hälfte des "Rätsels" gelöst: So wie **alle** Briefe zwischen Ludwig und Josephine, plus die persönliche Widmung des Liedes "An die Hoffnung", so war auch dieser Brief von 1812 ebenfalls **nicht** für irgend jemand anderen gedacht. Und Beethoven hatte wohl (höchtswahrscheinlich) auch nicht die Absicht, ihn abzuschicken,[44] sondern behielt ihn für sich. Und das bedeutete für ihn (eingedenk des Mißgeschicks, als Fürst Lichnowsky das Lied mit der Widmung auf seinem Schreibtisch entdeckte), jegliche Namensnennung oder anderweitige Identifikation der Adressatin zu unterlassen.

Wirklich? ... Hier ist es vielleicht angebracht, kurz innezuhalten und ein paar Gedanken an die endlose Wiederholung dieser Geschichte zu verschwenden, die in der Regel mit diesen ominösen Worten anfängt:

"Im Juli 1812 schrieb Beethoven einen Brief an eine ungenannte Frau..."

"**Ungenannt**"? Sicher, er hat sie nicht "benannt", d.h., er adressierte sie nicht mit ihrem Vornamen, Nachnamen, Kosenamen oder auch nur dem Anfangsbuchstaben des Vornamens (in seinen früheren Liebesbriefen nannte er sie in der Regel einfach nur "J"). Aber wie **hat** er sie denn nun angeredet? **Nicht** als "Meine Unsterbliche Geliebte" – diese Wendung kommt nur einmal gegen Ende des Briefes vor (obwohl der Brief seitdem immer wieder danach benannt wurde).

Nein – Beethoven nannte sie

Mein Engel!

Das ist der berühmte Anfang des berühmten Briefes. Und **wer könnte das wohl gewesen sein**? Ist es wirklich so schwierig, die Suche von hier aus zu starten, und nach Hinweisen in seiner und ihrer Vergangenheit zu forschen?

* * *

> Diejenigen, die Gräfin Deym favorisieren ... haben keinen einzigen direkten [!] Beweis dafür erbringen können, daß sie und Beethoven irgendeine Art von Beziehung ... nach 1808 aufrecht erhielten ... oder daß sie Anfang Juli 1812 in Prag ... war.[45]

Man sollte vorsichtig sein mit der Annahme, daß die Abwesenheit von Beweisen ein Beweis für Abwesenheit sei – was ist, wenn morgen plötzlich etwas aus den Archiven in Tschechien, der Slowakei oder Ungarn auftaucht (oder sogar in Estland)? Und in der Tat ist inzwischen viel zum Vorschein gekommen, wie kürzlich von Steblin (2007, 2009) entdeckt.

"Beweise ... daß **sie in Prag war**": zumindest als ein **indirekter Beweis** kann eindeutig ihr Tagebucheintrag vom Juni 1812 gelten, wonach sie zu "**Liebert in Prag**" gehen wollte – es **gab** also Pläne. Und nirgends gibt es irgendwelche Anzeichen dafür, daß diese (geheimen) Pläne dann geändert wurden. Darüber hinaus gab es etliche Gründe, die Reise geheim zu halten – vor allem hinterher.

Im Jahr 1808 verreiste Josephine für ein Jahr, und bald danach heiratete sie wieder. Im Gegensatz zu ihrem ersten Ehemann Graf Deym (der auch mit Mozart und Haydn befreundet war),[46] war Baron von Stackelberg, mit dem sie sich bald zerstritt, offensichtlich keiner, mit dem Beethoven Bekanntschaft machen wollte. Außerdem hatte Josephine sich um zwei weitere Babys zu kümmern, sechs Kinder insgesamt (im Jahre 1812). Sie wurden von Stackelberg vernachlässigt – den sie zu heiraten gezwungen war, vor allem wegen der illegitimen Geburt seiner ersten Tochter, und weil er der Lehrer und Erzieher der Deym-Kinder sein sollte.

Somit gab es kaum eine Chance für irgendwelche Kontaktaufnahmen – zumal Beethovens Verabscheuung von ehebrecherischen Beziehungen gut dokumentiert ist (er enthielt sich jeglicher Annäherungsversuche während ihrer Ehe mit Deym). Übrigens sollte dieser Umstand allein schon die Annahme ausschließen, er hätte jemals die Absicht gehabt, mit Antonie, der Frau seines besten Freundes, etwas anzufangen (insbesondere auch dann nicht, als er mit ihr allein war).[47]

Ebenso hatten beide allen Grund, ihre – plötzliche und unerwartete – Begegnung geheim zu halten, insbesondere Josephine, die ja inkognito nach Prag gereist war.

> Zu jener Zeit war das Reisen mit dem fast zwangsläufigen [!] Hinterlassen von Spuren verbunden: ... Zeitungen berichteten das Kommen und Gehen von bedeutenden - vor allem aristokratischen - Besuchern. ... Die prominente [!] Gräfin Deym wäre sehr wahrscheinlich irgendwo bemerkt worden.[48]

"Die **prominente** Gräfin Deym": Bewegte sie sich wie Prinzessin Diana durch die Lande, mit Hunderten von Paparazzis im Schlepptau? War sie wirklich eine berühmte böhmische Gräfin oder bloß eine unbedeutende estnische Baronin? Und wie schwierig wäre es wohl gewesen, inkognito im eigenen Wagen mit zugezogenen Vorhängen zu reisen? In privaten Schlössern und Villen zu übernachten, statt in öffentlichen Hotels? Darüber hinaus war es für Mitglieder des Adels nicht immer und nicht überall erforderlich, sich polizeilich zu melden (hier kommt ihr privilegierter Status mit ins Spiel), oder sie brauchten sich um so etwas gar nicht weiter zu kümmern, wenn sie nicht in Hotels blieben. Und etliche von Deyms und Brunsviks Verwandten und Bekannten wohnten in Prag oder nahebei.

Somit kann Solomon, wie er meint, überzeugend

> die "Möglichkeit" [ausschließen], daß Gräfin Deym Anfang Juli 1812 in Böhmen war, wo sie Beethoven hätte treffen können oder planen [!] konnte, ihn zu treffen.[49]

Nur gab es **niemals** einen solchen "**Plan**", noch hätte es jemals einen geben können. Gerade die Wahl der Worte in dem Brief von 6./7. Juli 1812 weist eindeutig darauf hin, daß die Begegnung vom 3. Juli völlig unerwartet war – obwohl er erst drei Tage später geschrieben wurde, nach einiger Zeit der Reflexion, vor allem der zweite und dritte Teil.

> Am 14. Juni 1812 schrieb ihr Mann an seine Mutter ... Dieser Brief ... erbringt den Nachweis, daß die Stackelbergs in der Zeit um den Brief an die Unsterbliche Geliebte als Familie [!] in Wien zusammenlebten. ... Er zeigt auch, daß Mitte Juni 1812 die Probleme, die zur schließlichen Trennung im Jahre 1813 führten, kaum ein kritisches Stadium erreicht hatten.[50]

Aus verschiedenen Tagebucheinträgen der Brunsvik-Schwestern wissen wir, wie "kritisch" die Situation längst geworden war – und zwar schon seit mindestens zwei Jahren. Es hatte einen ziemlich großen Streit zwischen Josephine und ihrem Mann gegeben, nach einem nicht gerade freundschaftlichen Jahr 1811 des "zusammen getrennt" Lebens (im Schlafzimmer zumindest), und Stackelberg hatte sie gerade wutentbrannt verlassen – wahrscheinlich noch vor Ende Juni 1812.

Der zitierte Brief an seine Mutter in Estland (es ist nicht einmal bestätigt, ob er jemals abgeschickt wurde) zeigt, wenn überhaupt, den heuchlerischen Charakter Stackelbergs, der offensichtlich allen Grund hatte, sich zu verstellen, und seiner Mutter seine Ehe als glücklich zu schildern.

Solomon zitiert dann einen Brief Franz von Brunsviks an Josephine vom 25. Juli 1812:

> Von Stak: habe ich noch keine Sylbe.[51]

und schlußfolgert:

> Franzens Hinweise auf eine laufende [!] Korrespondenz mit den Stackelbergs über finanzielle Fragen ... machen es offensichtlich, daß das Paar in Wien war ... während des größten Teils, wenn nicht sogar den ganzen [!] Monat Juli.[52]

Wenn überhaupt, dann klingt es so, als ob Franz sich darauf bezog, daß **Stackelberg noch weg war** ... und das war der Grund, warum er (ebenso wie Josephine) **nichts** von ihm gehört hatte. Selbst wenn man annimmt, daß Stackelberg am 25. Juli in Wien gewesen sein muß (aber – nicht unbedingt mit Josephine zusammen), wieso sollte dies **beweisen** (wie sein Brief vom 14. Juni), daß er **die ganze Zeit** da war? Ganz zu schweigen von der Tatsache, daß Stackelbergs "finanzielle Probleme" schon seit mehr als zwei Jahren "laufend" waren, und Franz hin und wieder mit Geld ausgeholfen hatte...

Es gibt einfach **keinerlei Beweis** dafür, daß "beide" Stackelbergs **zwischen** 14. Juni und 25. Juli 1812 zusammen in ihrem Haus in Wien[53] waren, und schon gar nicht "glücklich zusammen".

> Ihre problematische Ehe führte erst im April 1813 zum Zusammenbruch, als der heimwehkranke [!] und überschuldete Stackelberg sie verließ, um "im Dienste des Herrn ein neues Leben zu beginnen".[54]

Solomon erinnert uns daran, daß Stackelberg, weit davon entfernt, ein Schurke zu sein (wie Therese ihn so lebhaft schilderte), in Wirklichkeit ein frommer Mann war, für den man Mitleid und Mitgefühl empfinden sollte, da seine eigennützige Frau nicht bereit war, ihm zu folgen (und vier ihrer Kinder zu verlassen), und ihn stattdessen gezwungen hatte, so viel "Heimweh" zu ertragen.[55]

Das Schlimmste aber ist, er litt so sehr unter seiner "Überschuldung" (ein eher selbstverschuldetes Leiden, aufgrund seiner Unfähigkeit in finanziellen Angelegenheiten – d.h., er nahm alles Geld seiner Frau und riesige Kredite von ihren Verwandten, aber vergaß, sie zurück zu zahlen), daher entschied er sich dann, vernünftigerweise seiner Frau seine Schulden zu hinterlassen. Sie hatte es ja wohl nicht besser verdient, da sie alle diese "Probleme" verursacht hatte. Was wir hingegen sehr wohl wissen ist, daß Josephine, allein und vereinsamt, schließlich in Armut und Elend endete und bisweilen vielleicht sogar (heimlich) Geldspenden von – Beethoven erhielt.

* * *

Nach dem eher hochtrabenden Postulat:

> Die reißerischen [!] Spekulationen, daß Beethoven der Vater Minonas sei ... sollten endlich begraben werden.[56]

spürt er wohl selbst, wie wenig überzeugend das klingt, und so greift er auf weitere fadenscheinige Argumente zurück:

> Andere Umstände sprechen gegen Gräfin Deyms Kandidatur ... Beethoven hat ihr ... keine separaten Widmungen [!] vermacht; ... es gibt keine Geschenk–Kopien seiner Autographen oder Publikationen ... keine Geschenke [!] an sie ... keinen Austausch von Porträts, und nicht einmal einen Ausdruck der Anteilnahme gegenüber irgendeinem Mitglied ihrer Familie nach ihrem frühen Tod im Jahre 1821.[57]

In der Tat, Beethoven hat Josephine **nie etwas gewidmet**![58] Einfach, weil ihre Liebe geheim war und immer geheim gehalten wurde – Widmungen auf veröffentlichten Werken kamen einfach nicht in Frage (schon gar nicht auf Liebesliedern). Andererseits gibt es eine beträchtliche Anzahl von herausragenden Kompositionen, die (auffälligerweise) niemandem gewidmet sind und doch verschiedene Konnotationen zu Josephine[59] enthalten – und man muß vermuten, daß sie gerade aus diesem Grund ohne Widmung blieben: Beethoven (und implizit, auch Josephine) wußte, für wen es war.

Beethoven verwendete die größte Sorgfalt darauf, die einzige Komposition, die er ihr jemals privat gewidmet hatte, **geheim** zu halten, insbesondere, nachdem sie von seinem Mäzen Fürst Lichnowsky entdeckt wurde. Und was Geschenke betrifft – war nicht die Musik, die ihnen gemeinsam war, mehr als genug? Erinnern wir uns nicht, wir er in einem Brief stammelte: "Hier - **Ihr** - **Ihr** - *Andante*" (das *Andante favori* WoO 57, eine musikalische Liebeserklärung)? Und letztendlich, wenn man bedenkt, wie die beiden Liebenden immer, konsequent und letzten Endes auch erfolgreich, ihre Beziehung geheim hielten, sollte man nicht **erwarten**, daß wenig – nein, gar nichts – jemals öffentlich bekannt wurde?

Eine **Widmung** jedoch – von denen es ja auch zwei (oder besser gesagt, eine und eine halbe) an Antonie gab (11 Jahre später!)[60] – war in der Regel **nicht** unbedingt ein Ausdruck von zärtlicher Zuneigung oder gar Liebe: Sie war einfach Teil einer geschäftlichen Transaktion. Sie wurde für Geld verkauft.[61] Franz Brentano, Antonies Ehemann, zeigte denn auch seine Dankbarkeit dadurch, daß er die erheblichen "Darlehen", die er Beethoven gemacht hatte, nicht zurückforderte.

Die Behauptung, daß "es **keine Geschenk–Kopien** seiner Autographen" gibt, ist einfach nicht wahr. (Was ist mit Op. 31, Op. 32, WoO 57, WoO 74 – es gibt wahrscheinlich mehr als jemals bekannt wurde.)

"Beileid"? Was ist dann die Klaviersonate in *As-Dur* Op. 110,[62] die eindeutig wie ein **Requiem** für Josephine klingt? Und warum sollte Beethoven sein Beileid der Familie Brunsvik (geschweige denn den Stackelbergs) ausdrücken, wenn sie alle schon längst die kränkelnde, vorzeitige alternde und leidende Frau verlassen hatten, um sie allein langsam dahinsiechen zu lassen?

* * *

> Beethoven vernachlässigte [!] sie, wenn es ihm in den Kram paßte: "Ich wäre heute zu Ihnen gekommen - aber - nur eine überwältigende Menge an Arbeit hinderte mich."[63]
>
> Beethovens Angewohnheit [!], seine Liebesgaben [!] zurück zu fordern: "Bitte senden Sie mir das Andante und die beiden Lieder - ich verspreche, dass Sie alle drei Kompositionen übermorgen wiederbekommen." ... "Bitte senden Sie mir das Buch zurück, in dem ich meine Zeilen an Sie eingeschlossen hatte - man hat mich heute darum gebeten."[64]

Somit gab es also **doch** "Liebesgaben" (Geschenke?)!

> Im Sommer 1805 nahmen Beethovens Briefe einen eher unpersönlichen und unaufrichtigen [!] Charakter an. Er bat sie um die Rückgabe von Musikstücken, die er ihr gegeben oder geliehen hatte, und als "An die Hoffnung" Op. 32, das er für sie komponiert hatte, im September veröffentlicht wurde, hatte man die Widmung mit ihrem Namen entfernt.[65]

Kaum zu glauben – um die Rückgabe eines geliehenen Gegenstands zu bitten, bedeutet, "unaufrichtig" zu seiner Geliebten zu sein! La Mara wußte es bereits im Jahr 1920 besser:

> Das Unterbleiben der Widmung des Liedes "An die Hoffnung" bei dessen Veröffentlichung im Herbst 1805 ist unschwer als beabsichtigte Wahrung des Geheimnisses der Beziehungen beider zu verstehen.[66]

Danach kam Graf Wolkensteins kurze Verliebtheit in Josephine – und zwar so, in Solomon Fantasie:

> Im Winter 1805-6 hatte Josephine sich von Beethoven ab- und Graf Wolkenstein zugewandt.[67]

Egal, daß es Graf Wolkenstein war, der sich Josephine "zugewandt" hatte (um ihr den Hof zu machen – doch ohne Erfolg), was Beethoven verständlicherweise eifersüchtig machte. Josephine reagierte, indem sie ihn ihrer Liebe versicherte (wie aus ihren Briefen im Jahre 1806 hervorgeht, sofern man sie sorgfältig liest – und sorgfältig übersetzt).

Mehr noch:

> Abgerundet [!] wird das Jahr [1806] durch ein Lied, "Als die Geliebte sich trennen wollte, oder Empfindungen bei Lydiens Untreue", WoO 132, das Harry Goldschmidt, mit gutem Grund, mit Josephine Deyms Abwendung von Beethoven und ihrer Liaison mit dem Grafen Wolkenstein in Verbindung bringt.[68]

Sehen wir mal nach, was Goldschmidt, "mit gutem Grund", wirklich schreibt (und "in Verbindung bringt"):

> ... im Frühjahr 1806 sah Josephine sich umworben von ... dem Grafen ... Wolkenstein. ... Das Lied stammt von Anfang Mai... Nach dem Lied "An die Hoffnung" ist es das erste und einzige Beethoven-Lied weit und breit. Die Tonart seines Vorgängers - Es-Dur - ist beibehalten. ... Aus Josephines Verhalten konnte Beethoven bald erkennen, wie unbegründet sein voreiliger Verdacht gewesen war... Nicht Beethoven, sondern Wolkenstein widerfuhr ihre Absage.[69]

Und was Solomon euphemistisch als eine "Liaison" nach einer (nicht existierenden) "Abwendung von Beethoven" proklamiert, das nennt Goldschmidt schlicht und einfach "die ephemere Rolle Wolkensteins im Leben Josephines."[70]

Solomon entdeckte dann

> ein merkwürdiges Problem: Die Befürworter von Gräfin Deym lesen phantasievolle Anspielungen auf ihre Heldin [!] in eine Vielzahl von Beethovens Kompositionen - als ob Musik die private [!] Chiffre eines Komponisten sei anstatt eine ästhetische Struktur. Sie suchen - und finden immer wieder - "geheime" Widmungen an Josephine.[71]

Wenn Musik **nicht** "eines Komponisten private Chiffre anstatt einer ästhetischen Struktur" ist, dann hat Mozarts "Don Giovanni" nichts mit dem Tod seines Vaters zu tun, die leidensvollen Lebenswege von Schubert, Chopin, Schumann, Tschaikowsky, Mahler, Berg – nirgendwo in ihren "ästhetischen Strukturen" zu finden? Falls dies ehrlich gemeint ist, und nicht – wieder mal – über das Ziel hinaus geschossen, dann kann man nur schließen, daß Solomon sich dadurch selbst als ein ernst zu nehmender Musikwissenschaftler disqualifiziert.

Es hinterläßt einen bitteren Beigeschmack, wenn man lesen muß, daß es dieser "führende" amerikanische Musikwissenschaftler für erforderlich und angemessen hält, Josephine zynisch als "Heldin" zu bezeichnen, und dann noch in einem Kontext, in dem ihre schicksalhafte Liebe zu dem gleichermaßen unglücklichen und leidenden Beethoven gerade verklärt worden war – in den Anfang ihres Endes, einer langen und schmerzhaften Reise in unheilbare Krankheit, Delirium, Elend, Armut und Verlassenheit. Eine Reise, wo ihr, zumindest gelegentlich, Beethovens Musik Trost und Erleichterung brachte.

Solomons letzte Worte sind reinste Polemik:

> Durch die elaborierte Annahme, daß alle [!] Musik verborgene Autobiographie sei, kommen Josephine Deyms Advokaten den extremsten [!] Spekulationen nahe ... diejenigen, die zu der Entschlüsselung geheimer Codes und verborgener Texte in Beethovens Instrumentalmusik Zuflucht nehmen... Das Verfolgen von Josephine Deym droht, die Werke Beethovens in eine neues "großes Kryptogramm" zu verwandeln, dessen Geheimnisse nur von den Eingeweihten ausgelotet werden können.[72]

* * *

Solomon setzte seine Angriffe in der zweiten Auflage seiner *Beethoven*-Biographie fort (oder vielmehr wiederholte sie) – um zu "beweisen", daß Antonie diejenige war.

Zunächst zitiert er noch einmal genüßlich:

> In einem Polizeibericht über Josephine vom 12. Juli 1815 heißt es: "Die Moralität dieser Gräfin solle in keinem Vortheilhaften Renomée stehen, und man behauptet Dieselbe von dem Vorwurf der gegebenen Veranlassung zur erfolgten Mißhelligkeit der Ehe, nicht frey sprechen zu können."[73]

Der Hintergrund dafür waren wahrscheinlich Denunziationen von Stackelberg oder Andrian (oder beiden). Aber wir wissen ja bereits, auf wessen Seite Solomon steht.

> Die Polizei in Karlsbad verlangte die formelle Registrierung aller Ankünfte.[74]
>
> Die *conditio sine qua non* [!] zur Identifizierung der Unsterblichen Geliebten ist, daß sie in der Woche vom 6. Juli 1812 in Karlsbad[75] gewesen sein muß.[76]

Ja, aber:

> Offensichtlich gibt es keine absolute Gewißheit hier ... Es ist möglich [!], daß der Brief als Ergebnis der Begegnung mit einer Frau entstand..., die Beethoven dahingehend informierte, daß sie nach Karlsbad gehen wollte, und es dann nicht zur Durchführung ihrer erklärten Absicht kam.[77]

Somit gibt es die "Möglichkeit", daß – wie es Josephine tat – die Frau schließlich doch **nicht** nach Karlsbad ging. Aber warum war diese Bedingung dann eine "**conditio sine qua non**"?

Weil Solomon längst weiß, daß

> die unsterbliche Geliebte ... Antonie Brentano ist. ... Das Gewicht der Beweise zu ihren Gunsten ist so übermächtig, daß es nicht [!] vermessen ist, zu behaupten, daß das Rätsel der Unsterblichen Geliebten Beethovens jetzt [!] gelöst ist.[78]

Dennoch kann er nicht umhin, zuzugeben:

> Es gibt immer noch Raum für einen begründeten Zweifel.[79]

Trotzdem hat er,

> um die Implikationen der von mir vorgeschlagenen Identifizierung etwas weiter zu verfolgen ... die Annahme [!] gemacht, daß Frau Brentano als die Unsterbliche Geliebte erwiesen [!] ist.[80]

Nichtsdestotrotz:

> Es gibt keinen Beweis, daß sich Beethoven und Antonie in Prag getroffen haben.[81]

Ist es nun "bewiesen" oder nur eine Vermutung? Oder nur eine "Annahme"? Und gibt es irgendwelche "**Zweifel**"? (Ja: "begründete Zweifel".) Es ist wirklich rätselhaft, wie Solomons Schwanken zwischen absoluter Sicherheit und "Beweis" auf der einen Seite und qualifizierenden Bemerkungen, die "Zweifel" erlauben, auf der anderen, als (vermeintliche) Lösung des "Rätsels um die Unsterbliche Geliebte" gefeiert werden kann.[82] Er verschleiert die Problematik durch verwirrende und widersprüchliche Bemerkungen, Spekulationen und

Tatsachen so sehr, daß viele, die dieses Durcheinander dann lesen, nicht mehr in der Lage sind, durchzublicken – und einfach glauben, was er schreibt.[83]

* * *

Schließlich müssen wir uns noch mit dieser verwegenen Behauptung Solomons befassen:

> [Josephines] Briefe an Beethoven sprechen ... selten [!] von ihrer Liebe.[84]

Sehen wir mal nach, was sie ihm bereits im Februar/März 1805 schrieb:

> Mein Herz haben Sie schon längst, lieber Beethoven ... den größten Beweis meiner Liebe – meiner Achtung empfangen Sie, durch dieß Geständniß, durch daß Vertrauen! ... Ich liebe Sie unaussprechlich.[85]

Und später im gleichen Jahr:

> Ich liebe Sie, und schätze ihren moralischen Charackter – Sie haben viel Liebe, und Gutes mir und meine Kindern erwiesen, daß werde ich nie vergessen, ... so lange ich lebe.[86]

Da dies nur ein Jahr nach dem Tod ihres Mannes geschrieben wurde, als Josephine die Briefe Beethovens beantwortete, in denen er sie seine "einzige Geliebte", sein "Alles", sein "Glück" – seinen "**Engel**" nannte, kurz gesagt, ziemlich leidenschaftliche Ausbrüche von Liebeserklärungen – was brauchen wir denn sonst noch, um zu dem Schluß zu kommen, daß Josephine auf die gleiche Weise reagierte?

Allerdings hatte die Familie Brunsvik bereits starken Druck ausgeübt: Nachdem Charlotte, die Anstandsdame, von Beethovens allzu häufigen Besuchen berichtet hatte, verfügte Therese im Januar 1805, Josephines

> **Herz muss die Kraft haben nein zu sagen**, eine traurige Pflicht.[87]

Es ist bezeichnend, daß es noch mehr als **zwei Jahre dauerte, ehe Josephine begann nachzugeben**, und erst dann schrieb sie an Beethoven, daß sie "heilige Bande" nicht brechen konnte, d.h., sie mußte ihre Liebe zu ihm für die Liebe ihrer Kinder opfern – wie Therese später bestätigen sollte:

> Sie wäre glücklicher gewesen [mit Beethoven] als mit St[ackelberg]. Mutterliebe bestimmte sie – – auf eigenes Glück zu verzichten.[88]

Josephine hatte auch mehrfach betont, daß Beethovens Musik sie für ihn "enthusiastisch" machte.

Und das ist in der Tat das allerwichtigste: Ihre Beziehung existierte nur im Geistigen, oder "im Himmel", ohne Chance auf körperliche Vereinigung (d.h. in der Ehe). Und Beethovens Antwort in seinen letzten Briefen war, wieder und wieder seine nie endende **Treue** zu ihr zu betonen – und dies trotz der Tatsache, daß Josephine für ihn unerreichbar geworden war.

Ist es wirklich vorstellbar, daß seine Beteuerung vom 7. Juli 1812,

> da du meine Treue gegen dich kennst, nie eine andre kann mein Herz besizen, nie – nie[89]

nun plötzlich an eine andere Frau gerichtet sein könnte, noch dazu an Antonie Brentano, die Frau seines besten Freundes, und die er beide geliebt und respektiert hat – als Freunde?

* * *

Wir beenden diese Diskussion mit dem gemessenen Urteil von Goldschmidt (1977), der nicht nur seinen marxistischen Kollegen Solomon häufig konsultiert hatte, sondern auch sein Bestes tat, um der Hypothese seines Freundes eine gewisse Glaubwürdigkeit zu verleihen. Zunächst einmal war sich Goldschmidt bewußt, daß **die Abwesenheit von Beweisen kein Beweis der Abwesenheit** ist, weil es einfach keinen Grund zu der Annahme gab, daß Josephines Anwesenheit in Prag behördlich dokumentiert sein **mußte**, einfach weil

> Josephine bei ihren häufigen Besuchen nach Prag niemals im Gasthof logierte, sondern stets bei ihrer Schwägerin, der Gräfin Golz, wohnte. Das berechtigt zu der Vermutung, daß das Wiedersehen mit Beethoven sich in deren Hause in der Prager Neustadt zugetragen hat.[90]

Tellenbach (1983) erstellte dann eine sorgfältig recherchierte Biographie Josephines (in Deutsch). Inzwischen ist noch viel mehr Information zum Vorschein gekommen, in Dokumenten, Briefen und Tagebüchern, die man in Archiven in der Tschechischen Republik, der Slowakei und Ungarn fand, mit interessanten Ergebnissen.[91]

Das Beste, was Goldschmidt über Solomons Vermutung sagen konnte, nach der Erörterung ihrer vielen inhärenten Widersprüche:

> Um die Antonia–Hypothese möglicherweise mit den ihr sachlich innewaltenden Widersprüchen endgültig zu verifizieren, bedarf es der Falsifizierung anderer sich anbietender Hypothesen.[92]

Mit anderen Worten: Nur wenn man die "Josephine-Hypothese" falsifizieren, widerlegen oder anderweitig als extrem unwahrscheinlich erscheinen lassen kann, nur dann hätte es Sinn, auch nur ansatzweise zu versuchen, jemand anderes zu finden – anstatt mit einer Person zu starten, die zu jener Zeit dort war[93] und/oder mit Beethoven befreundet war (und weiter nichts).

Nach seiner anschließenden und sehr detaillierten Analyse und Bewertung der "Josephine-Hypothese" kommt Goldschmidt zu diesem Urteil:

> Ohne schlüssige Beweise des Gegenteils wird man sich nicht mehr voreilig von der zunehmend begründeten Annahme trennen wollen, daß die "Unsterbliche Geliebte" schwerlich eine andere als die "Einzig Geliebte" war.[94]

Steblin faßt ihre eigene gründliche Analyse überzeugend so zusammen:

> Alle rätselhaften Aspekte in Bezug auf Beethovens Affäre mit der "Unsterblichen Geliebten", einschließlich seiner verschiedenen kryptischen Bemerkungen, können mit seiner einzigen bekannten Geliebten erklärt werden – Josephine. Warum hat man noch Zweifel, seinem Wort zu glauben, daß es nur eine Frau gab, die je sein Herz erobert hatte?[95]

Nur eine!

* * *

Das Problem mit Solomon ist, daß er oft als hochmütig und arrogant erscheint, daß er eloquent klingende Sprache verwendet (oft basierend auf fragwürdigen – aber in Wirklichkeit nur sehr oberflächlichen – "psychoanalytischen" Konzepten), offensichtlich mit dem Ziel, seine Leser zu beeindrucken und einzuschüchtern, anstatt sie zu informieren und aufzuklären.

Der auffälligste Unterschied zwischen dem Ansatz von Solomon, im Vergleich zu den meisten europäischen (und einigen von ihm abweichenden amerikanischen) Forschern ist, daß er jene zuerst völlig ignorierte, und sie dann kurzerhand als "Deym-Befürworter" oder "Josephine-Anhänger" abtat, als wären sie ein Haufen von Fanatikern, die eine Fußballmannschaft unterstützen. In der Regel ignorierte er die Argumente und die Begründungen von alternativen Ansätzen oder behandelte sie nicht in angemessener Ausführlichkeit.

Auf der anderen Seite anerkennen fast alle Bücher, Artikel und Internet-Beiträge von europäischen Autoren Solomons Vermutung als eine mögliche, wenn nicht sogar wahrscheinlich Alternative zu Josephine, trotz der überwältigenden Beweise zu Gunsten der letzteren und des mehr als offensichtlichen **Fehlens** eines schlüssigen Beweises zu Gunsten von Antonie – insbesondere des **Fehlens jeglicher Beweise dafür, daß Beethoven Antonie in Prag überhaupt traf**.

Das beste Beispiel für einen ausgewogenen Ansatz ist Goldschmidt, der nicht nur persönlich mit seinem Freund Solomon in Verbindung stand, sondern ihm auch jeglichen Vorteil des Zweifels einräumte, um dann zu dem **vorläufigen** Schluß gekommen:

> Es steht günstig um Solomons Antonia-Hypothese.[96]

Dieser Satz ist oft zitiert worden – aber er ist aus dem Zusammenhang gerissen. Denn dies war nur eine **vorläufige** Zusammenfassung, basierend auf anfänglichen Untersuchungen. Goldschmidt fuhr dann fort mit der Aufzählung ihrer vielen Widersprüche, und danach begann er, sich auf die "Brunsvik-Ebene" zu konzentrieren. Er faßte dann seine Ergebnisse mit einer endgültigen Schlußfolgerung zusammen, die eher vernichtend für Solomons Hypothese war.

Bemerkenswert ist, nachdem die "13 Briefe" erstmals 1957 veröffentlicht (wenn auch selten gelesen) wurden, daß sich kaum jemand die Mühe machte, den Spuren dieser früheren Liebesbriefe (von 1804 bis 1809, vielleicht sogar 1810 – sicher nicht 1807) bis 1812 zu folgen, angesichts der Tatsache, daß es keine anderen sinnvollen und zuverlässigen Anhaltspunkte oder Hinweise auf eine andere Frau gab, die Beethoven leidenschaftlich geliebt haben könnte. Es ist auch sehr erstaunlich, daß seine wiederholten Versprechen ewiger Treue an Josephine – vor allem in dem Moment, als sie sich von ihm zurückziehen mußte – nicht ernst genommen wurden.

Es war dieses Vakuum, in das Solomon seine "Bombe" warf, indem er die bisher fast unbekannte Antonie vorschlug. Und er nutzte die Tatsache aus, daß fast nichts von der bisherigen Forschungsliteratur (überwiegend in deutscher Sprache) in den USA bekannt war, und indem er sich wie ein Sherlock Holmes aufführte, der das "Rätsel" durch vermeintlich "logische" Argumentation und "Beweise" gelöst hatte, erzeugte (und verstärkte) er den Mythos, der sich seitdem vor allem im anglo-amerikanischen Denken verankert hat.

Goldschmidt (1977) und vor allem Tellenbach (1983) veröffentlichten gründlich recherchierte Widerlegungen der unhaltbaren Hypothese Solomons – in Deutsch. Sie wurden in Amerika weitgehend ignoriert,[97] aber Solomon (1988) fand es trotzdem noch für notwendig, mit einem polemischen Artikel zu antworten und die "Deym-Befürworter" zu beschimpfen und zu diffamieren. Selbst Beethovens schönste Werke, von denen viele nachweislich für Josephine komponiert wurden, verwarf Solomon kühl als "Entschlüsselung geheimer Codes", versteckt in Musik.

Während der letzten beiden Jahrzehnte wurden Archive in Osteuropa immer mehr für die Forschung zugänglich. Und während Solomon ungerührt eine Neuauflage seines *Beethoven*-Buches publizierte (schadenfroh das Zitat aus einem Polizeibericht hinzufügend, daß Josephines "Moral keinen guten Ruf zu genießen scheint"), watete Rita Steblin buchstäblich und unermüdlich durch Berge von Briefen, Tagebüchern und Dokumenten in tschechischen, slowakischen und ungarischen Archiven. Sie war dadurch nicht nur in der Lage, viele falsche Daten und Details zu korrigieren, von denen die Literatur durchdrungen ist (und leider auch das Internet) – wie das genaue Datum der ersten Hochzeit Josephines oder Julie Guicciardis (viel früheres) Geburtsdatum. Sie fand auch weitere Beweise (wie die Liebesbriefe der Deyms oder Fritz Deyms Tagebuch), die mehr als klar und deutlich bestätigen, was schon die ganze Zeit offensichtlich war:

> Eine neue Sichtweise auf alte Erkenntnisse bestätigt, daß Josephine Beethovens eine und einzige "Unsterbliche Geliebte" war.[98]

Ist es nicht nunmehr an der Zeit, daß Beethoven-Forscher überall dies zur Kenntnis nehmen?

* * *

Ich hätte es vorgezogen, dieses Kapitel mit einer etwas positiveren Note zu beenden. Allerdings ist vor kurzem etwas ans Licht gekommen, das Solomon in seinem Element zeigt, wenn es nicht nach seinem Willen läuft: William Meredith, Direktor des *Ira F. Brilliant Center for Beethoven Studies*, San José State University, berichtet über

> einen längeren Übersichtsartikel von Marie-Elisabeth Tellenbach mit dem Titel "Psychoanalysis and the Historio-Critical Method: On Maynard Solomon's Image of Beethoven", erschienen in ... *The Beethoven Newsletter* 1993-94... Ich sah - wie sich herausstellte, mit Recht - eine starke Gegenreaktion auf diese Veröffentlichung voraus... Solomon ... lehnte die Einladung ab, im *Newsletter* darauf zu antworten und trat dann aus dem Beirat des *Beethoven Centers* aus... Den Rücktritt von einem der bekanntesten Beethoven-Forscher in den Vereinigten Staaten aus dem Beirat des *Beethoven Centers* kann man wohl kaum als einen Glücksfall in der Geschichte des noch jungen *Centers* bezeichnen.[99]

Meredith plaudert dann noch ein wenig aus der Schule, wenn er die – wie er sagt, sich selbst so bezeichnende – "**Beethoven-Mafia**" erwähnt, indem er fragt,

> ob die Welt der amerikanischen Beethoven-Forschung in der Tat von einem relativ geschlossenen Kreis von Gelehrten kontrolliert wurde, an die man sich wenden mußte, um Entscheidungen über Beethoven-Aufsätze und -Bücher zu erhalten ... und die sich gegenseitig in sehr bedeutsamer Weise, wie durch das Schreiben von Briefen, unterstützten.
>
> Ein mögliches Beispiel für die Kontrolle von Fachzeitschriften vornehmlich für Musikwissenschaftler ist das Fehlen auch nur eines einzigen Aufsatzes über die Unsterbliche Geliebte in der ... renommierten Fachzeitschrift *Beethoven Forum* ... von 1992 bis 2006, ... als ob es ... eine informelle Vereinbarung zu einem "Embargo" gegen jegliche Aufsätze über die Unsterbliche Geliebte gegeben hätte... Es kann auch durchaus zutreffend sein, daß so etwas wie ein "Informations-Kaskaden-Effekt" ... eine Rolle spielte in dem Glauben, daß Maynard Solomon die Frage der Unsterblichen Geliebten ein für allemal gelöst hatte.[100]

---

1 "There is no proof that Beethoven and Antonie met in Prague." (Solomon 1972, S. 577.)

2 "There is still room for a reasonable doubt." (Solomon 1998, S. 461, N. 48.)

3 "Von diesen leidenschaftlich erregten, stürmischen, ekstatischen Lobliedern auf Dionysos (Gott der Ekstase, des Weines, der Verwandlung) leitet sich die übertragene Bedeutung des Wortes 'dithyrambisch' im Sinne von 'schwärmerisch, wild begeistert' ab." (http://de.wikipedia.org/wiki/Dithyrambisch, 19. August 2011.)

4 "... an uncontrolled outburst of passionate feeling, dithyrambic in tone, confused in thought, ridden with conflicting emotions." (Solomon 1972, S. 572.)

5 "Solomons marxistische Überzeugung war eine treibende Kraft in diesen frühen Jahren, aber vor 1973 war dies in seinen Schriften noch nicht explizit reflektiert. Sein 1973 erschienenes Buch *Marxismus und Kunst* ist eines der Bücher über Marxismus aus jener Zeit, das kontinuierlich im Druck geblieben ist." [Solomon's belief in Marxism was a driving force in these early years, but it wasn't until 1973 that his writings explicitly reflected this. His 1973 book *Marxism and Art* is one of the books on Marxism from this period that has been continuously in print.] (http://en.wikipedia.org/wiki/Maynard_Solomon#cite_ref-1, 19. Dezember 2010.) Er wird auch immer noch als "Amerikanischer Marxist" in http://en.wikipedia.org/wiki/Category:American_Marxists (19. Dezember 2010) aufgeführt.

6 "Solomon hat nicht davor zurückgeschreckt, spezifisch psychologische Analysen und Diagnosen von den Objekten seiner Untersuchungen zu offerieren. Er ist jedoch wegen anachronistischer Ansichten und einem Mangel an Verständnis der deutschen Sprache des achtzehnten und neunzehnten Jahrhunderts kritisiert worden." [Most boldly [!], Solomon has not hesitated to offer specific psychological analyses and diagnoses of his subjects. He has, however, been criticized for anachronistic assumptions and a lack of understanding of eighteenth- and nineteenth-century German.] (http://en.wikipedia.org/wiki/Maynard_Solomon#cite_ref-1, 19. Dezember 2010.) – Siehe auch die vielen Beispiele schwerwiegender Übersetzungsfehler durch Solomon in Tellenbach (1983), S. 23, 37, 47, 53, 248, 283-285; S. 296, N. 57; S. 299, N. 29; S. 311, N. 13, usw. –
Obwohl diese Diskussion von Themen in Bezug auf Beethoven nicht als ein Angriff *ad hominem* angesehen werden sollte, könnten die geschätzten Leser vielleicht doch an folgenden Offenbarungen interessiert sein, die in http://en.wikipedia.org/wiki/Talk:Maynard_Solomon zu finden sind (geschrieben vor einigen Jahren und seitdem praktisch unbestritten – in diesem Fall vor allem über Mozart):
– **Ist Solomon ein schlampiger Gelehrter?**: "Solange die Darstellung von Fakten (d.h., **Solomons unzählige Fehler, Fehlinterpretationen und falsche Übersetzungen**, über die es keine Diskussion mehr in der Wissenschaft gibt) als 'persönliche Beschimpfungen' denunziert werden, wird ein objektiver Artikel über

diesen **Amateur-Forscher** nie möglich sein. Es gibt eine Menge von Musikwissenschaftlern, die auf die korrekte Auswertung von Primärquellen Wert legen und die daher Solomons Methoden nicht positiv gegenüber stehen. In der Tat werden Solomons Schriften und sein **legendäres Psychogeschwätz** von europäischen Gelehrten kein bißchen ernst genommen. Und die *Cambridge Mozart Encyclopedia* ist ein Monument von Schlamperei, eine massenhafte Anhäufung von Stilblüten, ein tragisches Kapitel in der Geschichte von miserablen Mozart-Lexika." [As long as the presentation of facts (i.e. **Solomon's countless errors, misinterpretations and mistranslations**, about which there is no discussion anymore in academia) are denounced as "personal rants", an objective article on this **amateur scholar** will never be possible. There are a lot of musicologists who care about the correct evaluation of primary sources and therefore are not positive about Solomon's methods. As a matter of fact Solomon's writings and **his legendary psychobabble** are not even taken a bit serious by European scholars. And the *Cambridge Mozart Encyclopedia* is a monument of sloppiness, a mass accumulation of howlers, a tragic chapter in the history of wretched Mozart lexica.] (Suessmayr, 15. Januar 2008) ["Suessmayr" ist das Pseudonym eines bekannten Mozart-, Schubert- und Beethoven-Forschers in Österreich.]

"**Solomon ist kein Gelehrter, er ist ein Amateur-Forscher und vor allem einer, der sehr gute semi-fiktive Biografien schreibt**. Daher sollten seine Schriften nie mit 'Wissenschaft' verwechselt werden. Jemand, der über Beethoven und Mozart schreibt und nicht einmal Deutsch versteht, sollte auf jeden Fall mißtraut werden." [**Solomon isn't a scholar, he's an amateur researcher and primarily a writer of very good semi-fictional biographies**. Hence his writings should never be mistaken for "scholarship". Somebody who writes about Beethoven and Mozart and doesn't even understand German should definitely be distrusted.] (193.170.112.245 = Österreichische Nationalbibliothek, 16. Januar 2008)

"Solomons Mozart-Buch ist ein unterhaltsames Buch. Doch was daran falsch ist, ist dies:" [Solomon's Mozart book is an entertaining book. Yet what's wrong with it is:]

- "Er sagt nie, ob eine Aussage von ihm seine Spekulation ist oder etwas, das auf harten Fakten beruht, und **er spekuliert ziemlich viel**. Er ist auf Grund seiner Ausbildung ein eher bescheidener Psychologe, nicht ein Musikwissenschaftler - was in Ordnung sein würde, aber dieses altmodische Freud-Zeug ist inzwischen ein wenig überholt." [He never tells you if a statement of his is his own speculation or something based on hard evidence, and **he speculates a great deal**. He's a modest shrink by education, not a musicologist - which would be fine, but this old Freud stuff became a bit obsolete in the meantime.]
- "**Er wählt Evidenz so aus, daß sie seine Spekulationen unterstützt**. Wie können die Leser wissen, daß es auch andere Evidenz gibt, die seinen Spekulationen widerspricht, und die er deshalb wegläßt?" [**He chooses evidence that supports his speculations**.

How are the readers to know that there is also other evidence, which contradicts his speculations and which he omits?]

- "**Er befaßt sich nicht mit Primärquellen-Forschung – er könnte es eh nicht, weil sein Deutsch ziemlich rudimentär ist**. So verlässt er sich auf Sekundär-Quellen, die möglicherweise zuverlässig sind – oder auch nicht. (Wenn er Primärquellen heranzöge, würde er nicht all diesen **Unsinn** schreiben über Mozarts Unterschrift, wo er sich angeblich als 'Adam' bezeichnet anstelle von 'Amad[e]'.)" [**He doesn't do primary sources research - he couldn't, because his German is very rudimentary**. So he relies on secondary sources, which may or may not be reliable. (If he looked up primary sources, he wouldn't write all that **nonsense** stuff on Mozart's supposedly signing himself as "Adam" instead of "Amad[e]".)]

"Solomon macht kaum technische Analysen von Musik... Solomons **Psychogeschwätz** ist die Art von **Träumerei im Lehnstuhl**, die jeder anstellen kann, daher können viele Leute etwas damit anfangen, und es hilft auch, damit sein Buch positive Bewertungen erhält. Es gibt eine Menge solcher Träumereien in verschiedenen Internet-Foren: Man pickt sich ein bißchen aus irdendeiner Biographie (Tatsache oder Fiktion, spielt keine Rolle) und spinnt sich dann irgendwelche Fantasien. ... es gibt eine große Menge von **historischem Kontext, den man wissen muß**, um etwas Vernünftiges auszusagen, und die Vertrautheit mit diesem Kontext bedarf jahrelanger Studien – Archivarbeit, oft ziemlich mühsam (und die alte deutsche Handschrift ist sehr schwer zu lesen, auch für Deutsche und Österreicher). **Solomons Übersetzungen aus dem Deutschen sind oft grauenhaft**... Doch wenn er etwas übersetzen muß, stolpert er über die einfachsten Grammatik-Konstruktionen. Von verschiedenen Fehlübersetzungen von ihm, die ich sah, kann ich sagen, daß er eine gewisse Vorstellung über die Bedeutung der grundlegenden Wörter hat, aber keine Ahnung von der Grammatik. Im Grunde erstellt er nur die englischen Übersetzungen der einzelnen Wörter, unter Mißachtung von Deklination und Konjugation, und infolgedessen sind die Beziehungen zwischen den Wörtern und damit die Bedeutung des Textes verändert." [Solomon includes hardly any technical analyses of music... Solomon's **psychobabble** is the kind of **armchair musings** that everybody can do, hence it's something a lot of people relate to and that helps his book get positive ratings. There's a lot of such musings on various net forums: people take a titbit from somebody's biography (a fact or fiction, doesn't matter) and spin their fantasies. ... there is a great lot of **historical context that one has to know** to say something reasonable, and getting familiar with this context requires years of study – **archival research**, often somewhat tedious (and the old German handwriting is a pain to read even for Germans and Austrians). **Solomon often mistranslates from German in an atrocious way**... But when he has to translate something, he trips over the simplest grammar constructions. From various mistranslations of his I saw I can tell that he has some idea about the meaning of basic words, but no idea about the grammar. Basically he puts together the English translations of the particular words with disregard for declension and conjugation, and as a result, the relationships between the words and therefore the meaning of the text is changed.]

"Die Rezension in Amazon mit dem Titel 'Pop-Psychologie verdirbt den Spaß' ist eine ziemlich gute Beschreibung von Solomons Psychoanalyse eines 'Patienten', der schon 200 Jahre tot ist. Nun, die positiven Rezensenten behaupten, daß das Buch ihnen geholfen hat, Mozart als Mensch zu verstehen. Wie können sie feststellen, ob Solomons Interpretation auf Evidenz beruht, wenn sie nicht wissen, welche Evidenz es überhaupt gibt? Von Solomon erfährt man es nicht. **Er stellt einfach alles als Fakten dar. Und die Leute mögen dies**, weil sie glauben, daß sie endlich den endgültigen Durchblick auf Mozarts Leben erhalten." [The review on Amazon entitled "Enjoyment marred by pop psychology" is a pretty good description of what's wrong with Solomon's psychoanalyzing a "patient" dead for two hundred years. Now, the positive reviewers claim that the book helped them understand Mozart as a person. How can they tell if Solomon's view is based on evidence if they don't know what evidence exists? Solomon won't tell them. **He just states everything as facts. And people like that**, because they believe they finally get the ultimate, authoritative scoop on Mozart's life.] (141.203.254.65 = Gemeinde Wien, MA14-ADV, 28. Januar 2008)

- Ein ziemlich empfindlicher Akademiker: "Solomon ist kein Mozart-Forscher, er ist Autor einer gut geschriebenen semi-dokumentarischen Biographie Mozarts... Solomon klärte nichts 'über Mozarts Leben', er fügte nur eine Reihe von unsinnigen Fehlern hinzu, die leider immer wieder in den Werken von Autoren auftauchen, die zu vieles einfach kopieren. Solomon kennt nicht die Primär-Quellen, er hat nie Mozarts Briefe in ihrer ursprünglichen deutschen Version gelesen (ganz zu schweigen von einer Menge deutscher Sekundärliteratur), und da er keine Ausbildung als Musikwissenschaftler hat, ist seine Erfahrung mit Mozarts Musik praktisch Null. Der führende Mozart-Forscher in Deutschland ist Professor **Ulrich Konrad** (http://de.wikipedia.org/wiki/Ulrich_Konrad), und er ist in der Tat auch der bedeutendste Mozart-Forscher der Welt. Natürlich schreibt er keine semi-fiktiven Biographien; dies könnte der Grund sein, weshalb er außerhalb der Wissenschaft nicht so bekannt ist. **Echte Wissenschaftler haben marktschreierischen Klamauk nicht nötig**." [Solomon is not a Mozart scholar, he is an author of a well-written semi-documentary biography of Mozart... Solomon clarified nothing "on the life of Mozart", he added a number of nonsensical mistakes that unfortunately keep popping up in the work of writers who do too much copywork. Solomon doesn't know the primary sources, he has never read Mozart's letters in their original German version (not to mention a heap of German secondary literature) and being no musicologist by education, his expertise on Mozart's music is absolutely nil. The leading Mozart scholar in Germany is Professor Ulrich Konrad (http://de.wikipedia.

org/wiki/Ulrich_Konrad) and as a matter of fact he also is THE most important Mozart scholar on the planet. Of course he doesn't write semi-fictional biographies, which could be the reason that he is not too well known outside academia. Real scholars don't have to rely on ballyhoo.] (Suessmayr, 28. März 2008)

- **Musikwissenschaftler?**: "Es ist absurd, Solomon als einen Musikwissenschaftler zu bezeichnen, wenn seine einzige akademische Qualifikation ein Bachelor-Abschluß in Psychologie ist. Jeder wahre und ernste Musikwissenschaftler muß dies als eine persönliche Beleidigung auffassen." [It's absurd to call Solomon a musicologist, when his only academic qualification is a bachelor's degree in psychology. Every real and serious musicologist must take this as a personal insult.] (62.47.143.114 = Telekom Austria, Vienna, 4. März 2011)

7 Rühmliche Ausnahmen sind http://www.lvbeethoven.com/ (mehrsprachig) und die sehr ausführliche http://www.beethovensite.eu/ (leider fast ganz in Holländisch).

8 Tellenbach (1983), S. 285-287.

9 Beethoven an Zmeskall, November/Dezember 1816, in Tellenbach (1983), S. 286; Brandenburg (1996), Nr. 1008. Siehe auch Cooper (2000, S. 241).

10 "... der spätere Beethoven [geht] geradezu wie ein Asket durch die Geschichte." (Goldschmidt 1977, S. 325.)

11 In einem Konversationsheft von 1820 ist ein Eintrag, in dem ein gewisser Janitschek Beethoven neckisch fragte: "Wohin sind Sie heute gegen 7 Uhr beym Haarmarkt auf dem Strich gegangen?", was ins Englische übersetzt werden könnte als: "Where did you go today around 7 o'clock on the Haarmarkt near the *Strich*?" Solomon (1998, S. 339 f.) - nachdem er die unglaubliche Behauptung macht, "Beethovens sexuelle Aktivitäten scheinen [!] während dieser Zeit [1822] weitergegangen zu sein" [Beethoven's sexual activity seems [!] to have continued during this period [1822!]] - fährt dann fort, unter Berufung auf eine eher wirre Übersetzung: "In einem Konversationsheft von 1820 bezog sich Janitschek ausdrücklich darauf, daß der Komponist bei der Suche nach Prostituierten [!] gesehen worden sei. Er schrieb: 'Wo waren Sie heute gegen 7 Uhr beym Haarmarkt, auf der Jagd nach Girls (auf dem Strich gegangen)?' Der Ausdruck 'auf dem Strich gehen' ... ist ziemlich unzweideutig ein Hinweis auf die Jagd von Prostituierten. Beethovens nicht bekannte Antwort rief dann offenbar Janitscheks nachfolgende Bemerkung hervor (in Latein): '*Culpam transferre in alium* (beschuldige jemand anders)'." [In a Conversation Book of 1820, Janitschek explicitly [!] referred to the composer's having been seen looking for prostitutes: he wrote, "Where were you going about 7:00 o'clock today hunting [!] for girls (auf dem Strich gegangen) in the district near the Haarmarkt?" The phrase "auf dem Strich gehen" ... is fairly unambiguously [!] a reference to the pursuit of prostitutes. Beethoven's unrecorded response apparently elicited Janitschek's

further remark, in Latin: "*Culpam transferre in alium* (Blame it on someone else)".] Der Ausdruck "auf dem Strich gehen" bezieht sich im Deutschen in der Regel auf diejenigen, die dort ihre Dienstleistungen verkaufen - nicht diejenigen, die "Jagd" auf sie machen (somit gibt es hier zumindest eine gewisse Zweideutigkeit). Allerdings scheint es ziemlich klar aus der Antwort von Janitschek (einem Mann von eher lockeren Sitten - wahrscheinlich war er selber dort, auf der "Jagd") hervorzugehen, daß Beethoven es bestritten hat (was auch immer die vermeintliche Unterstellung gewesen war).

12 "'Would you like to sleep with my wife?' asked Karl Peters in a Conversation Book of January 1820. ... Peters was about to leave on a trip and generously offered his wife ... to Beethoven for a night. Beethoven's reply ... was apparently affirmative, for Peters wrote that he would go and 'fetch his wife'." (Solomon 1998, S. 340.)

13 Solomon (1998), S. 475, N. 37.

14 "One authority implausibly [!] suggests the entry could be read, 'Would you like to sleep over at my wife's place?'" (Solomon 1998, S. 475, N. 37.)

15 "Hofrat Peters, welcher also jetzt Mitvormund [Karls] war, ... war Erzieher der Lobkowitzschen Kinder und mit Beethoven mindestens seit 1816 näher befreundet... Beethoven nennt ihn kenntnisreich und moralisch achtbar, auch das Gericht muß ihn doch als zuverlässig erkannt haben. 'Der Pet. gehört unter die edelsten Menschen', schreibt jemand im K. B., wie es scheint J. Czerny... Seine [Peters'] Frau hatte eine gute Stimme und war eine große Verehrerin Beethovens, der ihr auch ein Exemplar des Liederkreises [*An die ferne Geliebte*] schenkte." (Alexander Thayer: *Ludwig van Beethovens Leben*. Bd. 4, Leipzig: Breitkopf & Härtel 1907, S. 188.) Siehe auch Forbes (1967), S. 755.

16 in Tellenbach (1983), S. 285.

17 in Tellenbach (1983), S. 285.

18 Die Brentanos, wenn auch formal ohne Adelstitel, waren Nachfahren alten italienischen Adels (Tellenbach 1983, S. 37) und gehörten der Klasse der sogenannten "Patrizier" in Frankfurt an: "Ab dem 11. Jahrhundert bildete sich eine privilegierte Klasse, die viel später so genannten *Patrizier*, in den deutschsprachigen Reichsstädten. Neben wohlhabenden Kaufleuten, kam sie aus den Reihen der Reichsritter ... die zu gewissen Familien oder "Häusern" gehörten, so wie es für Köln, Frankfurt am Main und Nürnberg dokumentiert ist... Die Verwendung des Wortes *Patrizier* zur Bezeichnung der privilegiertesten Schicht der städtischen Gesellschaft geht ... bis zur Renaissance zurück." [Beginning in the 11th century, a privileged class which much later came to be called *Patrizier* formed in the German-speaking imperial cities. Besides wealthy merchant burghers, they were recruited from the ranks of imperial knights ... belonging to certain families or "houses", as documented for Cologne, Frankfurt am Main and Nuremberg... The use of the word *Patrizier* to refer to the most

privileged segment of urban society dates back ... to the Renaissance.] (http://en.wikipedia.org/wiki/Patrizier, 8. März 2011.)

19 Walden (2011) propagiert die reißerische These, daß Bettina Brentano Beethovens "Unsterbliche Geliebte" war, indem er voraussetzt, ihre Fälschungen (siehe Goldschmidt 1977, S. 536-538; Tellenbach 1983, S. 101) seien in Wirklichkeit wahr (und Beethovens Schwur "ewiger Treue" zu Josephine ist dann also auch nicht ernst zu nehmen). Es hilft natürlich, daß Walden nichts von der relevanten deutschen Forschung auf diesem Gebiet gelesen (oder wenigstens zitiert) hat.

20 Tellenbach (1983), S. 54. Natürlich wurde Marie Bigot auch bald zu einer (weiteren) "Kandidatin" für die "Rolle" von Beethovens "Unsterblicher Geliebter" erhoben (z.B. Schmidt-Görg 1966). Man wird das seltsame Gefühl nicht los, als ob jede Frau, die irgendwie mit Beethoven in Kontakt war, selbst in der oberflächlichsten Weise, irgendwie automatisch und auch noch ernsthaft dafür in Frage kommt – solange sie nicht Josephine von Brunsvik heißt!

21 Antonie an Clemens, 26. Januar 1811, in Goldschmidt (1977), S. 524.

22 "Thus far there was no sign of a romantic attachment between Beethoven and Antonie Brentano." (Solomon 1998, S. 237.)

23 "At what point this worship was transformed into love is not yet known. My estimate is ... in the fall of 1811. ... The love affair was under way by late 1811." (Solomon 1998, S. 238.)

24 Franz Brentano an Bettina, 7. Mai 1811 (in http://www.xs4all.nl/~ademu/Beethoven/.)

25 in Solomon (1998), S. 229.

26 Solomon (1998, S. 229) zitiert nur die erste Strophe, von ihm übersetzt als:

The tears of your silent eyes,
With their love-filled splendor,
Oh, that I might gather them from your cheek
Before the earth drinks them in.

Dies ist, nebenbei gesagt, ein (weiteres) gutes Beispiel, das zeigt, wie Voreingenommenheit zu einer verzerrten Übersetzung führen kann: (1) Das deutsche "**liebevoll**" wird ins Englische in der Regel als "kindly", "friendly" oder – vielleicht sogar – als "**lovingly**" übersetzt; dessen Verwendung im Deutschen könnte beispielhaft dargestellt werden durch einen Satz wie "die Krankenschwester wischte liebevoll den Schweiß von der Stirn des Patienten" – ist das dann schon dasselbe wie eine Liebesbeziehung? Für Solomon schon (weil er es nämlich vorausgesetzt hat): sein "**love-filled**" ist auch viel näher zu der (falschen) "wörtlichen" Übersetzung (buchstäblich "full of love"), aber die Bedeutung ist natürlich bei ihm viel mehr auf der erotischen Seite. Und (2) "**splendor**" (Synonyme "magnificence", "glory", "grandeur", "brilliance") für den deutschen "Schein" - was man einfacher übersetzen kann als "shine", "gleam" oder vielleicht "sparkle". Ich finde, "**glisten**" wäre hier schon mehr als genug. Man beachte auch, daß Solomon die einzelne Träne (ebenso wie das eine Auge) in den Plural erhebt.

27 Goldschmidt (1977), S. 138 f.

28 "The threads in a powerful [!] fabric of evidence ... make it all but certain that Antonie Brentano was the woman to whom Ludwig van Beethoven wrote his impassioned letter of July 6-7, 1812." (Solomon 1998, S. 231.)

29 in Goldschmidt (1977), S. 57.

30 Solomon (1998), S. 229. Es ist interessant, die verschiedenen Übersetzungen dieser nicht ganz unwichtigen Notiz Beethovens zu vergleichen, die im Umlauf sind (und in Anbetracht dessen, daß es definitiv im Jahre 1807 war, nicht 1817!). Zuerst der Originaltext in Deutsch: "Nur liebe - ja nur Sie vermag dir ein Glücklicheres Leben zu geben - o Gott - lass mich sie - jene endlich finden - die mich in Tugend bestärkt - die mir **erlaubt** mein ist - Baaden am 27. Juli [1807.] Als die M. vorbejfuhr und es schien als blickte sie auf mich -." Meine Übersetzung: "Only love - yes, only love can give you a happier life! Oh God - let me find her - finally find her - who will strengthen my virtue - who is **allowed** to be mine. Baden, 27 July [1807.] When the M. drove by and it appeared as if she looked at me." Thayer (oder vielleicht Deiters, der es für ihn übersetzte, in Forbes 1967, S. 685): "Love alone - yes, only love can possibly give you a happier life - O God, let me - let me finally find the one - who will strengthen me in virtue - who will *lawfully* [!] be mine. Baden on July 27 when M drove past and seemed to give a glance at me." Man vergleiche dies mit Solomon (1998, S. 229): "Love - yes, love alone can make your life happy! O God, let me find someone [!] whose love I am allowed. Baden, 27 July, when M. passed by and, I think, looked at me." Zurückübersetzt ins Deutsche wäre dies: "Liebe - ja, nur die Liebe kann Dein Leben glücklich machen! O Gott, laß mich jemanden [!] finden, deren Liebe mir erlaubt ist. Baden, 27. Juli, als M. vorbeifuhr und ich glaube, sie schaute mich an." Es lohnt sich wirklich, dies alles sorgfältig zu lesen, zu vergleichen, und die Unterschiede zu beachten: Während Thayer/Deiters diese ganze Notiz noch ziemlich wahrheitsgemäß wiedergaben, fragt man sich, warum Solomon solche Formulierungen wählte - und nicht nur das "die" vor dem "M." wegließ, sondern auch den Ausruf "lass mich sie - jene endlich finden - die mich in Tugend bestärkt - die mir **erlaubt** mein ist" (eindeutig voller verzweifelter Sehnsucht) zu "laß mich jemanden finden" gestutzt hat! (Das englische "someone" heißt sogar eher "irgend jemand"!) Und er unterließ es auch, das alles entscheidende Wort "**erlaubt**" hervorzuheben.

31 "The sight of '[the] M' again ... tore open a half-healed wound." (Solomon 1998, S. 229, Thayer zitierend, in Forbes 1967, S. 686.)

32 "'M' to be her [Antonie's] daughter Maximiliane, the sight of whom (thought Thayer) revived in Beethoven the image of her mother." (Solomon 1998, S. 229.)

33 Siehe Goldschmidt (1977), S. 90-92.

34 Alexander Thayer verbrachte sein ganzes Leben damit, unermüdlich jedes bißchen Information über Beethoven zu sammeln, daß er finden konnte (im 19. Jahrhundert - er starb 1897). Sein Werk, Tausende von Seiten, wurde nach seinem Tod von Deiters und dann von Riemann in Deutschland und durch Krehbiel und später Forbes (1967) in den USA bearbeitet und herausgegeben. Natürlich war Thayer auf die Dokumente angewiesen, die zu jener Zeit verfügbar waren, und er hat auch gelegentlich Fehler gemacht - auch und gerade in Bezug auf die Interpretation des "Briefes an die Unsterbliche Geliebte" (was nicht überrascht). Und diese eine Notiz (ihre falsche Datierung und auch Interpretation) über "die M".

35 "Thayer knew [!] of the existence of a love affair between Beethoven and Antonie Brentano." (Solomon 1998, S. 228.)

36 "One of Beethoven's transient [!] and intense passions for a married woman, known to have occurred in this period of his life, has its precise date fixed by these passages in the so-called 'Tagebuch' from the years 1816 and 1817. ... As the family name of this lady ... is known [?], it is certain that the T ... is not Therese Malfatti." (Forbes 1967, S. 686, quoted in Solomon 1998, S. 228.)

37 "Thayer's words precisely [!] describe Antonie and Franz Brentano. ... 'Toni' Brentano was the woman whose family Thayer attempted to shield from harmful publicity." (Solomon 1998, S. 228 f.)

38 "... requirements ... first, that the Immortal Beloved be a woman closely acquainted with Beethoven during the period in question." (Solomon 1998, S. 218.)

39 "The disclosure in 1957 of the 1804–1807 correspondence between Beethoven and Josephine Brunsvik-Deym indicated an early [!] (and chilly [!]) end to an unconsummated romance, and although there is no certainty that the affair was not momentarily rekindled a half-decade later, neither is there any affirmative evidence that this indeed took place." (Solomon 1972, S. 572.)

40 La Mara (1920, S. 62 f.) stellte unverblümt fest: "Briefe aus Thereses Nachlaß verraten, ... daß zufolge Drängens der Familie Brunsvik die Beziehungen zwischen Josephine Deym und Beethoven abgebrochen wurden."

[41] Vermutlich als ein billiges Wortspiel auf "Recherche de Beethoven" (Massin 1970) gemeint, die auch zu dem Schluß kamen (in Französisch), daß Josephine Beethovens Einzige war.

[42] "The woman Beethoven called 'my immortal beloved' in his letter of 6-7 July 1812, but whose name he inconveniently [!] neglected to provide." (Solomon 1988, S. 157.)

[43] Nach ihrer "Trennung" von Baron von Stackelberg (d.h., nachdem er sie verlassen hatte), verwendete Josephine gelegentlich wieder den Nachnamen "Deym" und/oder den Titel "Gräfin". Dies war jedoch streng genommen nicht legal (ihre Ehe mit Stackelberg war nicht geschieden). Einmal wurde ein Reisepass, den sie unter dem Namen "Deym" angefordert hatte, von der Polizei bald danach für ungültig erklärt und unter dem Namen "Stackelberg" neu ausgestellt.

[44] Es ist zweifelhaft, ob er den Brief abgeschickt hat oder es zumindest plante. Wichtig ist hier, wie überall sonst in der Beziehung zwischen Josephine und Beethoven, daß alles zwischen ihnen **geheim** gehalten wurde. Wir müssen außerordentlich dankbar sein, daß Josephine wenigstens 15 Liebesbriefe von ihm aufgehoben hat (150 Jahre später erstmals veröffentlicht), während er diesen einen für sich behielt - aber sonst nichts. Und **warum hat sie wohl seine Briefe behalten**, wenn ihre Liebe zu ihm - angeblich - abgekühlt war?

[45] "Countess Deym's supporters ... have been unable to provide a single item of direct [!] evidence that she and Beethoven sustained any kind of relationship ... after 1808 ... or that she was in Prague ... during the first part of July 1812." (Solomon 1988, S. 157.)

[46] Siehe Rita Steblin: "Joseph Deym and His Wax Museum: A Transitional Artist Important to Mozart and Beethoven." *International Musicological Society Meeting*, Zürich 2007.

[47] Natürlich (und offensichtlich) hat Beethoven Stackelberg nicht leiden können. Und als er im Juli 1812 mit Josephine zusammentraf, hatte ihr Mann sie gerade verlassen, und ihre Ehe war in einem derart katastrophalen Zustand, daß man verstehen kann, daß sie sich - in ihrem Zustand völliger Verzweiflung - nicht an ihr Ehegelübde gebunden fühlte. Sicherlich passen der Inhalt des Briefes (insbesondere die konsequente Verwendung der intimen "Du"-Form) und die Geburt Minonas neun Monate später zu diesem Bild.

[48] "At that time, traveling almost inevitably [!] left traces: ... newspapers reported the comings and goings of notable - especially aristocratic - visitors. ... The prominent [!] Countess Deym would very likely have been noted somewhere." (Solomon 1988, S. 158.)

[49] "... the 'possibility' that Countess Deym was in Bohemia in early July 1812, where she could meet or plan [!] to meet Beethoven." (Solomon 1988, S. 158.)

50 "On 14 June 1812, her husband wrote to his mother... This letter is ... establishing that the Stackelbergs were living together as a family [!] in Vienna during the period surrounding the Immortal Beloved letter. ... It also suggests that the problems leading to the couple's eventual separation in 1813 had scarcely reached a critical point in mid-June 1812." (Solomon 1988, S. 159.)

51 Franz von Brunsvik an Josephine, 25. Juli 1812, in Goldschmidt (1977), S. 215.

52 "Franz's references to an ongoing [!] correspondence with the Stackelbergs about financial issues ... make it obvious that the couple was in Vienna ... during most, if not all [!], of July." (Solomon 1988, S. 160.)

53 Streng genommen war Stackelberg wahrscheinlich immer noch in Wien (einer großen Stadt), wo er sich irgendwo ein Zimmer gemietet hatte, um mit Gott zu conferieren. Seine "Tabelle von Geboten" - während der bedeutsamen Woche vom 5. bis 11. Juli - ist ein klarer Beweis dafür (Steblin 2007, S. 169).

54 "Her deeply troubled marriage did not altogether disintegrate until April 1813, when the homesick [!] and debt-ridden Stackelberg left her to 'begin a new life' in the 'service of the Lord'." (Solomon 1988, S. 161.)

55 Was die suggestive Annahme betrifft, daß Stackelberg im Jahre 1813 von "Heimweh" geplagt wurde, und daß dies daher der Grund für die Trennung war, so sollte man sich daran erinnern, daß dieser Mann für den Großteil der Zeit zwischen ca. 1800 (wahrscheinlich schon früher) und 1819 fern seiner Heimat war: Er ging zuerst nach Deutschland, um zu studieren, dann zu Pestalozzi in die Schweiz, 1809 mit Josephine nach Österreich-Ungarn, und auch nach seiner Rückkehr im Jahre 1814 (um seine Kinder zu "entführen") war er wieder mindestens zwei Jahre auf Reisen (siehe auch Nathalie Stackelberg 1882).

56 "The lurid [!] speculation that Beethoven fathered Minona ... should at last be laid to rest." (Solomon 1988, S. 160.)

57 "Other circumstances speak against Countess Deym's candidacy ... Beethoven made ... no separate dedications [!] to her ...; there are no presentation copies to her of his autographs or publications ... no gifts [!] to her ... no exchange of portraits, and not even an expression of condolence to any member of her family upon her premature death in 1821." (Solomon 1988, S. 160.)

58 Das heißt, an Josephine allein. Beethoven widmete das Lied "Ich denke dein" mit Variationen WoO 74 Therese und Josephine, was schon aus formalen Gründen nicht als eine Liebeserklärung angesehen werden kann - an zwei Frauen auf einmal? Dies schließt jedoch nicht die Möglichkeit aus (es ist sogar eher wahrscheinlich), daß Beethoven in Josephine verliebt war, aber aus wohlbekannten Gründen unter-

drückte er seine Gefühle, und er nutzte diese Widmung auch als ein Zeichen seiner Dankbarkeit gegenüber der Familie Brunsvik.

59 Einige Kompositionen Beethovens, die ohne Widmung blieben und mit Josephine in Zusammenhang gebracht werden können, abgesehen von WoO 57 und Op. 32: Drei Sonaten für Klavier Op. 31, 1802; Piano-Sonata in *F-Dur* Op. 54, 1804; Lieder Op. 75, 1809; Sinfonie Nr. 8 in *F-Dur* Op. 93, 1812; und ihr "Requiem", die Klaviersonate Nr. 31 in *As-Dur* Op. 110, 1821.

60 Die beiden Kompositionen, die Beethoven Antonie Brentano gewidmet hat, sind die Klaviersonate Nr. 32 in *c-moll* Op. 111 (allerdings nur die englische Ausgabe), 1821-1822, und die 33 Variationen für Klavier in *C-Dur* über einen Walzer von Diabelli Op. 120, 1819–1823 - beide im Jahre 1823 veröffentlicht, zwei Jahre nach Josephines Tod. Das Allegretto für Klaviertrio in *B-Dur* WoO 39, 1812 (unveröffentlicht), ein weniger bedeutendes Werk, und die Klavier-Sonate Nr. 30 in *E–Dur* Op. 109, 1820, waren ihrer Tochter Maximiliane gewidmet. Zumindest die späteren Dedikationen können eindeutig als Rückzahlung der Schulden interpretiert werden, die Beethoven durch die "Darlehen" Franz Brentanos hatte. – Was die *Diabelli-Variationen* betrifft: "Antonie war nicht Beethovens erste Wahl. Sein ursprünglicher Plan war, das Werk nach England zu schicken, wo sein alter Freund Ferdinand Ries einen Verleger finden sollte. Beethoven versprach, das Werk Ries's Frau zu widmen (in einem Brief vom 25. April 1823). Wegen einer Verzögerung in der Zustellung gabe es einige Verwirrung." [[Antonie] was not Beethoven's first choice. His original plan was to have the work sent to England where his old friend, Ferdinand Ries, would find a publisher. Beethoven promised the dedication to Ries's wife (Letter, 25 April 1823). A delay in the shipment to England resulted in confusion.] (http://en.wikipedia.org/wiki/Diabelli_Variations#Dedication, 22. Februar 2011.) Später schrieb Beethoven an Ries: "Die Variationen sollten erst hier erscheinen, nachdem sie in London herausgekommen wären; allein alles [ging] schief. Die Dedikation an [Antonie] Brentano sollte nur für Deutschland sein, da ich ihr sehr verpflichtet [bin] und nichts anderes in dem Augenblicke herausgeben konnte." (5. September 1823, in Tellenbach 1983, S. 266.)

61 Thayer stellte bereits fest: "[Beethovens] Widmungen waren kaum verkleidete Gesuche um Gunstbezeugungen." [[Beethoven's] dedications were but half disguised petitions for favor.] (Forbes 1967, S. 71.) Und: "Beethovens Widmungen bedeutender Werke galten, sein Leben lang, in der Regel Personen, von denen er geldwerte Vorteile erhalten hatte oder hoffte, solche zu erhalten." [Beethoven's dedications of important works throughout his life were, as a rule, made to persons from whom he had received, or from whom he had hopes of receiving, pecuniary benefits."] (Forbes 1967, S. 107.) Siehe auch Cooper (2000, S. 218): "Widmungen wurden in der Regel als Gegenleistung für vergangene Gefälligkeiten gemacht, jedoch ... manchmal auch in der Hoffnung auf künftige Belohnung." [Dedications

were normally made in return for past favours, although ... they were sometimes also made in the hope of future recompense.]

62 Die Sonate für Klavier Op. 110 sollte ursprünglich Antonie Brentano gewidmet werden (Goldschmidt 1977, S. 118) - d.h., vor dem Tod Josephines. Ein mehr als angemessenes Requiem - man höre es sich nur an!

63 "Beethoven neglected [!] her when it suited him: 'I would have gone to you today - but - only an overwhelming amount of work prevented me'." (Solomon 1988, S. 160.)

64 "Beethoven's habit [!] of taking back his love offerings [!] to her: 'Please send me the Andante and the two songs - I promise that you will have all three compositions back the day after tomorrow.' ... 'Please send me back the book in which I enclosed my lines to you - I was asked for it today'." (Solomon 1988, S. 164.)

65 "By the summer of 1805, Beethoven's letters took on an aloof [!], and somewhat false, character. He asked for the return of music he had given or lent her, and when 'An die Hoffnung,' op. 32, which he composed for her, was published in September, her name had been removed from the dedication." (Solomon 1998, S. 199.)

66 La Mara (1920), S. 63.

67 "By the winter of 1805-6, Josephine had turned away [!] from Beethoven to Count Wolkenstein." (Solomon 1998, S. 199.)

68 "Rounding out the year [1806] is one *lied*, 'Als die Geliebte sich trennen wollte, oder Empfindungen bei Lydiens Untreue' ('When the Beloved Wishes to Part; or, Feelings abouit Lydia's Unfaithfulness'), WoO 132, which Harry Goldschmidt connects, reasonably enough, with Josephine Deym's withdrawal from Beethoven and her liaison with Count Wolkenstein." (Solomon1998, S. 263.)

69 Goldschmidt (1977), S. 196-198.

70 Goldschmidt (1977), S. 197.

71 "... a curious issue: Countess Deym's advocates read fanciful allusions to their heroine [!] into a vast number of Beethoven's compositions - as though music were a composer's private [!] cipher rather than an aesthetic structure. They seek - and invariably find - 'secret' dedications to Josephine." (Solomon 1988, S. 164.)

72 "By elaborating the assumption that all [!] music is concealed autobiography, Josephine Deym advocacy comes close to the most extreme [!] speculations ... those who resort to deciphering secret codes and hidden texts in Beethoven's instrumental music ... The pursuit of Josephine Deym threatens to convert the works of Beethoven into a new 'great cryptogram,' whose mysteries may be plumbed only by the initiate." (Solomon 1988, S. 165.)

73 "A police report on Josephine dated July 12, 1815, reads, 'The morality of the Countess does not appear to enjoy a good reputation,

and it is stated that she cannot be absolved from having given ground for conjugal quarrels'." (Solomon 1998, S. 198; deutsch in Tellenbach 1983, S. 140.)

74 "The Karlsbad police required formal registration of all arrivals." (Solomon 1998, S. 217.) Goldschmidt (1977, S. 235) wußte bereits, daß Solomon sich hier irrt: "Von der Meldepflicht bei Kurzaufenthalten waren ... Inländer befreit" (im Gegensatz zu Ausländern – wie Stackelberg, der 1811 auch mehrmals in Karlsbad war). Dies bedeutet natürlich, daß Josephine 1812 durchaus in Prag sowie in Karlsbad gewesen sein könnte (zumindest kurzzeitig - bis zu 3 Tage), **ohne** gemeldet zu sein.

75 Die böhmische Stadt Karlsbad (heute Karlovy Vary) wurde damals auch oft "Carlsbad" geschrieben, was später einige dazu brachte, zu spekulieren, daß das "K" in dem Brief auf einen anderen Ort hingewiesen haben könnte. Am Ende ist es aber egal (siehe das Kapitel "Der Brief").

76 "The *sine qua non* [!] for identification of the Immortal Beloved is that she must have been in Karlsbad during the week of July 6, 1812." (Solomon 1998, S. 219.)

77 "Clearly, there is no possibility of absolute certainty here... It is possible [!] that the letter arose from a ... meeting with a woman who informed Beethoven that she was going to Karlsbad and then failed to carry out her declared intention." (Solomon 1998, S. 219 f.)

78 "... the Immortal Beloved ... is Antonie Brentano. ... The weight of the evidence in her favor is so powerful that it is not [!] presumptuous to assert that the riddle of Beethoven's Immortal Beloved has now [!] been solved." (Solomon 1998, S. 223.)

79 "There is still room for a reasonable doubt." (Solomon 1998, S. 461, N. 48.)

80 "... in order to follow the implications of my proposed identification somewhat further ... [I have] acted on the assumption [!] that Frau Brentano has been proved [!] to have been the Immortal Beloved." (Solomon 1998, S. 461, N. 48.)

81 "There is no proof that Beethoven and Antonie met in Prague." (Solomon 1972, S. 577.)

82 Nicht überall werden Solomons Vermutungen und Spekulationen als der Weisheit letzter Schluß angesehen: "Was Solomon betrifft, ich finde ihn höchst **unglaubwürdig**. Man kann für alles mögliche argumentieren, wenn man das Beweismaterial **hinbiegt**, wie es einem paßt. Zum Beispiel die Unsterbliche Geliebte - sicher, man kann Zeitpunkte und Örtlichkeiten anführen und dann auf Antonie Brentano kommen, vorausgesetzt, man **ignoriert** Beethovens Charakter und seine mehrfach dokumentierte Einstellung zum Ehebruch. Beethovens religiöse Ansichten sind wohlbekannt; ist es wahrscheinlich, daß er die Affäre als 'wahres Himmelsgebäude' bezeichnet

haben könnte - und mehr noch, 'so fest wie die Veste des **Himmels**', wenn sie ehebrecherich gewesen wäre? Franz Brentano war ein persönlicher Freund Beethovens, und ist es wahrscheinlich, daß er ihm im Jahre 1817 geschrieben haben könnte: 'Ich vermisse sehr den Umgang mit Ihrer Frau und Ihren lieben Kindern', wenn er mit dessen Frau 5 Jahre zuvor eine Affäre gehabt hätte? Auch konnte Beethoven nicht die Aussicht auf eine Ehe mit ihr diskutiert haben, da die österreichische Regierung niemals die Scheidung gewährt haben würde - ihr Ehemann hatte keine Vorstrafen, und es gibt keinerlei Hinweise auf ehebrecherische Aktivitäten auf beiden Seiten. Da sie Kinder hatten, war eine Scheidung sogar noch unwahrscheinlicher. Solomon zieht es vor, diese Tatsachen zu ignorieren." [Regarding Solomon, I find him highly **dubious**. You can make a case for anything and **twist** the evidence to fit. For example the Immortal beloved - yes you can point to dates and places and come up with Antonie Brentano, providing you **ignore** Beethoven's character and his own often stated comments on adultery. Beethoven's religious views are well known so is he likely to have described the affair as "truly founded in **heaven**" - and what is more, "as strongly cemented as the firmament of heaven" if it were adulterous? Franz Brentano was a personal friend of Beethoven's and is it likely that he would have written to him in 1817: "I greatly miss your company and that of your wife and your dear children", if he had been having an affair with his wife 5 years earlier? Nor could Beethoven have been discussing the prospect of marriage with her since the Austrian government would not have granted a divorce - her husband had no criminal convictions, and there is no evidence of adultery in either case. Having children made it even more unlikely they would have received a divorce. Solomon chooses to **ignore** these facts.] (http://www.gyrix.com/forums/showthread.php?t=3114, 26. Dezember 2010)

83 Meredith (2011, S. xxi) informiert uns, daß "ein bedeutender Beethoven-Forscher" [a major Beethoven scholar] ihm erzählte, daß "diejenigen, die die Antonie-Theorie ablehnen, den Fakten [!] des Falles 'unzugänglich' sind" [those who refuse to accept the Antonie theory are "impervious" to the facts [!] of the case].

84 "[Josephine's] letters [to Beethoven] speak ... rarely [!] of her love." (Solomon 1998, S. 198.)

85 Josephine an Beethoven, Februar/März 1805, in Tellenbach (1983), S. 74.

86 Josephine an Beethoven, 1805, in Schmidt-Görg (1957), S. 25.

87 Therese an Charlotte, 20. Januar 1805, in La Mara (1920), S. 54.

88 Thereses Tagebuch, 4. Februar 1846, in Schmidt-Görg (1957), S. 23. Man beachte, daß Thereses Vergleich mit Stackelberg, obwohl im Nachhinein, klar impliziert, daß die - angebliche - Alternative (Beet-

hoven zu heiraten) in die Zeit von 1810 und danach plaziert werden muß.

89 Beethoven an Josephine?, 7. Juli 1812, in Pichler (1994), S. 371; Brandenburg (1996), Nr. 582.

90 Goldschmidt (1977), S. 238 f. Man kann wohl annehmen, daß Josephine in Victoires Haus in Prag trotz ihrer Abwesenheit wohnen konnte (Tellenbach 1983, S. 111) - und was für ein Ort, um Beethoven heimlich zu treffen!

91 Es muß betont werden, daß vor Steblin (2002, 2007, 2009, 2009a), Goldschmidt (1977) und Tellenbach (1983) auch eine Menge Kleinarbeit investiert hatten, um viele handschriftliche Dokumente zu sichten, die oft fast unleserlich und unsortiert, undatiert oder beschädigt waren. Man sollte auch nicht vergessen, daß La Mara (1920) Zugang zu einem Teil des Brunsvik-Nachlasses hatte, mit der Folge, daß sie aus Briefen und Tagebüchern schon in der Lage war, zu vermuten, daß Josephine (und nicht Therese) wahrscheinlich die "Unsterbliche Geliebte" war. Ebenso Kaznelson (1954), der Thereses mittlerweile (teilweise) veröffentlichtes Tagebuch verwendete. (Bedauerlicherweise wurden diese Forschungsergebnisse in Amerika fast völlig ignoriert - vielleicht weil sie in Deutsch geschrieben wurden?)

92 Goldschmidt (1977), S. 166.

93 Ein typisches Beispiel, wie jemand in Solomons Falle tappen kann, ist Walden (2011, S. 2), der einräumt, daß von "den drei Spitzenreitern" [of the three front-runners] (man beachte, daß die Angelegenheit wie eine Sportveranstaltung dargestellt wird - auf welches Pferd wollen Sie denn setzen?), Antonie - vermeintlich - "die einzige [!] Frau war, die in Karlsbad ***war*** [!]" [was the only [!] woman who ***was*** [!] in Karlsbad]. Als ob die Abwesenheit eines Beweises ein Beweis für Abwesenheit wäre! Und das von einem Anwalt: Walden präsentiert seinen "Fall" für - Bettina Brentano mit "Beweisen" wie in einem Gerichtsverfahren. Aber ernsthaft: Ist das Fehlen eines Alibis ein ausreichender Nachweis, wenn die Verdächtigte keinen Grund hatte, sich zu verstecken, weil sie es nicht war (Antonie war in Prag und Karlsbad, wie schon zuvor mit Beethoven vereinbart), und könnte es nicht sein, daß die wirkliche "Täterin" (Josephine) keine Spuren hinterließ, aus dem einfachen Grund, daß niemand darüber etwas erfahren durfte? Was gut mit all den vorangegangenen Jahren zusammenpaßt, als die Liebe zwischen Ludwig & Josephine **geheim** gehalten wurde - so wie die Adressatin des Briefes von 1812.

94 Goldschmidt (1977), S. 296.

95 "All of the puzzling aspects about Beethoven's affair with the 'Immortal Beloved,' including his various cryptic comments, can be explained in terms of his one known beloved - Josephine. Why do we doubt his word that there was only one woman who had captured his heart?" (Steblin 2007, S. 180.)

96 Goldschmidt (1977), S. 149. Dies unter der Überschrift "Fragezeichen", und er schließt dann mit dem Urteil, daß "die Antonia-Hypothese ... nicht so restlos überzeugend ist, daß sie jede andere ausschließt." (Goldschmidt 1977, S. 165 f.)

97 Beahrs (1986, 1988, 1993) ist eine Ausnahme. Siehe auch - in Englisch - Tellenbach (1987, 1993/1994) und Dahlhaus (1991).

98 "A new way of looking at old evidence confirms that Josephine was Beethoven's one and only 'Immortal Beloved'." (Steblin 2007, S. 180.)

99 "... an extended review article by Marie-Elisabeth Tellenbach titled 'Psychoanalysis and the Historio-Critical Method: On Maynard Solomon's Image of Beethoven,' which was published in ... *The Beethoven Newsletter* in 1993-94. ... I foresaw - correctly - there would be a significant backlash to its publication... Solomon ... declined the invitation to respond in the *Newsletter* and subsequently resigned from the Center's advisory board ... The resignation of one of the most popular Beethoven scholars in the United States from the Center's advisory board was hardly a fortuitous event in the history of the fledgling Center." (Meredith 2011, S. xxx, N. 1.)

100 "... whether the world of American Beethoven scholarship was indeed controlled by a relatively self-contained circle of scholars who were the go-to choices for vetting Beethoven articles and books ... and supported each other's work in very significant ways such as writing supportive letters...

One possible example of the control of the field in journals intended primarily for musicologists is the absence of a single article about the Immortal Beloved in the ... prestigious journal *Beethoven Forum* ... from 1992 to 2006 ... [as] if there was ... an informal agreement in place to 'embargo' any Immortal Beloved article." (Meredith 2011, S. xx.)

Ergebenheit, innigste
Ergebenheit in dein Schicksal
... o harter Kampf![1]

Beethovens Tagebuch

Im Jahr 1812 begann Beethoven, ein faszinierendes und oft ergreifendes sogenanntes "Tagebuch" zu schreiben. Dies war jedoch nicht ein Tagebuch im üblichen Sinne, in welches man tägliche (oder reguläre) Notizen über die jüngsten Ereignisse und Eindrücke macht, sondern eher ein Notizbuch, in das er gelegentliche Bemerkungen, Beobachtungen, Gedanken und Erinnerungen schrieb, und Kopien und Auszüge aus verschiedenen Büchern, die er gelesen hatte (vor allem Klassiker und über östliche Religionen).

Maynard Solomon, Herausgeber und Kommentator dieses Tagebuches, vermutete:

> Wahrscheinlich bildete eine persönliche Krise den Anlaß für den Beginn des Tagebuches.[2]

Und er meinte:

> Bekenntnis-Tagebücher entstehen oft gerade in Ermangelung alternativer Ventile für die Mitteilung persönlicher Gefühle... Im Herbst 1812 befand sich Beethoven in einem Zustand erhöhter Isolierung.[3]

Leider ist das Original dieses Tagebuchs verschollen, und die danach gemachten Kopien waren nicht immer zuverlässig und wahrheitsgetreu. Dies nicht nur, weil Beethovens Handschrift notorisch unleserlich war (eine Herausforderung für jeden Kopisten), sondern auch, weil vieles kryptisch war oder abgekürzt, oder einfach in einer Art "Code", so daß der Leser mehr verwirrt als informiert wurde. Es war nun einmal **nicht geschrieben, um von irgend jemand gelesen zu werden**.

Die ersten beiden vollständigen Kopien wurden zuerst von Anton Gräffer und dann von Joseph Fischhof erstellt. Solomon stellt dazu fest:

> Als Wiener Spezialisten für Musikhandschriften waren Fischhof und Gräffer einander gut bekannt... Es gibt

> keinen Zweifel, daß sich das Fischhof-Manuskript tatsächlich von Gräffers Konvolut herleitet.[4]

Wir sollten uns diese beiden wichtigen Aussagen gut merken, da sich Solomon dafür entschieden hatte (nicht ohne Grund), für seine Ausgabe von Beethovens Tagebuch die allererste Kopie, nämlich Gräffers, zugrunde zu legen. Schließlich kann eine Kopie einer Kopie nur noch schlechter werden.

Der allererste Eintrag in Beethovens Tagebuch wurde vermutlich um den September 1812 gemacht (zumindest ist es unter der Überschrift "1812", die vielleicht durch den Kopisten hinzugefügt wurde), und er wird allgemein als eine Widerspiegelung von Beethovens Verfassung in der Zeit nach der Begegnung mit der "Unsterblichen Geliebten" angesehen:

> Ergebenheit, innigste Ergebenheit in dein Schicksal ... o harter Kampf! – Alles anwenden was noch zu thun ist um das Nöthige zu der weiten Reise zu entwerfen ... Du darfst nicht **Mensch** seyn, **für dich nicht, nur für andre**; für dich gibt's kein Glück mehr als in dir selbst in deiner Kunst – o Gott! gib mir Kraft, mich zu besiegen, mich darf ja nichts an das Leben fesseln. –
>
> Auf diese Art mit A [?] geht alles zu Grunde – – –.[5]

Die Bedeutung des Buchstaben "**A**" hat die Forscher schon immer verwirrt. Könnte er etwas mit der unbekannten "Unsterblichen Geliebten" zu tun haben? Wir wissen ja bereits, daß die ganze Affäre mit Josephine immer – und fast perfekt – geheim gehalten wurde.

Aber was könnte der Sinn eines solchen Satzes (in Bezug auf jemanden namens "A") überhaupt gewesen sein? War es wirklich ein **Name**, oder vielleicht ein Ort, oder etwas ganz anderes? Falls Josephine (oder wer auch immer als die "Unsterbliche Geliebte" angenommen wird) Beethoven verlassen (oder sogar betrogen) hatte, um bei ihrem Mann zu bleiben – sollten wir nicht eher annehmen, daß **er** für Beethovens Verzweiflung verantwortlich war, daß "mit" **ihm** "alles zugrunde geht?"[6]

Und was ist mit den drei Strichen "– – –": Ist es möglich, daß etwas weggelassen wurde oder unleserlich war? Und warum? Man sollte auch nicht überrascht sein, daß Solomon, besessen von seiner Fixierung auf Antonie Brentano als "diejenige", zu dem Schluß kommt:

> "A" könnte der Anfangsbuchstabe des Namens der Adressatin sein, an die Beethovens Brief an die "Unsterbliche Geliebte" gerichtet war.[7]

Dies ist zunächst einmal unwahrscheinlich, weil Beethoven Antonie fast immer (freundschaftlich) als "Toni" anredete. Es sollte auch beachtet werden, daß "auf diese Art **mit** A" auch anders aufgefaßt werden kann, nämlich als Referenz zu der **Ursache** des Problems:

> Auf diese Art **wegen** A [?] geht alles zu Grunde –.

Das eigentliche Rätsel ist nunmehr: Wer war die geheimnisvolle Person **hinter** Beethovens "Unsterblicher Geliebter" (wer immer sie war), die ihn so sehr verzweifeln ließ und deren Namen er als "A" abkürzte? Eine sehr überzeugende Lösung wurde von Steblin (2007, S. 153) vorgeschlagen: Sie kam zu dem Schluß, daß – Stackelberg der Gesuchte war! Und das "A" war nicht wirklich ein "A", sondern wahrscheinlich "**St**".

Dies ist keine bloße Spekulation, angesichts dessen, was wir bereits über Beethoven und Josephine wissen. Ein genauerer Blick sowohl auf Gräffers als auch Fischhofs Kopie des Tagebuchs kann uns einige entscheidende Hinweise geben: Obwohl Gräffer die erste Kopie gemacht hatte (und in der Tat auch und gerade deshalb), gibt es keinen Grund zu der Annahme, daß seine Wiedergabe eines möglicherweise unleserlichen Buchstabens 100% richtig gewesen sein sollte. Dem steht die Tatsache entgegen, daß der nächste Kopist, Fischhof, der wiederum Gräffer kopierte, vollkommen außerstande war, dieses nun eindeutig identifizierbare "A" korrekt zu kopieren (siehe unten) – stattdessen schrieb er etwas fast ganz Unleserliches, das mehr wie **zwei** übereinander gekritzelte Buchstaben aussieht.

Die einzige Erklärung für einen solchen Patzer seitens des erfahrenen Kopisten Fischhof ist, daß er in diesem Fall **nicht** einfach Gräffers Version kopierte, sondern nochmals einen genaueren Blick auf das Original warf (und wohl auch mit Gräffer selbst gesprochen haben mag). Dies ist durchaus nicht ausgeschlossen; wie Solomon selbst feststellt, waren die beiden Kopisten miteinander gut bekannt und konsultierten sich gegenseitig, und sie werden wohl ihre Ansichten über zweifelhafte Passagen, zumindest gelegentlich, ausgetauscht haben. Offensichtlich hat Gräffer die Hauptarbeit geleistet und zuerst seine Kopie, in einer sehr lesbaren Handschrift, erstellt; Fischhof nahm dann einfach Gräffers Kopie zur Grundlage, um vor allem davon zu kopieren – aber eben **nicht ausschließlich**.

Somit scheint es, daß Fischhof wahrscheinlich von Gräffer über diese Passage und den (oder die?) – fast – nicht identifizierbaren "Buchstaben" erfuhr, und daß Gräffer der Einfachheit halber (oder wer weiß, aufgrund welcher Annahme?) sich entschloß, es als ein klares "A" wiederzugeben. Fischhof schaute sich dann das Original noch einmal genauer an und kopierte es **wortgetreuer** (oder "buchstabengetreuer") – als ein fast unleserliches Gekritzel, das fast alles sein könnte von "A" (Antonie? Almerie? Amenda? Amalie....) oder "D" (Dorothea?) oder "J" (Josephine? Johanna?) bis zu "K" (Karl?) oder "R" (Rahel?) oder "S" (Susanna?) oder "T" (Toni? Therese? Teresa?...) – oder vielleicht nur ein kleines "t", mit einem großen "S" darüber (oder etwas davor): "**St**" (Stackelberg).

Wenn Solomon dann hinzufügt:

> Anders als im Fischhof-Manuskript ist die Lesart "A" in der Gräffer-Kopie an dieser Stelle völlig eindeutig.[8]

dann ist dies tatsächlich **nicht** ein hinreichend triftiger Grund, einfach Gräffers **Interpretation** (was sonst ist es?) zu folgen, und Fischhof nur darum zu ignorieren, weil er weniger "eindeutig" ist. Der Grund, **warum** dieser seltsame Unterschied zustande kam, ist selbst erklärungsbedürftig! – Und, bedauerlicherweise für Solomon und alle, die auf dieses "A" fixiert waren – die einzige Schlußfolgerung, die man mit ziemlicher Sicherheit ziehen kann, ist: **Diese Chiffre war höchstwahrscheinlich alles andere als ein "A"**.

Es ist wichtig, zu erkennen, daß Gräffers Kopie von Beethovens Tagebuch in der Tat **nicht immer originalgetreu** war, daß er Wörter und ganze Sätze uminterpretiert und viele Passagen einfach **ausgelassen** (oder durch Striche "– – –" ersetzt) hat. Leider gibt es keine Möglichkeit, zu eruieren oder wenigstens zu spekulieren, was weggelassen (oder was hinzugefügt oder geändert) wurde – da das Original verschollen ist.

* * *

Beethovens Kopist zu sein war nicht einfach (siehe das Kapitel im Anhang "Vergleich eines Fragments aus Beethovens Tagebuch mit Gräffers Kopie"). Das einzige, was man mit Sicherheit sagen kann ist, daß trotz der überzeugenden Wiedergabe Gräffers diese kryptische

Chiffre, die Beethoven im Jahre 1812 schrieb, mit ziemlicher Sicherheit **kein** "A" war.

Nachfolgend ist links Gräffers überraschend klares und unmißverständliches "A" abgebildet,[9] und daneben das, was Fischhof meinte, wie es wohl aussah,[10] beide in vergrößerter Darstellung:

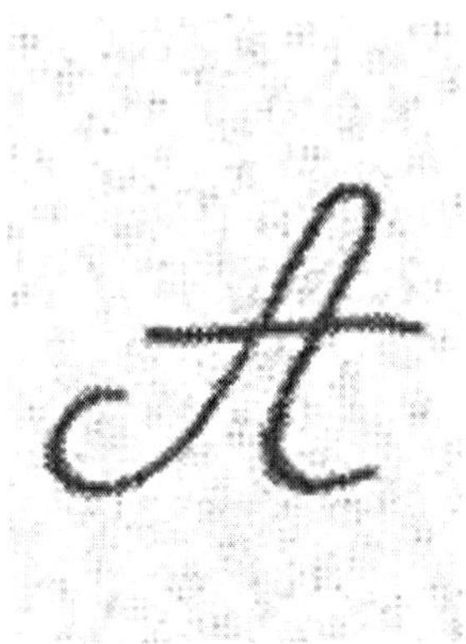

---

1 Beethovens Tagebuch, in Solomon (2005), S. 29.

2 Solomon (2005), S. 1. Diese deutsche Ausgabe wurde von dem Deutschen Sieghard Brandenburg bearbeitet, übersetzt und kommentiert. Einige Hintergrund-Informationen über dieses Tagebuch sind in Tellenbach (1983, S. 283-285) zu finden.

3 Solomon (2005), S. 2.

4 Solomon (2005), S. 12. Tellenbach (1983, S. 284) diskutiert die Möglichkeit, daß es noch eine Zwischen-Kopie gab, die sowohl Gräffer als auch Fischhof als Ausgangspunkt dienten. Dies hat jedoch keinen Einfluß auf die Schlußfolgerungen, die ich hier vorschlage.

5 Solomon (2005), S. 29 f. Die drei Striche "- - -" bedeuten wahrscheinlich etwas, was der Kopist ausgelassen hatte oder nicht entziffern konnte. Und in diesem Kontext muß es etwas Wichtiges gewesen sein.

6 Steblin (2007), S. 153.

7 Solomon (2005), S. 30. Hiergegen argumentiert Harry Goldschmidt in der letzten Publikation seines Lebens, "'Auf diese Art mit A geht alles zu Grunde.' Eine umstrittene Tagebuchstelle in neuem Licht",

in: Harry Goldschmidt (Hg.): *Zu Beethoven. Aufsätze und Dokumente.* Bd. 3. Berlin: Neue Musik 1988, daß "A" für Amalie Sebald steht, die Beethoven damals heiraten wollte, als Kompensation für die Frustration nach seiner Begegnung mit der "Unsterblichen Geliebten" (wer immer sie gewesen sein mag - aber sicherlich nicht Amalie). Goldschmidt nimmt an, daß dies eine Wiederholung der Episode mit Teresa von Malfatti zwei Jahre zuvor war, der Beethoven einen Heiratsantrag machte, nachdem Josephine wieder geheiratet hatte... Das Problem ist, daß Solomon und Goldschmidt sich beide irren, einfach deshalb, weil (wie wir sogleich sehen werden) dieser Buchstabe **kein** "A" ist!

8 Solomon (2005), S. 30.

9 in Steblin (2007), S. 152.

10 in Tellenbach (1983), S. 122.

... die Ansicht von deinem Character ... Wenn ich ganz davon ueberzeugt bin werde ich ruhig dich vergeßen, und werde dich verachten.[1]

Christoph von Stackelberg

Eine Beurteilung von Josephine von Brunsviks tragischem Leben wäre unvollständig ohne gebührende Berücksichtigung Christoph Baron von Stackelbergs, der fast 13 Jahre lang ihr Begleiter, Liebhaber und Ehemann war – länger als jede andere Person aus der Bekanntschaft ihres Erwachsenenlebens (abgesehen von Therese).

Jedoch in diesem Zeitraum glänzte er meistens durch **Abwesenheit**: Kurz nach ihrer Hochzeit im Jahre 1810 war er häufig unterwegs, um finanzielle Angelegenheiten zu regeln (mit letztlich verheerender Wirkung); 1811 wollte Josephine nicht mehr mit ihm schlafen und ging ohne ihn in Urlaub; im Juni 1812 verließ er sie wutentbrannt nach einem Streit, nur um zwei Monate später zurückzukehren und einen Vertrag zu unterzeichnen, der fast wie eine formale Trennung erschien (beinahe eine Scheidung, außer daß er, jedoch nicht Josephine, frei war, zu gehen, wann er wollte – was er dann auch tat); 1813 (zum Zeitpunkt von Minonas Geburt) verschwand er für mehrere Monate;[2] 1814 kam er nur zurück, um seine Töchter zu "entführen" und verschwand dann wieder; 1815 kehrte er, mit Geld, zurück, aber Josephine war nicht interessiert und tauchte unter (sie war schwanger); 1816 zog er heim nach Estland (und überließ es seinem Bruder Otto, seine Kinder einzusacken – gerade als Josephine sie wiederentdeckt hatte); in 1817 ist Stackelbergs kurze Anwesenheit in Wien durch einen von ihm unterzeichneten Schuldschein an Josephine dokumentiert.

Und schließlich, Ende 1819, besuchte er sie in Wien mit den drei Mädchen, und danach verließ er sie endgültig, während Josephine weiter verelendete, und wenig mehr als ein Jahr später, allein und einsam, starb.

War Stackelberg ein "grausamer" Mann?

* * *

Nachdem Josephine sich von ihrem treuen Freund Beethoven hatte trennen müssen, vor allem zugunsten ihrer Kinder und wegen des Drucks ihrer Familie, war es Stackelberg, den sie als Lehrer und Erzieher anstellte.

Und nachdem er sie verführt hatte – höchstwahrscheinlich nicht mit ihrer vollen Zustimmung, da sie nach einer weiteren schweren Krankheit geschwächt war –, blieb ihr aufgrund des unehelichen Kindes, das sie ihm gebar, und wegen seiner Drohung, die Erziehung ihrer anderen Kinder einzustellen, nichts anderes übrig, als ihn zu heiraten. Also so etwas wie eine "Vernunftehe". Und doch gab es dann eine Menge Unannehmlichkeiten, weil Stackelberg von Anfang an bei den Brunsviks unbeliebt war und das Leben in der Großstadt Wien ihm für immer fremd blieb.

Aus Thereses Memoiren und Tagebuchaufzeichnungen sowie Josephines Tagebuch ergibt sich, daß Josephine bereits während des Jahres 1809 begann, sich von ihm zurück zu ziehen: Sie lehnte alle seine weiteren Annäherungsversuche ab. Stattdessen erneuerte sie nach ihrer Rückkehr nach Ungarn (Ende 1809 und/oder vielleicht 1810 – das genaue Datum ist nicht gesichert) den Kontakt mit Beethoven (zumindest per Brief).

Man könnte argumentieren, daß vor allem Thereses Ansicht von Josephines Beziehung zu Stackelberg von Eifersucht beeinflußt war – sie beklagte sich darüber, daß er sie in der Schweiz und in Italien ausmanövriert hatte, nicht nur in Bezug auf die Erziehung der Buben, sondern auch und insbesondere, um mit Josephine allein zu sein. Aber es gibt einen wesentlichen Unterschied in Thereses Haltung zu der Beziehung ihrer Schwester zu Beethoven: Der Komponist wurde von beiden Schwestern bewundert, verehrt und auch – man könnte sagen – geliebt "wie ein gleichgesinnter Geist". In der Tat war diese Verehrung und Hingabe Thereses so stark (viel mehr als in allen Briefen von, z.B., Antonie Brentano), daß bis zur Veröffentlichung der 13 Liebesbriefe an Josephine im Jahre 1957 viele glaubten, daß nur Therese die Adressatin des geheimnisvollen Briefes an die "Unsterbliche Geliebte" gewesen sein konnte.[3]

Natürlich war sie es nicht. Sie hielt ihr Jugend-Gelübde, unverheiratet zu bleiben (als "Priesterin der Wahrheit"), trotz der einen oder anderen romantische Episode. Aber sie brachte klar zum Ausdruck (in ihren privaten Tagebuchaufzeichnungen – nicht in ihren, offensichtlich zur Veröffentlichung geschriebenen, Memoiren), daß Josephine Beethoven "leidenschaftlich" geliebt hatte, und daß sie ihn hätte heiraten sollen – anstatt Stackelberg. Und es war Therese, die mit Beethoven in Kontakt blieb: 1811 (als er sie um Josephines Zeichnung "Ein Adler sah in die Sonne" bat), und auch des öfteren nach 1812.

* * *

Wer war nun dieser Stackelberg, der 1808 in Josephines Leben eintrat, sie im Jahr 1810 heiratete und sie dann finanziell (und körperlich und seelisch) ruinierte? Erstaunlicherweise ist sehr wenig über diesen Mann bekannt. Er wurde 1777 als eines von 16 Kindern geboren, und er blieb offenbar – wie seine anderen 14 Geschwister – immer im Schatten seines jüngeren Bruders Otto Magnus, der ein berühmter Archäologe wurde.

Es gibt eine Biographie Ottos (von seiner Tochter Nathalie), mit einigen Bemerkungen über Bruder Christoph: Beide studierten in Deutschland (an der Universität Göttingen), und Christoph ging dann in die Schweiz, wo er ein Anhänger Pestalozzis wurde. Winter 1803 bis Mai 1804 sah Otto und Christoph in Genf.

Die Biographin berichtet auch über die

> Rückkehr Ottos in die Heimat, Besuch Bruder Christophs in Wien, der mittlerweile mit einer ungarischen Gräfin verheiratet war.[4]

1819 ließ sich Christoph wieder in Estland nieder, wo er eine Regierungsstelle als Schulleiter annahm – zuständig vor allem für religiöse Erziehung.

Der fromme Mann hatte seine Berufung gefunden.

> 1819. Christoph Baron von Stackelberg, geb. 1777 zu Fähna in Estland, Zögling des revalschen Gymnasiums, studierte in Göttingen, beschäftigte sich mit der Pädagogik zu Yverdon bei Pestalozzi und stand im Verkehr mit Franz von Ba[a]der, Jung-Stilling und anderen.[5]

Eine wahre Perle ist der folgende Auszug über

> die religiösen Bestrebungen des im J. 1819 bei dem Gymnasium zu Reval als Director zugleich auch aller öffentlichen Lehranstalten des esthl. Gouvernements durch das besondere Vertrauen des damaligen Curators ..., nachmaligen Ministers der Volksaufklärung Fürsten Lieven berufenen Hofrath und Ritter Christoph Baron von Stackelberg. Dieser suchte öffentlich und im Stillen hier in Esthland, wiewohl in etwas anderer Weise, wie seine Zeit= und Standes=Genossin Frau von Krüdener, geb. v. Vietinghoff in der Schweitz und Deutschland in allen Classen der Gesellschaft lebendigeres Christenthum und strengere Ascetik anzuregen, wobei er durch die Gründung seiner Sonntags= und Armenschulen in Reval sich ein bleibendes Andenken stiftete. Auch bei der Aristokratie des Landes fand diese zugleich von den neuen Lehrern der theologischen Fakultät in Dorpat angebahnte Richtung hin und wieder, besonders bei einigen hochgebildeten einflußreichen Frauen vielen Anklang...[6]

Auf einer estnischen Webseite findet man eine kurze biographische Notiz über *Adam Christoph von Stackelberg*, die endet mit seiner

> Entfernung aus dem Amt des Direktors in 1834. Es wurde festgestellt, daß trotz der langen Amtszeit seine Arbeit nicht so "segensreich" gewesen war, als man hätte erwarten können.[7]

Im "Katalog der Deutschen Nationalbibliothek" ist unter "Stackelberg, Christoph Adam/von" der folgende Eintrag:

> Österreich. Lehrer und Adliger, Ehemann von Josephine Brunsvik-Deym-Stackelberg, der "unsterblichen Geliebten" Beethovens.

Stackelbergs Karriere als Regierungsbeamter, verantwortlich für den Religionsunterricht (auch wenn sie in Schmach und Schande durch Entlassung endete), stimmt gut überein mit der sarkastischen Beschreibung Thereses von seinem Verschwinden im Juni 1812, um durch Beten die Erleuchtung des Herrn zu finden, und der "Tabelle von Geboten", die er sich für die Woche vom 5. bis 11. Juli 1812 aufschrieb,[8] vermischt mit – überlebenden – Blättern aus Thereses Tagebuch, welches aber verdächtig wenig über den Zeitraum von Ende Juni bis Anfang August 1812 enthielt.

* * *

Das meiste, was wir über Stackelberg wissen, basiert auf den Erinnerungen, Tagebüchern und Aufzeichnungen Thereses sowie diversen Dokumenten, die in Josephines Nachlaß gefunden wurden. Aber unter seinen erhaltenen Briefen gibt es auch einen längeren an seine Frau, der einiges darüber offenbart, wie er seine Beziehung zu ihr wahrgenommen hatte.[9] Er wurde Ende April 1815 geschrieben, nachdem er mit der Nachricht aus Estland zurückgekehrt war, eine Erbschaft gemacht zu haben (nach dem Tod eines seiner Brüder), und offenbar versuchte er wiederum, Josephine zu veranlassen, ihm in seine Heimat zu folgen.

Stackelberg beginnt mit einem Verweis auf einen Streit, den sie wohl am Tag zuvor gehabt hatten:

> Die Offenheit mit der du dich Gestern äußertest, bestätigte mir die Ansicht ... von deinem Character... Wenn ich ganz davon ueberzeugt bin werde ich ruhig dich vergeßen, und werde dich verachten. Es zeigt sich in deinen Gedanken eine ... Gemeinheit, mit einer flachen Ansicht der menschlichen Verhältnisse, und einer flachen Beurtheilung der Handlungen und der Charactäre... Wenn aber das Gemeine jezt das Kräftige und Lebendige in dir ist ..., so verliere ich jenen Glauben [daß das Große deine Handlungen bestimme] und ich muß dich verachten.[10]

Nach dieser freundlichen Einleitung folgt die Erinnerung an eine glückliche Vergangenheit:

> ... du vorgibst mich nie geliebt, mich nie heurathen wollen, ich habe durch alle Künste der Verführung dich gezwungen dich mir hinzugeben, ... es sey mir nur um den sinnlichen Besitz deiner, auch wider deinen Willen, zu thun gewesen, du gibst mir zu verstehen ich habe nichts von meinem Vermögen erwähnt um dich zu täuschen; du siehst es als ein Verbrechen an daß ich unsere Verbindung nur unter uns habe abschließen wollen und ohne deine Verwandte[n] darüber zu fragen, daß ich nicht gleich bei meiner Ankunft hier ... an dem Leben in der großen Welt Theil genommen habe ... und deine Verwandte[n] nicht noch immer mehr gegen mich aufzubringen.[11]

Er wiederholt ziemlich akkurat Josephines Sichtweise (die auch mit den Erinnerungen der Schwestern übereinstimmt), und kontrastiert sie mit seiner eigenen:

> Du hast vergeßen was uns beide so glücklich machte und was der Glaube an ein schöneres Leben in uns begründete. Du vergißt daß du in deinen Urtheilen ueber mich oft wanktest, bald mit Seeligkeit dich mir hingabst, bald dich zurückzogst; daß ich lange sehr sittsam war, nicht im mindesten dich berührte, daß ich dir frühe meine Ueberzeugung äußerte daß eine nähere Verbindung auf ewig sey, man dann sich nie mehr trennen könne, daß du schon in Genf dich so schön mir hingabst, ... ohne daß ich im geringsten dich zwang, du sagst aus Mitleiden, aus Aufopferung, ich mußte aber glauben aus Liebe. Erst später auf der Reise hast du nicht mehr mit mir vereinigt seyn wollen und hast mir gesagt du könntest mich nicht lieben, daß ich dieses als eine Ehescheidung ansah u. dawider arbeiten mußte wie ich jezt dawider gearbeitet habe.[12]

Man kann verstehen, daß er Josephines "Hingabe" als Vorläufer für eine dauerhafte und glückliche Ehe interpretierte. Nur scheint er zu vergessen, daß er derjenige war, der sich de facto von ihr scheiden ließ, als er sie (mit sieben Kindern) verließ, zwei Jahre bevor dieser Brief geschrieben wurde, und ein Jahr danach hatte er drei ihrer Kinder gewaltsam von der Polizei entfernen lassen.

Stackelberg appelliert dann an ihre ursprünglich so romantische Beziehung:

> Du vergißt ganz[,] daß unsere Gefühle so hoch gespannt waren, daß wir alles Irdische, das Vermögen, die Urtheile der Verwandten, die Wirklichkeit vergaßen, denn wir lebten nur in einer ideali[sti]schen Welt... Sicher war es nicht aus List[,] daß ich von meinem Vermögen nicht sprach.[13]

Natürlich, wenn man durch Liebe blind ist, wer will da schon über Geld reden? (Außer, daß Therese zufolge der finanzielle Ruin durch Stackelbergs Unfähigkeit verursacht wurde, und dies dann der Hauptgrund für den Zusammenbruch ihrer Ehe gewesen war.)

Stackelberg (der vor 1809 und erneut nach 1814 in der Schweiz gewesen war) muß von einem heftigen puritanischen Calvinismus angesteckt worden sein:

> Ich betete in der Stille zu Gott mich gut zu machen, und nützlich den Menschen.[14]

Nach dieser wiederholten Selbstbeweihräucherung, wo er sich als fromm und tugendhaft darstellt, hält er es für notwendig, noch einmal die Entführung ihrer Kinder zu rechtfertigen:

> Ich nahm unsere kleinen Kinder weg, weil ich die Ueberzeugung hatte es sey das einzige Mittel sie aus den traurigen Verhältnißen zu reißen, in die zu ihrer größten Gefahr die Umstände uns versezt hatten. Das war eine meiner edlen Handlungen, die du auch als ein Verbrechen auslegst, sie aus meinem Groll, aus meiner Rachsucht erklärend.[15]

Man muß sich fragen, wozu es gut sein soll, einmal mehr darauf hinzuweisen, daß Josephine – nach Stackelbergs Meinung (so wie er sie bei der Polizei denunziert hatte) – eine schlechte Mutter war, die ihre Kinder vernachlässigte...

Er kommt zum Schlußpunkt:

> Daß das Haus und die Knaben dich in Verhältniße bringen[,] die unschicklich sind, davon gibt den neuesten Beweis Andrehan's [Andrians] Aufnahme bei dir. Er ist jezt ausgemacht einer der unmoralischsten gemeinsten Menschen, giebt sich selbst mit seinen besonderen mit Weibern begangenen Unsittlichkeiten... Die Umstände machen daß du ihn ins Haus nimmst.[16]

Dies ist nicht nur einfach Eifersucht eines gehörnten Ehemannes – Stackelberg hatte in der Tat vollkommen recht, über Andrians Charakter empört zu sein: Dieser Mann war bereits bei der Polizei bekannt – da er im Jahre 1812 eine junge Gräfin verführt (vergewaltigt?) hatte.[17]

Dies ist bezeichnend für Stackelbergs Art, sich zu verstellen: Schließlich hatte in erster Linie er alle diese Probleme verursacht, indem er seine Frau verließ, mit vier Kindern im Teenageralter, einem großem Haus und einer Galerie, aber ohne Geld. Und sollte man nicht erwarten, daß eine Frau wie Josephine – oft krank, nach mehreren Nervenzusammenbrüchen und krampfhaft bemüht, zumindest ein wenig Liebe und Aufmerksamkeit zu erlangen – für die charmanten Avancen eines jungen und gut aussehenden Mannes anfällig wurde?

Nein, Stackelberg gibt die Schuld seiner Frau:

> Er verstellt sich, du vertraust ihm deine Kinder an, alles an, du hast ihn vom Morgen bis an den Abend bei dir, u.

> ahndest nichts. Du nimmst seine Grundsätze an, die schlechtesten, die man sich denken kann, du häl[t]st ihn endlich gern für einen großen Mann, du nennst ihn unsern Freund, du theilst ihm mehreres über uns mit, den lächerlichsten Nonsens den er über Erziehung sagt, bewunderst du.
> Was sollen die Leute glauben, wenn das Stubenmädchen sagt, er sey des Morgens allein bei dir in deinem Zimmer, wenn du ... noch im Bette liegst? Können dir die Reden zu denen dies Gelegenheit gibt nicht gleichgültig seyn? Die Urtheile über Andrehan [Andrian], das Verkennen seines Wesens bestärkt mich in dem Urtheil es lebe jezt das Gemeine lebendiger in dir als das Höhere.[18]

Man erinnere sich daran, wie die Brunsviks so aufgebracht waren, daß die Polizei dem von Dienern verbreiteten Klatsch über Josephine geglaubt hatte. Und wer ist nun (wieder) nur zu gerne bereit, das zu hören, was "das Stubenmädchen sagt"?

Nur wenige Wochen, nachdem dieser Brief geschrieben wurde, gab jemand (?) der Polizei einen Tip:

> Die Moralität dieser Gräfin solle in keinem Vortheilhaften Renomée stehen, und man behauptet Dieselbe von dem Vorwurf der gegebenen Veranlassung zur erfolgten Mißhelligkeit der Ehe, nicht frey sprechen zu können.[19]

Wer ist hier der Heuchler?

* * *

Letzten Endes ist es ziemlich egal, ob Stackelberg absichtlich grausam zu Josephine war oder nicht. Er war sicherlich eine gequälte Seele, er hatte enorme Schwierigkeiten, sich durchs Leben zu schlagen, vor allem in Österreich und Ungarn, wo er von der High Society abgelehnt wurde, und aus seiner Sicht war seine Beziehung zu der launischen Josephine nicht immer leicht zu ertragen.

Die katastrophale finanzielle Situation, mit der er sich konfrontiert sah, überwältigte ihn wohl noch viel mehr als die Brunsviks (und die Deyms), die zumindest beträchtliche Vermögenswerte hatten. Es ist auch möglich (manche sagen sogar sehr wahrscheinlich), daß er vermutete, daß Minona nicht seine Tochter war – aber er konnte keinen

Skandal riskieren, oder gar eine Scheidung, und die damit verbundene Schande.

Seine beste Option war (nach Minonas Geburt),[20] zu verschwinden – wieder einmal, wie im Jahr zuvor, als die finanziellen Probleme zu viel für ihn wurden. Er hatte nicht den Mut, mit seiner Frau von Angesicht zu Angesicht eine gütliche Trennung und die Übergabe "seiner" drei Kinder zu diskutieren, stattdessen rief er die Polizei, um sie wegbringen zu lassen. Ein schockierendes, traumatisierendes Erlebnis für jede liebende Mutter, vor allem aber für die emotional so instabile Josephine! Es fällt schwer, auch nur eine Spur von väterlicher oder ehelicher Liebe in dieser Aktion eines erzürnten (rachsüchtigen?) Ehemannes zu sehen.

Und gibt es eine Entschuldigung für die darauf folgende Verleumdungskampagne, als Stackelberg offensichtlich die anonyme Quelle war, die die Polizei über den "fragwürdigen" Ruf seiner Frau informierte? Und hatte er sie nicht getäuscht, als er die drei Töchter zu einem böhmischen Diakon brachte und diesem gegenüber behauptete, sie würden bald zu ihrer Mutter zurückgebracht werden (wie Leyer ihr schrieb)?

Und war Gott nicht wieder einmal auf seiner (des religiösen Fanatikers) Seite, als er zu sehr damit beschäftigt war, die Welt zu bereisen, und daher seinen Bruder Otto sandte, die drei Mädchen abzuholen und zu ihrem endgültigen Bestimmungsort im fernen Estland zu bringen, gerade als sie im Begriff waren, in die Arme ihrer untröstlichen Mutter zurückzukehren?

Christoph Baron von Stackelberg (Foto mit freundlicher Genehmigung des Estnischen Historischen Archivs in Tallinn)

Otto Magnus Baron von Stackelberg (Foto mit freundlicher Genehmigung des Estnischen Historischen Archivs in Tallinn)

1 Stackelberg an Josephine, ca. 27. April 1815, in Skwara/Steblin (2007), S. 183.

2 Es scheint, daß Stackelberg im Dezember 1813 wieder zu Hause war.

3 Siehe Tenger (1890) für reine Fiktion und La Mara (1909) für ein mehr wissenschaftliches Werk; des weiteren auch Rolland (1928).

4 Nathalie Stackelberg (1882), S. 301.

5 *Geschichtsblätter des revalschen Gouvernements-Gymnasiums zu dessen 250jährigen Jubiläum am 6. Juni 1881*, zusammengestellt und dargebracht von G. von Hansen. - Franz Benedikt von Baader (1765-1841) war ein deutscher Philosoph, dessen ehrgeiziger Versuch, den römisch-katholischen mit dem griechisch-orthodoxen Glauben in Einklang zu bringen, von der russischen Regierung abgelehnt wurde. Johann Heinrich Jung-Stilling (1740-1817) muß einer der besten Freunde Stackelbergs gewesen sein: Er startete sein religiöses Œuvre im Jahr 1796 mit *Das Heimweh*, einem Roman in vier Bänden, und er wurde zum populärsten religiösen Schriftsteller seiner Zeit mit erbaulichen Werken wie *Die Siegsgeschichte der Christlichen Religion* 1799 und *Lehrsätze der Naturgeschichte für Frauenzimmer* im Jahre 1816.

6 *Archiv für die Geschichte Liv-, Est- und Curlands*, Band 6. I. *Entwurf zur Kirchen= und Religions=Geschichte Esthlands*, von Gustav Carlblom, derzeitigem Prediger zu St. Catharinae auf der Halb=Insel Ruckoe, nachmals Probst der Insural=Wieck und Assessor des kaiserl. esthl. Prov.=Consitorii zu Reval. § 11. Elfter Abschnitt. *Von den religiösen und kirchlichen Verhältnissen in Esthland. Unter der Regierung des Kaisers Nicolai I. Von 1825 bis 1850*, S. 33.

7 "A. C. von Stackelbergi Eestimaa kubermangu koolide direktori ametist tagandamise kohta 1834. aastal selgub, et vaatamata pikale ametiajale, polnud tema töötulemused nii 'õnnistusrikkad' kui võinuks oodata." (http://www.eha.ee/arhiivikool/index.php?tree_id=165, 8. Februar 2011.) - Es gibt nicht ein einziges Wort über Christoph auf der deutschen Webseite http://www.von-stackelberg.de/ (26. Dezember 2010) - nur Otto wird, mit vielen Details, erwähnt. Eine E-Mail-Anfrage wurde von service@von-stackelberg.de nicht beantwortet.

8 Steblin (2007), S. 163.

9 Vollständig abgedruckt in Skwara/Steblin (2007).

10 Stackelberg an Josephine, ca. 27. April 1815, in Skwara/Steblin (2007), S. 183.

11 Stackelberg an Josephine, ca. 27. April 1815, in Skwara/Steblin (2007), S. 183 f.

[12] Stackelberg an Josephine, ca. 27. April 1815, in Skwara/Steblin (2007), S. 185.

[13] Stackelberg an Josephine, ca. 27. April 1815, in Skwara/Steblin (2007), S. 186.

[14] Stackelberg an Josephine, ca. 27. April 1815, in Skwara/Steblin (2007), S. 186.

[15] Stackelberg an Josephine, ca. 27. April 1815, in Skwara/Steblin (2007), S. 186.

[16] Stackelberg an Josephine, ca. 27. April 1815, in Skwara/Steblin (2007), S. 187.

[17] Skwara/Steblin (2007), S. 187, N. 15.

[18] Stackelberg an Josephine, ca. 27. April 1815, in Skwara/Steblin (2007), S. 187

[19] in Tellenbach (1983), S. 140.

[20] Nach Fritz Deyms Memoiren (Steblin 2007, S. 173) war Stackelberg bei Minonas Geburt anwesend (im Widerspruch zu Therese). Es ist durchaus möglich, daß Fritz hier etwas vortäuscht, da er seinen Stiefvater ziemlich gern hatte. Es gibt auch Briefe (noch unveröffentlicht), die darauf hinweisen, daß Stackelberg Ende 1813 wieder mit Josephine zusammen war.

Wenn der Wind darüber geht, so ist sie nimmer da, Und ihre Stätte kennt sie nicht mehr.[1]

Schlußwort

Der 6. Juli 2012 ist die zweihundertjährige Wiederkehr des Tages, an dem Beethoven seinen Brief an seine "Unsterbliche Geliebte" zu schreiben begann. Obwohl so oft wiederholt, ist dies ein eher irreführender Begriff: Man sollte ihn besser als einen – weiteren – Brief an die eine und einzige Frau bezeichnen, die er seinen "**Engel**" zu nennen pflegte. Dies ist nun wohl der angemessene Zeitpunkt, um darüber nachzudenken und ein für alle Mal (zu versuchen) zu klären, was die Relevanz und der Kontext dieses Ereignisses sind.

Es gibt hier aber nichts zu gedenken, geschweige denn zu feiern. 1812 war das Jahr der Krise, des unerwarteten Wiedersehens, der endgültigen Erfüllung, und der ebenso endgültigen – und unwiderruflichen – Trennung. Es mußte sein. Die Notwendigkeit sprach.

Hunderte von Büchern und Biographien wurden über Beethoven geschrieben, Dutzende von Filmen und Dokumentationen haben seine Musik und die wichtigsten Fakten seines Lebens jedermann bekannt gemacht. Und viele, viel zu viele Mythen und Legenden. Aber fast nichts (schon gar nicht in Englisch)[2] ist über Josephine veröffentlicht worden. Eineinhalb Jahrhunderte lang wußte (ahnte) niemand, daß es eine tiefe, intensive, gegenseitige Liebe zwischen Josephine und Ludwig gab – in der Tat seit ihrem ersten Treffen im Jahre 1799 bis zu ihrem Tod im Jahre 1821. Und darüber hinaus. Eine Liebe, die – wie Ludwig in seinen Briefen beklagte – nicht einmal in Worten ausgedrückt werden konnte.

* * *

Es war Musik. Und **nur** in und durch Musik. Und Beethoven war der größte Meister dieser Sprache, die er in den schönsten Noten ausgedrückt hat. Es besteht kein Zweifel, daß **Josephine die Inspiration** hinter seinen Hauptwerken war, sein Alter Ego ("Mein Ich"). Sie sprach zu ihm, und sie sprach auch weiterhin zu ihm, vor allem in den Jahren nach 1812, als er zunehmend taub wurde.

> Ich kann nur mit wenig Worten von dem sprechen was der Geist zu mir spricht in den Augenblicken der Ruhe ... Unsere Freundschaft kann auch nur in solchen Augenblicken als existierend angenommen werden... Indem die Seele spricht - spricht sie nicht mehr. - Geister sind stumm.[3]

* * *

Es geht nicht darum, daß es (noch) keinen "Beweis" dafür gibt, daß Josephine zu der fraglichen Zeit in Prag war (einfach deshalb, weil dies, wie alles andere in ihrer Beziehung zu Beethoven, streng geheim gehalten wurde – und wir müssen das respektieren). Der Punkt, worauf es ankommt, ist, daß Josephines und Ludwigs Leben so miteinander verflochten waren während der Zeit vor als auch nach 1812, daß der Brief im besten Fall als ein "missing link" angesehen werden kann. Dadurch wurden zwei Leben miteinander verbunden, von denen das eine schließlich – nach einer weniger produktiven Phase von fast sechs Jahren – trotz zunehmender Schwerhörigkeit und laufender Probleme mit einem frechen Neffen und seiner hartnäckigen Mutter in den größten musikalischen Erfolgen kulminieren sollte, die seitdem praktisch unübertroffen geblieben sind. Das andere Leben – Josephines – erwies sich traurigerweise als der tragische Abschluß einer schicksalhaften Reise, ausgehend von einer glückseligen Jugend in einer himmlischen Umgebung voller Luxus, zu dem höllischen Erlebnis, von ihrem Mann und ihrer Familie verlassen worden zu sein, bis zum Verlust ihrer Kinder, zu Elend und Krankheit.

Sie war hin- und hergerissen zwischen ihrem "Enthusiasmus" für Musik – Beethovens Musik, und damit ihren Gefühlen der Zuneigung für den einen Mann, der sie verstand – und den strengen Regeln und dem Standesdünkel ihrer Klasse, und ihrer Verantwortung und Pflicht als Mutter.

In gewisser Weise war sie eine Heldin, obzwar eine tragische – vergeblich gegen ein grausames Schicksal kämpfend, dessen Würfel bereits gegen sie gefallen waren. Als Frau konnte sie den Ketten der Mutterschaft nicht entkommen – und den ihr aufgezwungenen Beschränkungen ihrer Klasse. Die letztere verdammte sie dazu, vergessen zu werden. Letztendlich, mit Erfolg.

Es ist an der Zeit, den Schleier zu lüften. Josephine!

---

[1] Psalm 103:16. Dies wird unter der Überschrift "The enigma of Minona Stackelberg" in http://www.lvbeethoven.com/Famille/FamilyTreeMinona.html (27. April 2011) zitiert, angeblich die Inschrift auf ihrem Grabstein (der nicht mehr existiert). Leider ist diese Geschichte voller Irrtümer.

[2] Die einzige (bemerkenswerte) Ausnahme ist die hervorragende Biographie von Tellenbach (1983), ausführlich in diesem Buch zitiert, in der englischsprachigen Welt jedoch - da in Deutsch - fast vollständig ignoriert. Einige (wie Solomon) können es nicht ganz vermeiden, zumindest den Titel ihres Buches gelegentlich zu erwähnen. Aber es scheint, daß es kaum jemand gelesen (geschweige denn übersetzt) hat. Kürzlich hat Steblin (2007, 2009) wenigstens einige Artikel in englischer Sprache veröffentlicht - in einer deutschen Zeitschrift.

[3] Josephine an Beethoven?, 8. April 1818, Entwurf, in Tellenbach (1983), S. 195.

Anhang

Chronologie

1770: 16. Dezember (ca.), Ludwig van Beethoven geboren.
1775: 27. Juli, Therese Gräfin von Brunsvik geboren.
1777: 4. Dezember, Christoph Baron von Stackelberg geboren.
1779: 28. März, Josephine Gräfin von Brunsvik geboren.
1799: Anna Gräfin von Brunsvik und ihre Töchter Therese und Josephine besuchen Beethoven, der sich in letztere verliebt. Josephine wird dann jedoch freundlichst gebeten, Joseph Graf Deym zu heiraten...
1800: ... zu dem sie steht, dem Sturm zu trotzen (den ihre Mutter entfacht hat). Ludwig und Franz Graf von Brunsvik werden Freunde.
1801: Nach zwei Jahren Frustration, erlebt Ludwig wieder kurzzeitig das Gefühl der Verliebtheit – induziert durch Josephines kokette Kusine Julie ("Giulietta") Gräfin Guicciardi (von ihr jedoch nicht erwidert).
1802: Hörprobleme veranlassen Beethoven, sein "Heiligenstädter Testament" zu schreiben. Josephine feiert weiter Parties.
1803: Ein verhängnisvoller Umzug nach Prag...
1804: ... wo Graf Deym am 27. Januar an Lungenentzündung stirbt, Josephine mit vier Kindern zurücklassend. Später in diesem Jahr komponiert Ludwig das Lied "An die Hoffnung" für Josephine, mit einer privaten Widmung. Im Dezember fällt es Charlotte auf, daß Beethoven Josephine ziemlich häufig besucht.
1805: Das Jahr der leidenschaftlichsten Liebesbriefe. Das Jahr (geheimer) Hoffnung. Das Jahr der Geheimnisse.
1806: Das Jahr der Eifersucht: Graf Wolkenstein macht Josephine den Hof. Beethoven wird betrübt.
1807: Josephine beginnt, dem zunehmenden Druck ihrer Familie nachzugeben. "Die M" wirft einen strengen Blick auf Ludwig (damit er Bescheid weiß).

1808: Josephine reist mit Therese in die Schweiz zu Pestalozzi, um einen Lehrer für ihre Kinder zu finden. Sie sind beeindruckt von einem gelehrten jungen Mann namens Christoph Baron von Stackelberg. Mittlerweile übt Beethoven sich in Sehnsucht.

1809: Josephines Heimkehr - mit Gepäck. Der Lehrer, der sie begleitet - von niedrigerem Rang, ein Ausländer und nicht einmal katholisch - ist nicht willkommen im Kreise der Familie Brunsvik. Um einen Skandal zu vermeiden, wird die Geburt seiner unehelichen Tochter verheimlicht.

1810: Im Februar gibt Mutter Anna widerstrebend ihr Einverständnis zur Heirat mit Stackelberg. (Es hilft, daß er die Erziehung der Kinder einzustellen droht.) Es scheint, daß die Hochzeitsnacht das zweite (und vielleicht auch das letzte) Mal ist, daß Josephine mit Stackelberg geschlafen hat - die zweite Tochter wird neun Monate später geboren (die erste wird still und heimlich angenommen). Dieses Jahr ist für Josephine ein "Zustand der Gärung". Beethoven ist verzweifelt und unternimmt einen törichten Schritt (er wirbt - erfolglos - um Teresa von Malfatti).

1811: Das Jahr des (intensivierten) Familienlebens. Stackelberg geht nicht auf Parties, er verordnet harte Strafmaßnahmen für seine Stiefkinder, falls sie sich daneben benehmen, und er zieht es vor, zu lesen, wenn seine Frau weint. Geld, das er nicht hat (Josephines Erbe, Kredite von ihren Verwandten), wird zum Kauf eines teuren Anwesens in Mähren verwendet; Stackelberg allein unterzeichnet alle Dokumente. Aus dem Geschäft wird nichts, und sie sind am Ende finanziell pleite.

1812: Das Jahr der Auflösung. Eine zufällige Begegnung und ihre Folgen. Stackelberg verläßt seine Familie, um Erleuchtung zu finden (was ihm anscheinend gelingt) und auch mehr Geld (was ihm offensichtlich nicht gelingt), und kommt dann zurück, um sich mit der Lage der Dinge zu befassen (Josephine ist schwanger). Beethoven reist nach Teplitz (über Prag), wo er einen Brief schreibt, nachdem er eine Verabredung verpaßt. Später schreibt er seine Gedanken in ein Tagebuch; in dessen erstem Eintrag beklagt er sich, wie jemand (oder etwas), bezeichnet durch einen nicht identifizierbaren Buchstaben (oder zwei?) dazu führt, daß "alles zu

Grunde" geht. Josephine schenkt Therese ihr ungeborenes Kind.

1813: Minona = anonim? Oder eher wie die in Goethes *Werther*? Jedenfalls ist Stackelberg nicht an ihr interessiert, und er geht wieder weg.

1814: Das Jahr der Kindesentführung. Stackelberg kehrt zurück. Er liebt seine Familie so sehr, daß er die Polizei ruft, "seine" Kinder mit Gewalt zu entfernen. Er bringt sie zu einem böhmischen Kleriker und verschwindet wieder, um die Welt zu bereisen (seinen frommen Strebungen folgend).

1815: Das Jahr des Tohuwabohu. Andrian der Scharlatan. Stackelberg taucht wieder auf, hat einen Streit mit Josephine, und dann schreibt er ihr einen Brief, in dem er seine Verachtung zum Ausdruck bringt. Er erwidert Polizeipräsident Hagers Gefälligkeit, indem er ihn über die "Moralität" seiner Frau informiert. Inzwischen taucht Josephine als "Gräfin Mayersfeld" unter, um Andrians Kind zu gebären.

1816: Das Jahr der letzten Sehnsucht. Im Sommer in Baden trifft die Stumme den Tauben, zum letzten Mal. Josephine muß noch ein weiteres traumatisches Erlebnis durchstehen, genau in dem Moment, als sie ihre kleinen Kinder wieder gefunden hat: Bruder Otto von Stackelberg erscheint gerade rechtzeitig, um sie ihr wegzuschnappen.

1817: Das Jahr der Resignation. Abgesehen von Stackelberg, der noch einmal erscheint - um Geld zu schnorren.

1818: Das Jahr des letzten Briefes. Josephine entwirft einen Brief (wahrscheinlich) an Ludwig über ihre (Kon)fusion - an Minonas fünftem Geburtstag.

1819: Das Jahr des letzten Besuchs - Stackelbergs. Therese ist beeindruckt, wie "ihre" kleine Minona sich entwickelt hat.

1820: Das Jahr der endgültigen, tödlichen Krankheit. Nervenschwindsucht.

1821: 31. März, Josephine stirbt. Tod und Vergessenheit.

1827: 26. März, Ludwig stirbt. Er wird in Josephines Nähe begraben.

Vergleich eines Fragments aus Beethovens Tagebuch mit Gräffers Kopie

Es gibt zwei Seiten aus Beethovens Tagebuch (Teile von Eintrag Nr. 60d, von 1815), die in seiner Handschrift erhalten geblieben sind – und diese mit Gräffers Kopie zu vergleichen ist in der Tat sehr aufschlußreich. Es handelt sich um ein Exzerpt, das Beethoven aus Zacharias Werner: *Die Templer auf Cypern*, Berlin 1802, kopierte. Beethoven hatte diesen Auszug eines eher obskuren, in Versen geschriebenen, Dramas selbst nicht ganz richtig kopiert, aber er betonte Phrasen, die ihm am Herzen lagen (z.B. "das hohe Gut der **Selbstvollendung im Erschaffen** suchen").

* * *

Offensichtlich hatte Gräffer keinen Zugang zu dem ursprünglichen Text von Werner, und die vielen Fehler (und Auslassungen), die er beim Kopieren von nur zwei Seiten aus Beethovens Tagebuch machte, sind ziemlich signifikant – in der Tat, sie machen einen Großteil des Textes fast **sinnlos**. Es folgt nun, nebeneinander, zuerst auf der linken Seite, die erste Seite des Originaldokuments von Beethovens Hand (in Solomon 2005, S. 22), und dann die zweite Seite (in Solomon 2005, S. 25), mit Gräffers Kopie jeweils auf der rechten Seite (wo Einfügungen in eckigen Klammern der ursprünglichen Quelle entnommen sind; in Solomon 2005, S. 54 f.).

Beethoven:	Gräffer:
... ist der ächte Mensch Ein Sklave der Umgebung oder frey? Reißt er aus allen Stürmen, und, was mehr ist, aus allen wonnen[1] dieses lebens nicht sein bess'res ich? – die welt in seiner brust, ist sie ein Theil der Elementen-Masse; Und Kann, was oft in dieser wogt und gähret auf jene wirken? **Mensch!** Kannt du Erliegen? – N [Robert:] doch giebts Momente – ! Molaj[:] ja die giebt es freylich – Doch – Gott Sey dank – auch nur Momente – Wo der Mensch, von mächtiger Natur bezwungen, sein höh'res selbst ein spiel der Wogen in solchen augenblicken wähnt[,] zeigt die Gottheit unß jenen abstand zwischen ihr und unß; Sie **stra[h?]lt**[2] des Menschen frevelhafte[3] Kühnheit, ihr gleich zu seyn, und wirft[4] ihn in sein Nichts.	Ist der echte Mensch ein Sklave der Umgebung oder frey? Reißt er aus allen Stürmen, und, was mehr ist, aus allen – – –[1] dieses Lebens nicht sein besseres Ich? Die Welt in seiner Brust ist sie ein Theil der Elementen-Masse – Und kann was oft in dieser wogt und gährt auf jene wirken? Mensch! kannst du erliegen? – [Robert:] Doch gibt's Momente! Molay[:] ja die gibt es freylich – Doch Gott sey Dank auch nur Momente – wo der Mensch von mächtiger Natur bezwungen sein höheres Selbst ein Spiel der Wogen wähnt! in solchen Augenblicken zeigt die – – – Abstand zwischen ihr und der Gottheit einst; sie strebt? strahlt?[2] des Menschen räthselhafte[3] Kühnheit ihr gleich zu seyn, und wie oft[4] ihn in sein Nichts – – – –.

Beethoven:	Gräffer:
[In s]olchem augenblicke sinkt selbst der weise [zu]m staub hinab - auch er ist sohn des Staubs, doch er erhebt[5] sich bald ... Auch du wirst dich erheben, starker Robert, Robert[:][6] was kann ich thun? - Molay[:] Mehr als dein schicksaal seyn, den Hasser[7] lieben und das hohe Gut der Selbstvollendung im Erschaffen[8] suchen! ... R[obert:] Erröthend beug ich mich vor deiner größe! - M.[olay:] das sollst du nicht - du sollst mich übertreffen - etc[.] sei ihnen Vater[9][,] den Menschen, die unter dir sind - der Mann der Einzelne kann öfters Mehr, als im Verein mit Tausend[,] denn schwer zu lenken sind der Menschen willen, und selten siegt der bessere Verstand.	... in solchen Augenblicken sinkt selbst der Weise zum Staub hinab - auch er ist Sohn des Staubs - doch er erholt[5] sich bald ... Auch du wirst dich erheben starker [Robert!] [Robert:][6] was kann ihm [Molay:] mehr als dein Schicksal seyn, denn Hassen[7], Lieben und das hohe Gut der Selbstvollendung im Erschaffen[8] suchen ... [Robert:] So erröthend beuge ich mich vor deiner Größe [Molay:] das solltest du nicht - du sollst mich übertreffen sey - - vorher[9] den Menschen[,] die unter dir sind[;] der Mann der Einzelne kann öfters mehr als im Verein mit Tausend[,] denn schwer zu lenken sind der Menschen Willen und selten siegt der bessere Verstand.

Anmerkungen:

1 "wonnen" ersetzt durch "- - -". Da dieses Wort sogar unterstrichen ist, geht ein wichtiger Teil dieses Satzes verloren.

2 "**stralt**" sieht zwar aus wie ein falsch geschriebenes "strahlt", und Gräffer zeigt seine Unsicherheit, indem er es als "strebt? strahlt?"

wiedergibt. Allerdings sind beide Interpretationen in diesem Kontext sinnlos. Anhand der Quelle findet man, daß es "**straft**" heißen muß – und nun ist es in der Tat außerordentlich sinnvoll! (Man beachte auch, wie der unmittelbar vorhergehende Satz von Gräffer durcheinander gebracht wurde.)

3 "frevelhaft" erschien Gräffer offenbar so rätselhaft, daß er es falsch verstand und "räthselhaft" nannte.

4 "wirft" wird als "wie oft" fehlinterpretiert, wodurch der gesamte Satz sinnlos wird.

5 "erhebt" wird als "erholt" fehlinterpretiert – zumindest hat es in etwa die gleiche Bedeutung.

6 "Robert" wurde von Gräffer zweimal weggelassen; durch das Fehlen der Namen der Akteure wird der Text schwer verständlich.

7 "den Hasser lieben" wird durch Gräffer als "denn Hassen, Lieben" wiedergegeben.

8 "das hohe Gut der Selbstvollendung im Erschaffen suchen" – das zentrale Thema in Beethovens Leben –, aber von Gräffer nicht unterstrichen.

9 "Vater" wird als "vorher" fehlinterpretiert.

* * *

Dies sind nur die offensichtlichsten (und eindeutig irreführenden) Kopierfehler, auf nur zwei Seiten von Beethovens Tagebuch – aber wen kümmert es schon, was "Molay" in diesem Drama zu "Robert" gesagt hat! Man beachte auch, daß Gräffer in der Regel Unterlassungen durch eine Reihe von Strichen "– – –" angedeutet hat. Nur war er nicht konsequent, da er des öfteren seine eigenen Interpretationen niederschrieb, obwohl sie einfach keinen Sinn hatten.

Vor diesem Hintergrund ist auch Beethovens allerersten Tagebucheintrag zu sehen, "Auf diese Art mit **A** [?] geht alles zu Grunde – – –". Dies sollte nun mit etwas mehr Vorsicht genossen werden, da das "A" eine nur scheinbar klare und selbstbewußte Darstellung Gräffers war, aber in Wirklichkeit wahrscheinlich eine völlig **unleserliche** Chiffre – zumindest konnte Fischhof es anschließend nicht mehr sinnvoll entziffern. Man beachte auch, daß dieser Satz in Gräffers Kopie mit mehreren Strichen endet "– – –", so daß es scheint, als ob noch etwas nachkam (wahrscheinlich nicht ganz unwichtig), das er entweder nicht lesen konnte – oder zu peinlich fand, um es nieder zu schreiben...

Webseiten

http://www.beethovensite.eu/ oder http://www.xs4all.nl/~ademu/Beethoven/: *De Beethovensite. Alles over Ludwig van Beethoven.* Alles in Niederländisch, außer der ersten Seite, die ein paar Fragen in Englisch beantwortet. Wenn Sie Niederländisch lesen können, ist dies mit Abstand die beste und umfassendste Webseite über Beethovens Leben, darunter ein sehr detaillierter synoptischer Überblick über Josephines und Antonies Leben.

http://www.lvbeethoven.com/: Sehr umfangreiche "Euro"-Webseite in Englisch/Französisch/Spanisch/Italienisch – die beste, die nicht in Niederländisch (und leider auch nicht in Deutsch!) ist. Was die "Unsterbliche Geliebte" betrifft, so ist Cristina Barbieris Meinung die interessanteste:

> Josephine ist die wahrscheinlichste Kandidatin. Vor allem, weil das Verhältnis dieser beiden den richtigen Ton hat. Ihre Liebesbriefe haben viele Gemeinsamkeiten mit dem berühmten Brief, und sie war eine sehr schöne, kultivierte, musikalische junge Frau... Ihr Verhältnis war letztlich unmöglich, wegen der Restriktionen, die die damalige Zeit auferlegte, und dann entschwand die Beziehung auf eine spirituelle Ebene. Über diese Art spiritueller Vereinigung hat Josephine in einem geheimnisvollen Brief im Jahre 1818 geschrieben, an einen ebenso geheimnisvollen Empfänger... Über jeden Zweifel erhaben ist, daß der Komponist eine ganz bestimmte Frau wirklich sehr stark geliebt hat, und das für eine lange Zeit. Die Echos dieser Liebe sind in vielen seiner musikalischen Werke zu finden. Wir können diese Liebe in der pulsierenden Glückseligkeit so vieler leidenschaftlicher Adagios hören, in der Trauer, die in diesen schmerzlichen Tönen zu erkennen ist, in so vielen Melodien, die mit Traurigkeit und Erinnerungen beladen sind. ... **Unsere Akademiker haben** bei der Aufdeckung dieses Geheimnisses besonders **kläglich veragt**. Es gibt da mehr als nur einen Hauch von Voyeurismus, in dem akuten Wunsch, es "wissen" zu wollen. Und in unserer Kultur würden die Medien aus einer äußerst traurigen, aber doch wunderschönen Liebesgeschichte eh nur eine elende Seifenoper machen. [Über Antonie Brentano:] Auch nur in Erwägung zu ziehem, daß ein Mann so offen und ehrlich wie Beethoven eine Affäre mit der Frau eines Freundes haben könnte, und dann mit ihr und ihrem Mann (und Kind und Magd) nur wenige Tage nach einer solchen leidenschaftlichen Episode unter einem Dach wohnen kann... Nun, dies ist **einfach ein undenkbares Szenario**. Wenn man

seine Tagebücher, seine Briefe, seine moralischen Schriften gelesen hat... [Beethoven] würde eine solche Handlung als außerordentlich unehrenhaft betrachten. Er würde solch eine verräterische Handlung verabscheuen. Deshalb **ist die amerikanische Hypothese über die Unsterbliche Geliebte völlig unakzeptabel, psychologisch absolut unwahrscheinlich**. [Josephine is the most likely candidate. Especially because the relation between the two of them had the required tone. Their love letters have a lot in common with the famous letter, and she was a very beautiful, cultured, musical young woman... The relation between them was ultimately impossible for the restrictions that the time put on such situations, and then the relation had receded to a spiritual level. This kind of spiritual link was mentioned in a mysterious letter written by Josephine in 1818 to an equally mysterious recipient... What is beyond any doubt is that the composer really loved a particular woman very much, and also that he loved her for a long time. The echoes of this love are in so much of his musical works. We can listen to this love in the vibrant bliss of so many passionate adagios, in the sorrow present in those painful tones, in so many melodies loaded with sadness and memories... **Our academics failed miserably** in revealing this particular mystery. There is more than a hint of voyeurism in the acute desire to "know". And our culture would only make some sordid media soap-opera out of a most sad and beautiful love story. [About Antonie Brentano:] To even consider that a man as open and frank as Beethoven evidently was, could maintain an affair with a friend's wife, and then share a roof with her and her husband (and child and maid) only a few days after such a passionate interlude... Well, **it is a scenario simply unthinkable**. If someone had only read his diaries, his letters, his moral writings ... [Beethoven] would consider such an act, a terrible dishonourable behaviour. He would loathe such a treasonous act. That is why **the American hypothesis about the Immortal Beloved is completely unacceptable, absolutely psychologically unlikely**.] (http://www.lvbeethoven.com/Amours/ImmortalAbout.html, 6. Februar 2011)

http://www.beethoven-haus-bonn.de/: Das *Beethoven-Haus* in Bonn, Beethovens Museum on-line. Deutsch/Englisch.

http://www.recmusic.org/lieder/b/beethoven.html: *The Lied, Art Song, and Choral Texts Page*. Info über jeden Liedtext (oft in mehreren Übersetzungen), Herkunft, andere Versionen, viele interessante Details.

http://www.unheardbeethoven.org/: Sehr gut, um sich über Aufnahmen von weniger bekannten Werken zu informieren – es gibt schließlich, nach dem neuesten Biamonti-Katalog, fast 1000 Kompositionen. Um ein gründliches Verständnis Beethovens als Komponist und seiner Entwicklung zu gewinnen, sollte man ein wenig mehr investieren als nur über die "Ode an die Freude" zu staunen oder durch den Donner der Fünften ergriffen zu werden...

http://www.sjsu.edu/beethoven/: *The* ***Ira F. Brilliant Center for Beethoven Studies*** *at San José State University*. Unter "Immortal Beloved" [Unsterbliche Geliebte] heißt es unverbindlich: "The three leading candidates at the moment are Antonie Brentano, Josephine Brunswick, and Bettina Brentano." [Die drei führenden Kandidaten sind im Moment Antonie Brentano, Josephine Brunsvik, und Bettina Brentano.] Treffen Sie Ihre Wahl!

http://raptusassociation.org/: "Ludwig van Beethoven - The Magnificent Master" von der ***Raptus Association*** *for Music Appreciation* (Englisch/Deutsch), die sich auch nicht auf eine bestimmte "Unsterbliche Geliebte" festlegen will:

> Solomons Forschungergebnisse favorisieren Antonie Brentano; Kaznelsons, Harry Goldschmidts und Marie-Elisabeth Tellenbachs Josephine von Brunsvik; und Gail S. Altmans Gräfin Erdödy.

- obwohl man dann doch irgendwie das Gefühl hat, daß eine Mehrheit seriöser Wissenschaftler Josephine "favorisiert" (und es gibt durchaus noch ein paar mehr - siehe unter Literatur). Ist es nicht an der Zeit, mal darüber abzustimmen?

* * *

Ich konnte keine Internet-Webseite finden, die ausschließlich oder überwiegend Josephine von Brunsvik gewidmet ist. Es gibt eine ungarische über Therese (und auch Blanka Teleki, eine Tochter Charlottes), aber mit fast nichts über Josephine: http://brunszvikterez.hu/. Diese enthält auch zwei Bilder, angeblich Minona darstellend, aber sie gelten generell als zweifelhaft (besonders das der jüngeren Frau).

Die deutsche Seite http://brunswicks.de/ erwähnt Josephine kaum (und auch sonst herzlich wenig); http://www.von-stackelberg.de/ enthält überhaupt nichts über Christoph. Und die meisten anderen (englischsprachigen) Webseiten, die ich fand (oder darüber stolperte), und die sich mehr oder weniger mit "Beethoven" befassen, sind ziemlich schwach, was biographische Daten betrifft. Oft plappern sie nur Bruchstücke nach, die mehr oder weniger eindeutig auf die diversen Vermutungen Solomons zurückverfolgt werden können, und es sollte nicht überraschen, daß diese dann oft noch stärker **verzerrt** sind als Solomons Ansichten. Ein gutes (oder vielmehr wirklich sehr schlechtes) Beispiel ist http://www.madaboutbeethoven.com/, eine Webseite, die noch "verrückter" ist in der Art und Weise, wie sie ihren Star und Autor, einen gewissen John Suchet, verherrlicht und verehrt...

Filme

Es gibt nicht einen einzigen Film über Josephine von Brunsvik (während der biographische Teil dieses Buches tatsächlich nach einem Drehbuch geschrieben wurde), und die meisten der wenigen über Beethoven, in denen sie eine Nebenrolle spielt, verzerren die Fakten bis zur Unkenntlichkeit.

* * *

Der erste Film über den Komponisten hieß "Beethoven" und wurde im Jahre 1909 in Frankreich von Victorin-Hippolyte Jasset gemacht, mit Harry Baur als Beethoven.

Der nächste wurde im Jahr 1918 in Österreich gedreht, mit dem Titel "Märtyrer seines Herzens", auch bekannt als "Beethoven und die Frauen", von Emil Justiz; Fritz Kortner spielte Beethoven. (Plot unbekannt.)

Die Handlung von "Beethoven's Moonlight Sonata" (USA 1920, von James A Fitzpatrick): Beethoven trifft eine Pianistin und entdeckt, daß sie blind ist, und danach ist er so bewegt, daß er die Kerzen löscht und für sie "im Mondenschein improvisiert"...

Zwei deutsche Filme folgten: Im Jahr 1927, "Das Leben des Beethoven" von Hans Otto, und "Luduvicus" von Manguri Ammilus 1930. (Plots unbekannt.)

"**Un Grand Amour de Beethoven**" von Abel Gance (Frankreich 1936), wieder mit Harry Baur als Beethoven, ist **ein toller Film** mit einer bewegenden Handlung: Zwei junge Frauen, seine Schülerinnen, sind in ihn verliebt. Thérèse de Brunsviks Liebe bleibt unerwidert, obwohl sie und Beethoven seit Jahren verlobt sind; Juliette Guicciardi, in die Beethoven verliebt ist, heiratet einen Grafen und bedauert dann ihre Entscheidung, aber da haben er und Thérèse sich schon verlobt...

Ein weiterer französischer Film wurde 1940 unter dem Titel "Sérénade" von Jean Boyer gemacht, gefolgt von "New Wine" (USA 1941, von Reinhold Schünzel) und "Wen die Götter lieben" (Deutschland 1942, von Karl Hartl). (Plots unbekannt.)

Nach dem Krieg gab es "Eroica" (Österreich 1949, von Walter Kolm-Veltée) mit Ewald Balser als Beethoven: Er verliebt sich in Giulietta, die sogar bereit ist, ihren Verlobten für ihn zu verlassen, während Therese meint, daß es aufgrund seines Talents nicht Beethovens Bestimmung sei, eine erfüllte Beziehung mit einer Frau zu haben; Neffe Karl erscheint auch, um Beethovens Sorgen noch zu vergrößern...

In Ost-Deutschland wurde ein Dokumentarfilm "Ludwig van Beethoven" im Jahr 1954 von Max Jaap gemacht.

1961 ging Beethoven nach Disneyland (USA), um in einer TV-Serie als "The Magnificent Rebel" (auch "Schicksals-Sinfonie", von Georg Tressler) aufzutreten, mit Karlheinz Böhm als Beethoven. (Dieser Film ist gut geeignet als eine kurze Einführung in die Musik Beethovens für diejenigen, die überhaupt nichts über sein Leben und Werk wissen.)

Ganz andersartig (und höchst respektlos) war "**Ludwig van**" (Bundesrepublik Deutschland 1969, von Mauricio Kagel), rechtzeitig am Vorabend der vielen Feierlichkeiten zum zweihundertsten Geburtstag; er erinnerte daran, daß der Komponist unter einem Spinnennetz von Mythen und Legenden so gut wie verschwunden war... Dieser Schwarz-Weiß-Film war bewußt verzerrt, verstörend, aggressiv.

Ein weiterer Dokumentarfilm "Ludwig van Beethoven" von Hans Conrad Fischer erschien in der Bundesrepublik Deutschland im Jahr 1970.

Dem folgte "Beethoven - Tage aus einem Leben", auch bekannt als "Der Compositeur" (Ost-Deutschland 1976, von Horst Seemann), eine Biographie, die Episoden aus Beethovens Leben zwischen 1813 und 1819 zeigt. Dies scheint das erste Mal gewesen zu sein, daß Josephine wenigstens erwähnt wird. (Vielleicht hatte Harry Goldschmidt etwas damit zu tun?)

"Fidelio" (Frankreich 1979, von Pierre Jourdan), mit Gundula Janowitz, Jon Vickers, Theo Adam, und Zubin Mehta mit dem Israel Philharmonic Orchestra und dem Chor der New Philharmonia, war einer der mehr als ein Dutzend Aufnahmen von Beethovens einziger Oper. Es wurde versucht, die deutschsprachige Aufführung im römischen Theater von Orange mit schiefen Kameraperspektiven und einer sich ständig bewegenden Kamera zu beleben; allerdings wurde das Ergebnis sowohl von Opernliebhabern als auch von Filmkritikern verrissen.

"Goshu der Cellist" (Japan 1982, von Isao Yakahata) ist ein Animationsfilm, voller Poesie, eine wunderschöne musikalische Schöpfung - ein Kunstwerk für jung und alt, mit Beethovens *Pastorale* im Mittelpunkt.

"Le Neveu de Beethoven" ("Beethovens Neffe"), auch "Beethoven - Die Ganze Wahrheit" (Frankreich 1985, von Paul Morrissey) mit Wolfgang Reichmann als Beethoven, schildert den Onkel als wütend und tyrannisch, besessen und wahnsinnig eifersüchtig. Auch wenn der Film tiefe Sympathie für seine Qualen auslöst, konzentriert er sich zu sehr auf nur einen Aspekt seines Lebens - was nicht überrascht, da die Handlung auf Romanen (wie Magnani 1972) basiert.

Eine TV-Dokumentation "The Immortal Beethoven" wurde in Kanada gemacht (1987, von Israela Margalit).

Und in Deutschland ein Film "Freunde, diese Töne" (1990, von Klaus Lindemann), mit Mathias Herrmann als Beethoven. (Plot unbekannt.)

Eine Komödie für Kinder "Beethoven Lives Upstairs" (USA 1992, von David Devine) wurde für TV gemacht.

In Deutschland erschien "Le mécano de l'oreille" (1994, von Gert Jonke). (Plot unbekannt.)

Die längst überfällige Seifenoper, im Hollywood-Stil, und dementsprechend mit dem (irreführenden) Titel "Immortal Beloved", deutsch "Ludwig van B. - Meine unsterbliche Geliebte" (USA 1994, von Bernard Rose), mit Gary Oldman als Beethoven, erhielt trotzdem nur "gemischte" Rezensionen. Die (eher zusammenhangslose) Handlung ist einfach unglaublich: Es stellt sich heraus, daß die Unsterbliche Geliebte niemand anderes ist als seine verhaßte Schwägerin Johanna! Zu sagen, daß diese Art der Darstellung Beethovens (er scheint auch eher ein Frauenheld zu sein) "verzerrt" ist, ist noch milde ausgedrückt. Selbst die Musik (so wunderschön sie auch ist - aber das läßt sich ja kaum vermeiden, oder?) ist eher misrepräsentiert und misrepräsentierend. Wenn es das Ziel war, eine Fantasie, einen Mythos, zu schaffen, der maximal ungleich ist zu allem, was über Beethovens sogenannte "Unsterbliche Geliebte" bekannt ist, und in den Köpfen der Menschen noch mehr Verwirrung zu stiften, dann war dieser Film ein voller Erfolg! - Beweis:

> Ich sah den Film *Immortal Beloved* und war überrascht, wie nahe der Film diesem Buch [Solomons *Beethoven*] kam, obwohl das Buch nicht [!] im Filmabspann erwähnt oder gewürdigt wird. Natürlich war es erfunden, daß im Film die Unsterbliche Geliebte Beethovens Schwägerin war, aber Solomon hatte ja eine solche Haß-Liebe-Beziehung zwischen den beiden nahegelegt. [I watched the movie *Immortal Beloved* and was surprized how close the movie was to this book [Solomon's *Beethoven*], although the book wasn't [!] mentioned in the credits. Of

course, the movie made up the bit about the I[mmortal] B[eloved] being B[eethoven]'s sister-in-law but Solomon suggested [!] the love/hate relationship between the two.] (http://www.amazon.com/BeethovenRevisedMaynardSolomon/product-reviews/, 6. Februar 2011.)

Siehe auch Lewis Lockwood: "Film Biography as Travesty: *Immortal Beloved* and Beethoven." *The Musical Quarterly* 81/2, 1997, S. 190-198.

Und als ob dies noch nicht genug war, "La Musique de l'amour: Un amour inachevé" (Frankreich 1996, von Fabrice Cazeneuve), eine TV-Seifenoper, die auch in Deutsch erschien unter dem etwas aufschlußreicheren Titel "Minona - Zaubermacht der Musik", erzählt die vollkommen fiktive Geschichte von Minona auf der Suche nach ihrem berühmten Vater.

Herausragend und wunderschön gemacht, aber wenig bekannt, ist der kanadische Film auf DVD "**Immortal Spirit**" (2000, von Bernar Hébert) in der Serie "The Great Composers" (mit 2 Bonus-CDs), mit Pascal Contamine als Beethoven. Mit einer wahrhaft erstaunlichen biographischen und choreographischen Inszenierung des Streichquartetts Nr. 10 in *Es-Dur* "Die Harfe" Op. 74 (siehe http://www.lvbeethoven.com/Fictions/FictionFilmsImmortalSpirit.html, 6. Januar 2011).

"Fidelio" (USA 2002, von Brian Large) mit Karita Mattila, Ben Heppner, und James Levine als Dirigent des Metropolitan Opera Orchestra & Chorus, ist eine weitere TV-Aufzeichnung dieser Oper, diesmal inszeniert wie ein moderner Gangsterfilm...

Ein ausgezeichneter und wunderschöner TV-Film mit nur einem einzigen Werk ist "**Eroica**" (Großbritannien 2003, Regie Simon Cellan-Jones) mit Ian Hart als Beethoven und Claire Skinner als Josephine. Die Handlung ist sogar ziemlich akkurat, was die historischen Tatsachen angeht: Am 9. Juni 1804 findet die erste (private) Aufführung der 3. Sinfonie Beethovens im Palast des Fürsten Lobkowitz statt. Während der Aufführung versucht Beethoven seine Geliebte, eine Witwe namens Josephine von Deym, zu überreden, ihn zu heiraten, aber sie weigert sich ihrer Kinder wegen, die sie wegen der unfairen Vormundschaftsgesetze verlieren würde - als Mitglied des Adels kann sie Beethoven, einen Bürgerlichen, daher nicht heiraten.

Als ob "Immortal Beloved" von Rose noch nicht fantastisch und fiktiv genug war, "Nesmrtelná Milenka" [Unsterbliche Geliebte] (Tschechische Rep. 2005, von Josef Císařovský) ist ein weiterer TV-Film, dem eine völlig fiktive Handlung zugrunde liegt: Die längst zurückgewiesene Spekulation, daß eine gewisse Almerie

Esterházy (eine Frau, der Beethoven nie begegnet war) seine heimliche Liebe war (siehe Rita Steblin: "Beethoven's Immortal Beloved: Evidence against Almerie Esterházy". *Abstracts of Papers Read at the Meeting of the American Musicological Society*, Sixty-Seventh Annual Meeting, November 15–18, 2001, S. 45.)

"Beethoven's Hair"/"Beethovens Haar" (USA/Deutschland 2005, von Larry Weinstein), auf dem Buch des gleichen Titels von Martin (2000) basierend, untersucht die sensationelle Entdeckung, daß der Bleigehalt in einer überlebenden Locke des Komponisten auf eine mögliche Ursache für seinen Tod durch Bleivergiftung hinweisen könnte. Angesichts der vielen noch ungelösten Rätsel um seine Gesundheit, seine Taubheit und seine vielen anderen Erkrankungen, kann man wohl noch nicht sagen, daß das Rätsel völlig gelöst ist - doch ist diese Geschichte insofern sehr interessant, da sie die Schrecken des Holocausts beinhaltet.

"Copying Beethoven", deutsch "Klang der Stille" (USA 2006, von Agnieszka Holland) mit Ed Harris als Beethoven: eine Fantasie, eine erfundene Geschichte, um uns einen Einblick in das, was gewesen sein könnte, zu geben; das Drehbuch ist sehr "erfinderisch".

"Beethoven - Genie am Abgrund" (Deutschland 2009, von Gero von Boehm) in der TV-Serie "Giganten", mit Uwe Ochsenknecht als Beethoven, wurde "bombastisch" genannt; es enthält jedoch eine kurze Szene mit Josephine als "Unsterblicher Geliebter". Plus Interviews mit Beethoven-Forschern, darunter Rita Steblin.

"In Search of Beethoven" (Großbritannien 2009, von Phil Grabsky) ist ein Dokumentarfilm, dominiert von anglo-amerikanischen "Experten" (man kann sich daher denken, wer wohl die "Unsterbliche Geliebte" war). Ziemlich rührselig und sentimental. Trotz der Anerkennung, die er erhielt (nach dem viel besseren "In Search of Mozart"), wird man das Gefühl nicht los, daß er ihn nicht wirklich gefunden hat! Eine (noch dazu fragwürdige) Auswahl von viel guter Musik ist da einfach nicht genug.

Lieder

"**Als die Geliebte sich trennen wollte**" WoO 132, ursprünglich "Empfindungen bei Lydiens Untreue". Text: Stephan von Breuning (1774-1827).

"**Andenken**" WoO 136. Text: Friedrich von Matthisson (1761-1831). Ebenso in Musik gesetzt von Carl Maria von Weber (1786-1826) in 1806, Ferdinand Ries (1784-1838) in 1810, Franz Schubert (1797-1828) in 1814 und Antonio Salieri (1750-1825) in 1825.

"**An die Geliebte**" WoO 140. Text: Josef Ludwig Stoll (1778-1815). Ebenso in Musik gesetzt von Franz Schubert (1797-1828) in 1815.

"**An die Hoffnung**" 1. Fassung, Op. 32; 2. Fassung, Op. 94. Text: Christoph August Tiedge (1752-1841), aus *Urania*, Erster Gesang: "Klagen des Zweiflers".

"**An die ferne Geliebte**" Op. 98. Text: Alois Jeitteles (1794-1858).

"**Empfindungen bei Lydiens Untreue**" WoO 132, später "Als die Geliebte sich trennen wollte". Text: Stephan von Breuning (1774-1827).

"**God Save the King**" WoO 157 Nr. 1. Text: Henry Carey (1687?-1743).

"**Ich denke dein**" WoO 74. Text: Johann Wolfgang von Goethe (1749-1832), als "Nähe des Geliebten". Ebenso in Musik gesetzt von Franz Schubert (1797-1828) in 1821.

"**Ich liebe dich so wie du mich**" WoO 123, auch "Zärtliche Liebe". Text: Karl Friedrich Wilhelm Herrosee (1764-1821).

Italienische Liebeslieder Op. 82.

"**Resignation**" WoO 149. Text: Paul von Haugwitz (1791-1856).

Sechs Lieder Op. 75.

"**Sehnsucht**" Op. 83 Nr. 2. Text: Johann Wolfgang von Goethe (1749-1832), 1802. Ebenso in Musik gesetzt von Franz Schubert (1797-1828) in 1814.

"**Sehnsucht**" WoO 134. Text: Johann Wolfgang von Goethe (1749-1832), aus *Wilhelm Meisters Lehrjahre*: "Nur wer die

Sehnsucht kennt". Ebenso in Musik gesetzt von Franz Schubert (1797–1828), 1815 bis 1826 (6 Versionen).

"**Sehnsucht**" WoO 146. Text: Christian Ludwig Reissig (1783–1822+).

"**Wonne der Wehmut**" Op. 83 Nr. 1. Text: Johann Wolfgang von Goethe (1749–1832), 1775. Ebenso in Musik gesetzt von Franz Schubert (1797–1828) in 1815.

"**Zärtliche Liebe**" WoO 123, auch "Ich liebe dich so wie du mich". Text: Karl Friedrich Wilhelm Herrosee (1764–1821).

* * *

Siehe http://www.recmusic.org/lieder/b/beethoven.html für weitere Einzelheiten.

Werke

Op. = Opus, ein Werk, dem eine Nummer gegeben wurde (von Beethoven oder einem Verleger; es gibt 138). **WoO** = "Werk ohne Opus-Nummer" (katalogisiert von Kinsky & Halm; es gibt 205 plus ein Anhang von 18). **Hess** = Katalog von anderen Werken, die weder eine Opus- noch eine WoO-Nummer haben (es gibt 335 plus ein Anhang von 66). Es gibt jetzt auch ein fast vollständiges Verzeichnis aller bekannten (oder ihm zugeschriebenen) Kompositionen von Beethoven, von Biamonti (849 Einträge plus ein Anhang von ca. 100), darunter auch vieler Skizzen, Fragmente und zweifwlhafter Werke - siehe http://www.lvbeethoven.com/Oeuvres/ListBiamonti01.html.

Idealerweise sollte man jede dieser Kompositionen, wenn sie im Text erwähnt wird, im Hintergrund spielen!

* * *

Op. 1: 3 Piano-Trios, 1792–1794, gewidmet Fürst Lichnowsky.

Op. 2: 3 Piano-Sonaten, 1793–1795, gewidmet Joseph Haydn.

Op. 3: Streich-Trio in *Es-Dur*, 1794.

Op. 11: Trio for Piano, Klarinette/Violine & Cello in *B-Dur*, 1797-1798, gewidmet Gräfin von Thun.

Op. 12: 3 Sonaten für Piano & Violine, 1797–1798, gewidmet Antonio Salieri.

Op. 17: Sonate für Piano & Horn in *F-Dur*, 1800, gewidmet Baronin Braun.

Op. 21: Sinfonie Nr. 1 in *C-Dur*, 1799–1800, gewidmet Baron van Swieten.

Op. 27 Nr. 2: Piano-Sonate Nr. 14 "quasi una Fantasia" in *Cis-moll* ("Mondschein"), 1800–1801, gewidmet Julie ("Giulietta") Gräfin Guicciardi.

Op. 31: 3 Piano-Sonaten, 1802.

Op. 32: Lied "An die Hoffnung", 1. Fassung, 1804–1805, gewidmet Josephine Gräfin Deym (heimlich).

Op. 35: 15 Variationen mit Fuge für Piano in *Es-Dur* über ein Thema aus dem Ballett *Die Geschöpfe des Prometheus* Op. 43 ("Eroica-Variationen"), 1802, gewidmet Fürst Lichnowsky.

Op. 36: Sinfonie Nr. 2 in *D-Dur*, 1801–1802, gewidmet Fürst Lichnowsky.

Op. 37: Piano-Koncert Nr. 3 in *c-moll*, 1800–1803, gewidmet Prinz Louis Ferdinand von Preußen.

Op. 43: Ballett-Musik "Die Geschöpfe des Prometheus", 1800–1801, gewidmet Fürstin Lichnowsky.

Op. 47: Violin-Sonate Nr. 9 in *A-Dur* ("Kreutzer"), 1802–1803, gewidmet Rodolphe Kreutzer.

Op. 53: Piano-Sonate Nr. 21 in *C-Dur* ("Waldstein"), 1803–1804, gewidmet Ferdinand Graf von Waldstein.

Op. 54: Piano-Sonate Nr. 22 in *F-Dur*, 1804.

Op. 55: Sinfonie Nr. 3 in *Es-Dur* "Eroica", 1803, gewidmet Fürst Lobkowitz.

Op. 57: Sonate in *f-moll* "Appassionata", 1804–1805, gewidmet Franz Graf von Brunsvik.

Op. 68: Sinfony Nr. 6 in *F-Dur* "Pastorale", 1807-1808, gewidmet Fürst Lobkowitz & Graf Razumovsky.

Op. 69: Cello-Sonate Nr. 3 in *A-Dur* ("Inter Lacrimas et Luctum"), 1807–1808, gewidmet Baron von Gleichenstein.

Op. 72: Oper *Fidelio*, 1814.

Op. 74: Streich-Quartett Nr. 10 in *Es-Dur* "Die Harfe", 1809, gewidmet Fürst Lobkowitz.

Op. 75: 6 Lieder, 1809, gewidmet Fürstin Kinsky.

Op. 78: Piano-Sonate in *Fis-Dur* ("À Thérèse"), 1809, gewidmet Therese Gräfin von Brunsvik.

Op. 81a: Piano-Sonate Nr. 26 in *Es-Dur* "Das Lebewohl" ("Les Adieux"), 1809–1810, gewidmet Erzherzog Rudolph.

Op. 82: 5 Italienische Liebeslieder, 1809–1810.

Op. 83 Nr. 1: Lied "Wonne der Wehmut"; Nr. 2: Lied "Sehnsucht", 1810, gewidmet Fürstin Kinsky.

Op. 85: Oratorium *Christus am Ölberge*, 1803–1804.

Op. 86: Messe in *C-Dur*, 1807, gewidmet Fürst Kinsky.

Op. 91: "Wellingtons Sieg, oder die Schlacht bei Vittoria", 1813, gewidmet König George von England.

Op. 92: Sinfonie Nr. 7 in *A-Dur*, 1811–1812, gewidmet Moritz Graf von Fries.

Op. 93: Sinfonie Nr. 8 in *F-Dur*, 1812.

Op. 94: Lied "An die Hoffnung", 2. Fassung, 1813–1815.

Op. 95: Streich-Quartett Nr. 11 in *F-Dur* "Quartetto serioso", 1811–1812, veröffentlicht 1816, gewidmet Nikolaus Zmeskall.

Op. 96: Violin-Sonate Nr. 10 in *G-Dur*, 1812, gewidmet Erzherzog Rudolph.

Op. 98: Liederkreis "An die ferne Geliebte", 1816, gewidmet Fürst Lobkowitz.

Op. 106: Piano-Sonate Nr. 29 in *B-Dur* ("Hammerklavier"), 1816–1818, gewidmet Erzherzog Rudolph.

Op. 109: Piano-Sonate Nr. 30 in *E-Dur*, 1820, gewidmet Maximiliane Brentano.

Op. 110: Piano-Sonate Nr. 31 in *As-Dur*, 1821–1822.

Op. 111: Piano-Sonate Nr. 32 in *c-moll*, 1821–1822, gewidmet Erzherzog Rudolph.

Op. 120: 33 Variationen für Piano in *C-Dur* über einen Walzer von Diabelli, 1819–1823, gewidmet Antonie Brentano.

Op. 123: Messe in *D-Dur* "Missa Solemnis", 1819–1823, gewidmet Erzherzog Rudolph.

Op. 125: Sinfonie Nr. 9 in *d-moll*, 1817–1824, gewidmet König Friedrich Wilhelm III. von Preußen.

Op. 135: Streich-Quartett Nr. 16 in *F-Dur*, 1826, gewidmet Johann Nepomuk Wolfmayer.

Op. 136: Kantate "Der glorreiche Augenblick", 1814.

* * *

WoO 1: Ballett-Musik "Ritterballett", 1790–1791. Geschrieben für Graf Waldstein.

WoO 14 Nr. 7: Contredance für Orchester in *Es-Dur*, 1800–1802.

WoO 33: 5 Stücke für Musik-Uhr, 1799.

WoO 39: Allegretto für Piano-Trio in *B-Dur*, 1812, gewidmet Maximiliane Brentano.

WoO 57: Andante grazioso con moto für Piano in *F-Dur* ("Andante favori"), 1803–1804 ("Josephines Leitmotiv"). Geschrieben für Josephine Gräfin Deym.

WoO 59: Bagatelle für Piano in *a-moll* ("Für Elise"), 1810, gewidmet Teresa von Malfatti?

WoO 63: 9 Variationen für Piano in *c-moll* über einen Marsch von Ernst Christoph Dreßler, 1782, gewidmet Gräfin Wolf-Metternich.

WoO 74: Lied "Ich denke dein" plus 6 Variationen für Piano-Duo in *D-Dur*, 1799–1803, gewidmet Therese Gräfin von Brunsvik & Josephine Gräfin Deym.

WoO 78: 7 Variationen für Piano in *C-Dur* über "God Save the King", 1802–1803.

WoO 79: 5 Variationen für Piano in *D-Dur* über "Rule Britannia", 1803.

WoO 123: Lied in *G-Dur* "Ich liebe dich so wie du mich", auch "Zärtliche Liebe", 1795; veröffentlicht 1803.

WoO 132: Lied in *Es-Dur* "Als die Geliebte sich trennen wollte", ursprünglich "Empfindungen bei Lydiens Untreue", 1806.

WoO 134: Lied "Sehnsucht", 4 Versionen, 1807–1808.

WoO 136: Lied in *D-Dur* "Andenken", 1808.

WoO 140: Lied "An die Geliebte", 1. Fassung 1811, 2. Fassung 1814. Geschrieben für Regina Lang.

WoO 146: Lied in *E-Dur* "Sehnsucht", 1816.

WoO 149: Lied in *D-Dur* "Resignation", 1817.

WoO 157 Nr. 1: Englisches Volkslied "God Save the King", 1817.

WoO 168 Nr. 1: Kanon "Das Schweigen", 1816.

WoO 200: Stück für Piano in *G-Dur* "O Hoffnung", 1818.

* * *

Hess 90: Ballett-Musik "Die Geschöpfe des Prometheus" für Piano (arr. Op. 43), 1801, gewidmet Fürstin Lichnowsky.

Hess 107: Grenadier-Marsch für Mechanische Uhr in *F-Dur*, 1798.

Hess 109: Oper *Leonore, oder Der Triumph der ehelichen Liebe*, 1. Fassung, mit Overtüre *Leonore II*, 1804–1805.

Hess 110: Oper *Leonore, oder Der Triumph der ehelichen Liebe*, 2. Fassung, mit Overtüre *Leonore III*, 1805–1806.

Literatur

Anton Schindler (**1840**): *Biographie von Ludwig van Beethoven*. Münster.

Die allererste Biographie, voller Fehler, Auslassungen, Mythen und etlichen Versuchen der Selbstverherrlichung. Trotzdem hat sie das übliche Beethoven-Bild mehr als ein Jahrhundert lang dominiert (auch heute noch - sie gehört zur "Standard-Literatur" des Beethoven-Hauses!) Sie enthält jedoch nicht ein einziges Wort über Josephine oder Therese.

Nathalie von Stackelberg (**1882**, Hg.): *Otto Magnus von Stackelberg. Schilderung seines Lebens und seiner Reisen in Italien und Griechenland (nach Tagebüchern und Briefen)*. Heidelberg: Winter.

Enthält ein paar Hinweise zu seinem Bruder Christoph.

Mariam Tenger (**1890**): *Beethoven's Unsterbliche Geliebte*. Bonn: Nusser.

Wohl die erste, wenn auch fiktive, Darstellung, die auf Therese hindeutete. Von La Mara (1909, S. 17) als "Chimäre" zurückgewiesen. Tengers Fiktion täuschte mehrere seriöse Beethoven-Wissenschaftler für etliche Jahre, so wie Solomons Fabrikationen es Jahrzehnte später wieder tun würden.

La Mara (**1909**) [Ida Maria Lipsius]: *Beethovens Unsterbliche Geliebte. Das Geheimnis der Gräfin Brunsvik und ihre Memoiren*. Leipzig: Breitkopf & Härtel.

("1909" steht auf der Titelseite, während es auf der folgenden Seite heißt "Veröffentlicht 15. November 1908" und "Copyright 1908 von Breitkopf & Härtel". 1909 ist wahrscheinlich das Jahr, als es tatsächlich im Druck erschien.) La Mara nahm an, daß Therese von Brunsvik (heimlich) Beethovens Geliebte war, hauptsächlich aufgrund der Aussagen von einigen der späteren Nachkommen der Brunsviks, die sie befragt hatte. Der Hauptwert von La Maras Buch liegt in der Veröffentlichung von Thereses Memoiren - eine sehr lebendige und lesbare Darstellung, nicht nur ihres eigenen (langen und recht zufriedenen) Lebens, sondern auch das ihrer Schwester Josephine (kurz und un-
glücklich). Und, natürlich, Ihrer nie enden wollenden Anbetung Beethovens. Doch all dies war oft aus der Sicht von hinterher gefiltert, einige Details sind falsch, und vor allem die entscheidenden Ereignisse des Jahres 1812 fehlen völlig (oder sind mit denen von 1813 vermischt).

Ida Maria Lipsius (1837-1927) wurde in eine musikalische Familie geboren und wurde später Musikhistorikerin. Ihre Veröffentlichungen erfolgten unter dem Pseudonym "La Mara". Sie war eng mit Franz Liszt befreundet und schrieb Biographien über zahlreiche Komponisten, von Haydn bis Berlioz, von Gluck bis Chopin. Und natürlich Beethoven.

La Mara (**1920**) [Ida Maria Lipsius]: *Beethoven und die Brunsviks. Nach Familienpapieren aus Therese Brunsviks Nachlaß*. Leipzig: Siegel.

Nach der Entdeckung verschiedener Briefe und anderer Dokumente (zumindest von dem, was in der Zeit nach dem Ersten Weltkrieg zugänglich war), korrigierte sie ihre frühere Ansicht und war nun überzeugt, daß Josephine diejenige war. La Mara war damit die erste, die es herausfand.

Romain Rolland (**1928**): *Beethoven the Creator. The Great Creative Epochs: I. From the* Eroica *to the* Appassionata. [Beethoven. Les grandes époques créatrices. I. De l'Héroïque à l'Appassionata.] Übers. Ernest Newman. New York: Garden City.

War in Kontakt mit Marianne Czeke, die ihm Teile von Thereses Tagebuch und weitere Informationen zur Verfügung stellte.

Marianne Czeke (**1938**): *Brunszvik Teréz grófno naplói és feljegyzései*. [Gräfin Therese Brunsviks Tagebücher und Aufzeichnungen.] Bd. 1. Budapest.

Enthält Thereses Tagebuch und Notizen bis 1813 (in Deutsch und Französisch), mit einer Einführung in ungarischer Sprache.

Siegmund Kaznelson (**1954**): *Beethovens Ferne und Unsterbliche Geliebte*. Zürich: Standard.

Erste umfassende Analyse, die eindeutig Josephine identifiziert, basierend auf Thereses Tagebüchern und Minonas Geburtsdatum – kurz bevor die "13 Briefe" bekannt wurden.

Siegmund Kaznelson (1893-1959) war ein polnischer Zionist, der 1937 nach Israel auswanderte. Er war zunächst besessen von der Idee, dass Rahel Varnhagen die "Unsterbliche (und dann stattdessen die "Ferne") Geliebte" gewesen sei. Nach der Auswertung der Tagebücher der Brunsvik-Schwestern kam er auf die richtige Lösung. Allerdings wurde er (wie La Mara) vom musikwissenschaftlichen Establishment praktisch ignoriert.

Editha & Richard Sterba (**1954**): *Beethoven and his nephew; a psychoanalytic study of their relationship*. New York: Pantheon. Deutsch als *Ludwig van Beethoven und sein Neffe. Tragödie eines Genies. Eine psychoanalytische Studie*. München 1964.

Autoren, die für den Neffen Karl als "Unsterbliche Geliebte" plädierten. Erster (zu einem gewissen Teil erfolgreicher) Versuch, die Gehirne interessierter Leser mit reißerischen psychoanalytischen Spekulationen zu vernebeln (was dann bald von Solomon noch übertroffen wurde).

Stephan Ley (**1957**): *Aus Beethovens Erdentagen*, Kapitel "Eine unsterbliche Geliebte Beethovens", S. 78-85. Siegburg: Schmitt.

"Nur im Negieren ist man in der Lage, zu eindeutigen Schlüssen zu gelangen: weder Giulietta Guicciardi noch Amalie Sebald oder Bettina Brentano können in Frage kommen, und nicht einmal Therese Brunsvik, die für eine lange Zeit ernsthaft als die Empfängerin des berühmten Liebesbriefess galt. Aber merkwürdigerweise sind es genau die gleichen Dokumente, die definitiv, im negativen Sinne, auf Therese hinweisen, Zeugnis von leidenschaftlicher Liebe Beethovens für ihre Schwester Josephine." (S. 78)

Joseph Schmidt-Görg (**1957**, Hg.): *Beethoven: Dreizehn unbekannte Briefe an Josephine Gräfin Deym geb. v. Brunsvik*. Bonn: Beethoven-Haus.

Mit Kommentaren des Herausgebers, und auch einigen von Josephines Brief-Entwürfen, ist dies ein erster Versuch, diese Briefe zu interpretieren (und zu datieren). Bedauerlicherweise hat er nicht die Auswirkungen des Drucks durch die Familie Brunsvik erkannt, die Beziehung zu beenden, und deshalb den letzten Brief fälschlicherweise als Ausdruck einer "Abkühling" interpretiert - in der Tat, als ein irreversibles Ende. Und er dachte daher, daß der spätere Brief an die "Unsterbliche Geliebte" an jemand anderes gewesen sein muß. Dies wurde auch nicht besser durch die Tatsache, daß diese Ausgabe der "13 Briefe" (in Deutsch) nicht weithin bekannt wurde, und noch weniger gelesen oder verstanden. Das "Geheimnis" (und damit das Fehlen an fundiertem Wissen und Verständnis) bestand fort - bis Solomon schließlich die so entstandene Lücke mit einer dreisten Behauptung füllte...

Man könnte argumentieren, daß dieses Buch von Schmidt-Görg, das heutzutage so oft zitiert wird, eine **Schande** ist, auch, weil es voller Fehler ist. Es ist zudem bemerkenswert, dass dieser ehemalige Leiter des Beethoven-Archivs in Bonn bereits im Jahr 1949 von diesen 13 Briefen wußte, es aber nicht zuließ, daß Kaznelson Zugang zu ihnen bekam (Goldschmidt 1977, S. 464, N. 19). Es war Schmidt-Görgs Disqualifikation von Josephine als Unsterbliche Geliebte (zusammen mit dem deutschen Beethoven-Establishment, das Kaznelson ignorierte), was den Weg für Solomon gebahnt hat.

(Dieses Buch wird in der Regel mit einem bestimmten Bild auf der Titelseite verkauft, das angeblich eine Darstellung Josephines ist. Dieses Amateur-Porträt einer eher vollschlanken blonden Frau ist einer der mythischen Köpfe Thereses und hat nichts mit Josephine zu tun. Lampi dreht sich wahrscheinlich in seinem Grab herum, angesichts dessen, daß ihm dieses Bild zugeschrieben wird, noch dazu von solch einer offiziellen Stelle wie dem Beethoven-Haus!)

Dana Steichen (**1959**): *Beethoven's Beloved*. New York: Doubleday.

Steichen entdeckte zwei verschiedene musikalische Ideen in Werken Beethovens, die Gräfin Erdödy gewidmet waren (das "Geliebte-Thema" und das "Göttin-Thema"), die sie dann in über 40 Werken als Beweis für "des Komponisten lebenslange Liebe zur Gräfin Erdödy" anführt. (S. 20)

Emily Anderson (**1961**, Hg.): *The Letters of Beethoven*. 3 Bände. London: Macmillan.

Obwohl die "13 Briefe" mit enthalten sind, wurden viele ihrer Übersetzungen als nicht immer korrekt kritisiert (Beispiele in Tellenbach 1983, S. 37, 249). Hier nur erwähnt, weil sie so oft zitiert wird.

Walter Riezler (**1962**): *Beethoven*. 8. Aufl. (1. Aufl. 1936.) Zürich: Atlantis.

Immer noch die "Standard"-Biographie in Deutsch. Folgt Kaznelson in bezug auf Josephine, als seine "einzige Liebe".

Joseph Schmidt-Görg (**1966**): "Wer war 'die M.' in einer wichtigen Aufzeichnung Beethovens?" *Beethoven-Jahrbuch* 1961/64, S. 75–79. Bonn.

Zeigt, daß dieses Dokument aufgrund von Wasserzeichen in 1807 datiert werden muß.

Elliot Forbes (**1967**, ed.): *Thayer's Life of Beethoven*. 2 Bände. 2. Aufl. Princeton: University Press.

Immer noch der Klassiker unter den Beethoven-Biographien, begonnen von Thayer, der die 1. Auflage des 1. Bandes in deutscher Sprache im Jahre 1866 veröffentlichte. Nach seinem Tod im Jahre 1897 arbeiteten Hermann Deiters und später Hugo Riemann daran, zu vollenden, was sich auf Tausende von Seiten (in 5 Bänden) belief, mit Einzelheiten über fast alles, was über Beethoven während des neunzehnten Jahrhunderts jemals bekannt geworden war (demnach fast gar nichts über die "Unsterbliche Geliebte"). Die neubearbeitete und revidierte deutsche Version erschien von 1907 bis 1917. Eine englische Version wurde von Henry Krehbiel 1921 veröffentlicht, und Forbes hat diese dann 1964 (1. Aufl.) zu einer verkürzten englischen Version überarbeitet.

Der Hauptvorteil dieses Wälzers ist auch seine größte Schwäche: Er hat eine Menge von Daten, aber ihre Interpretation und Präsentation (z.B. Datierung) beruhen immer noch auf dem, was das fundierte Wissen eines (wenn auch unermüdlichen) Mannes vor mehr als 100 Jahren war.

Joseph Schmidt-Görg (**1969**): "Neue Schriftstücke zu Beethoven und Josephine Gräfin Deym." *Beethoven-Jahrbuch* 1965/68, S. 205-208. Bonn.

Enthält einen weiteren Brief Beethovens an Josephine (von April/Mai 1807) und mehrere Briefe von Josephine an Beethoven aus dem Jahre 1805.

Jean & Brigitte Massin (**1970**): *Recherche de Beethoven*. Paris: Fayard.

Französische Autoren, die Josephine als die "Unsterbliche Geliebte" identifizierten.

Luigi Magnani (**1972**): *Il nipote di Beethoven*. [Beethovens Neffe.] Turin: Einaudi.

Da dies ein (sehr gut geschriebener) Roman ist, sollte man mehr Mythos und Fiktion als Realität erwarten.

Maynard Solomon (**1972**): "New Light on Beethoven's Letter to an Unknown Woman." *The Musical Quarterly*, Vol. 58/4, S. 572-587.

Das erste Mal, daß die verwegene Behauptung öffentlich gemacht wurde, daß Antonie Brentano die "Unsterbliche Geliebte" gewesen sein könnte (und zwar vor allem deshalb, weil sie dort war).

Virginia Oakley Beahrs (**1972**): "New Light on Beethoven's Immortal Beloved?" *Michigan Quarterly Review*, Band XI/3, S. 177-185.

Identifizierte den Buchstaben "A" in Beethovens Tagebuch mit seinem Freund Amenda, somit (wie die Sterbas) eine homoerotische Neigung implizierend!

Harry Goldschmidt (**1977**): *Um die Unsterbliche Geliebte. Ein Beethoven-Buch*. Leipzig: Deutscher Verlag für Musik.

Beginnt mit einer wohldurchdachten und detaillierten Abwägung aller Argumente, die von seinem Freund Solomon zugunsten von Antonie vorgebracht wurden, gefolgt von einer ebenso umfassenden Darstellung der Evidenz, die Josephine favorisiert, und schließt dann mit einem synoptischen Vergleich der beiden. Die letztere die klare Siegerin.

Marie-Elisabeth Tellenbach (**1983**): *Beethoven und seine "Unsterbliche Geliebte" Josephine Brunswick. Ihr Schicksal und der Einfluß auf Beethovens Werk*. Zürich: Atlantis.

Erste (und bisher einzige) **umfassende Biographie** der Frau, die Beethovens "eine und einzige" war. Obwohl immer noch begrenzt durch das, was damals zugänglich war, zieht sie alle richtigen Schlüsse. Wie Goldschmidt, nur in Deutsch verfügbar (d.h., in Amerika praktisch ignoriert).

Virginia Beahrs (**1986**): "The Immortal Beloved Revisited." *Beethoven Newsletter* 1/2, S. 22-24.

Diesmal hat sie korrekt Josephine identifiziert.

Marie-Elisabeth Tellenbach (**1987**): "Beethoven and the Countess Josephine Brunswick." *The Beethoven Newsletter* 2/3, S. 41-51.

Virginia Oakley Beahrs (**1988**): "The Immortal Beloved Riddle Reconsidered." *Musical Times* 129/1740, S. 64–70.

Eine erweiterte Version ihres früheren Artikels; widerlegt Solomon.

Susan Lund (**1988**): "Beethoven: a true 'fleshly father'?" *Beethoven Newsletter* 3/1, S. 6-11; 3/2, S. 36-40.

Argumentiert, daß Beethoven der Vater von Antonie Brentanos Sohn Karl Josef, geboren am 8. März 1813, war! War das nicht zu erwarten, nachdem Solomon Antonie vorschlug, und viele sich dann mehr und mehr unwohl fühlten angesichts der Tatsache, daß Minona genau 9 Monate später geboren wurde, aber Stackelberg abwesend war? Die Behauptung, daß Karl Brentano Beethovens Sohn war, geht entweder davon aus, daß er ihn tatsächlich genau vier Wochen vor dieser Begegnung in Prag (irgendwie) gezeugt hatte, oder daß Karl eine Frühgeburt war – äußerst unwahrscheinlich, da dies in jenen Tagen in der Regel zu einer (tödlichen) Fehlgeburt führte (und Antonie war schon eine Mutter von fünf Kindern). Und: Selbst Solomon konnte dies nicht unterstützen, er meinte, "es sei 'sensationslüstern'" [it was "sensationalistic"] (Meredith 2011, S. x).

Maynard Solomon (**1988**): *Beethoven Essays*, Kapitel "Recherche de Josephine Deym". Cambridge, Mass.: Harvard University Press, S. 157–165.

Geschrieben in einem polemischen Stil, ist dies ein vergeblicher Versuch, die Beweise zu Gunsten Josephines als der wahrscheinlichsten "Kandidatin" durch Anhäufen von höhnischem Spott auf ihre "Befürworter" zu diskreditieren. Durch das (Fehl)interpretieren von Briefen, die zu jener Zeit geschrieben wurden, spekuliert er, daß Josephine und Stackelberg (1) beide in Wien gewesen sein "mußten", (2) beide zusammen und (3) sogar glücklich zusammen! Alles in allem, leider auch durch das Vorherrschen einer eher frauenfeindlichen Haltung entwürdigt.

Marie-Elisabeth Tellenbach (**1988**): "Künstler und Ständegesellschaft um 1800: die Rolle der Vormundschaftsgesetze in Beethovens Beziehung zu Josephine Gräfin Deym." *Vierteljahrschrift für Sozial- und Wirtschaftsgeschichte* 2/2, S. 253-263.

Zeigt, daß "die Vormundschaftgesetze der Hauptgrund waren, warum Gräfin Josephine Deym, die einzige Frau, der er leidenschaftliche Liebesbriefe schrieb ... sich von ihm im Jahre 1807 distanzierte, obwohl sie spezifisch auf seine Liebe reagiert hatte." (S. 253)

Carl Dahlhaus (**1991**): *Ludwig van Beethoven: Approaches to his Music*. Oxford: University Press.

Schlußfolgert, daß "interne Evidenz" (S. 247) auf Josephine verweist.

Barry Cooper (**1991**, Hg.): *The Beethoven Compendium. A Guide to Beethoven's Life and Music*. London: Thames & Hudson.

Dieses Buch sollte man im Bücherregal haben.

Virginia Beahrs (**1993**): "Beethoven's Only Beloved? New Perspectives on the Love Story of the Great Composer." *Music Review* 54, Nr. 3/4, S. 183–197.

"Solomon unternimmt erhebliche Anstrengungen, um heraus zu finden, was er für des Komponisten 'tief verwurzelte Unfähigkeit zu heiraten' hält. Darauf soll hindeuten, daß 'ödipale Konnotationen Beethovens Ängste verstärkt haben könnten', und er meint, das 'Streben nach der unerreichbaren Frau sei eine notwendige (wenn auch schmerzhafte) Vorbedingung der kreativen Leistung'... Gab es für ihn nicht in der Tat ... eine tiefe und anhaltende Leidenschaft für eine bestimmte Geliebte, mit der eine Ehe ausgeschlossen war, und zwar nicht durch psychische Hemmungen im Inneren dieses Menschen, sondern durch prohibitive herzzerreißende Äußerlichkeiten? ... Wo ist auch nur der geringste Beweis von wahrer romantischer Liebe selbst für solche lieben Freundinnen wie Marie Erdödy oder Dorothea von Ertmann, Therese Malfatti oder Antonie Brentano? Obwohl alle als die unbekannte Unsterbliche Geliebte Beethovens vorgeschlagen worden sind, werden diese Annahmen nicht durch auch nur eine bekannte Korrespondenz unterstützt. Intime Freundinnen Beethovens, ja, alle miteinander, aber Geliebte? Es gibt aber eine, und **nur eine**, der Beethoven in leidenschaftlichen Erklärungen der unsterblichen Liebe sein Herz ausgeschüttet hat, bemerkenswert ähnlich der Phraseologie des qualvollen Briefs an seine Unsterbliche Geliebte... Diese Eine ist ist seine '**geliebte und einzige J**' – Josephine." [Solomon goes to considerable lengths to establish what he considers the composer's "deeply rooted inability to marry". Suggesting that "Oedipal connotations may have intensified Beethoven's anxieties", he considers "pursuit of the unattainable woman a necessary (though painful) condition of the creative achievement"... Was there for him in fact ... one deep and lasting passion for a certain dear one, marriage to whom was precluded, not by psychological inhibitions of the inner man, but by prohibitive heart-breaking externals? ... Where is any evidence whatsoever of true romantic love for even such dear ones as Marie Erdödy or Dorothea von Ertmann, Therese Malfatti or Antonie Brentano? Although all have been advanced as Beethoven's unknown Immortal Beloved, the assessment is unsupported by the record or by any known correspondence.

Intimate friends of Beethoven, true, one and all; but loves? There is one, however, and **only one**, to whom Beethoven did pour his heart out in impassioned declarations of undying love remarkably similar to the phraseology of the anguished letter to his Immortal Beloved ... That one is his "BELOVED AND ONLY J" - Josephine.] (S. 184 f).

Marie-Elisabeth Tellenbach (**1993/1994**): "Psychoanalysis and the Historiocritical Method: On Maynard Solomon's Image of Beethoven." *Beethoven Newsletter* 8/3, S. 84–92; 9/3, S. 119–127.

Diese Veröffentlichung führte zu Solomons Rücktritt vom Beirat des *Beethoven Centers*, Herausgeber des *Beethoven Newsletters* – was ein schwerer Schlag war, dank Solomons Reputation in den USA und aufgrund der Tatsache, daß sie noch in den Anfängen steckten.

Ernst Pichler (**1994**): *Beethoven. Mythos und Wirklichkeit*. Wien: Amalthea.

Eine Biographie, geschrieben wie eine Mischung aus einem Roman und einem langen Essay. Er erzählt viele der "Mythen" (nach), ohne sie eigentlich zu zerstören (wie etwa Bettina Brentanos Fantasien). Dennoch, was die meisten relevanten Ereignisse in Beethovens Leben angeht, eine weitgehend wahrheitsgetreue Aufzeichnung dessen, was wohl "Wirklichkeit" gewesen sein muß. Er verwirft in überzeugender Weise Solomons "einsame" Spekulationen und gibt der Relevanz von Josephine in Beethovens Leben gebührend Raum.

Ulrich Noering (**1995**): *Beethoven und Ungarn*. Budapest: TóKa-PR-System; in Französisch als: *Ludwig van Beethoven et l'immortelle bien-aimée*. Marseille: Via Valeriano.

Auch in Ungarisch veröffentlicht.

1984 gründete Ulrich Noering die "Gesellschaft der Ungarnvereine" in Stuttgart, später in die "Deutsch-Ungarische Freundschaftsgesellschaft" umbenannt (http://www.neuezeitung.hu/dokumentumok/NZg_05_2002.pdf, 24. Januar 2011).

Theodore Albrecht (**1996**, Hg.): *Letters to Beethoven & other Correspondence*. 3 Bände. University of Nebraska Press.

Ergänzt die Übersetzungen von Beethovens Briefen ins Englische von Anderson (1961); allerdings sind viele Formulierungen fragwürdig, vor allem in den Übersetzungen der Briefe von Josephine an Beethoven (sie sind auch oft falsch datiert).

Es ist eine Schande, daß diese Übersetzungen nicht mit der deutschen "Gesamtausgabe" von Beethovens Korrespondenz (siehe unten) abgestimmt wurden; die vielen Unstimmigkeiten sind wirklich ärgerlich.

Sieghard Brandenburg (**1996**, Hg.): *Ludwig van Beethoven: Briefwechsel. Gesamtausgabe*. 8 Bände. München: Henle.

Die lang erwartete "definitive" Ausgabe, mit vielen Korrekturen von Rechtschreibfehlern und Datierungen. Allerdings hat diese deutsche Ausgabe aller deutschen Korrespondenz des deutschesten aller Komponisten dieses über den sogenannten "Brief an die Unsterbliche Geliebte" (Nr. 582) zu sagen: "Zum Problem der Identifizierung der 'Unsterblichen Geliebten' zusammenfassend Maynard Solomon, *Antonie Brentano and Beethoven* sowie *Recherche de Josephine Deym* in: Beethoven Essays...; dort auch die neuere Literatur zu dem Thema." (Bd. 2, S. 272)

Dies ist (wieder einmal, in der von Schmidt-Görg 40 Jahre zuvor begründeten Tradition) eine **Schande** und eine halbe, und zwar aus mehreren Gründen: (1) Der zitierte Artikel über Antonie hat überhaupt nichts mit dem Problem der "Identifikation" zu tun. (2) Der andere Artikel (über Josephine) ist auch wenig hilfreich in dieser Hinsicht, da er nur eine Polemik ist und versucht, allerdings vergeblich, die (mittlerweile zahlreichen) "Deym-Befürworter" zu widerlegen. (3) Diese beiden eher spezialisierten Artikel sind **alles andere** als eine "Zusammenfassung". (4) Die "neuere Literatur" ist natürlich nirgendwo von Solomon "zusammengefaßt", und schon gar nicht angemessen zitiert. Wenn überhaupt, dann repräsentiert er jenen Zweig esoterischer amerikanischer Forschung, die sich konsequent **weigert**, die neueste [!] deutschsprachige Forschung zu akzeptieren (im Gegensatz zu Forschern wie Beahrs). Das letzte ist dann ja wohl, daß den (meist) **deutschen** Leser dieser "Briefe" zugemutet wird, zusätzliche Erkenntnisse zu diesem Thema aus einer **englischen** Quelle zu entnehmen – als gäbe es keine brauchbaren in Deutsch! (Oder war das der Preis, den man zahlen mußte, um Solomon und Lockwood als Mitherausgeber zu gewinnen?)

Gail S Altman (**1996**): *Beethoven: A Man of His Word – Undisclosed Evidence for his Immortal Beloved*. Anubian Press.

Erwarb einigen unverdienten Ruhm für die Propagierung der unhaltbaren Behauptung, daß Marie Gräfin Erdödy die "Unsterbliche Geliebte" war. Wesentlich wertvoller aufgrund ihrer Zerstörung von Solomons Hypothese.

Marie-Elisabeth Tellenbach (**1996**): "Noch eine Geliebte Beethovens gefunden – oder erfunden? Zu Klaus Martin Kopitz: 'Sieben volle Monate': Beethoven und Theresa von Zandt." *Musica Germany* 50/2, S. 78-83.

Noch nie etwas von Zandt gehört? Macht nichts, solange es nicht Josephine ist, kann man für so ziemlich jede Fantasievorstellung einen Verleger finden...

Maynard Solomon (**1998**): *Beethoven*. 2. Aufl. New York: Schirmer.

Wie schon in der 1. Auflage 1977, wiederholt er die eher vagen Spekulationen über Antonie, zu denen auch einiges von der Polemik aus seinem "Recherche"-Essay hinzugefügt wird. In http://www.amazon.com/ wird es (durch den Verkäufer) "wegen seiner originellen Interpretationen über Beethovens Leben und Musik als ein Meisterwerk gefeiert", weil "Maynard Solomon eine führende Autorität in Bezug auf Beethoven ist". Aber unter mehreren "Kunden-Rezensionen" findet man auch tiefschürfende Beobachtungen wie diese:

"Ich fand Solomons Psychoanalyse irritierend. ... Das Buch ist aus einer psychoanalytischen Sicht geschrieben, die nicht jeder überzeugend finden wird. ... Ich fand seine Versuche, Beethoven zu psychoanalysieren, eher ärgerlich, und anscheinend **mehr in Vermutungen verwurzelt als in Fakten**. Selbst das Kapitel über die Unsterbliche Geliebte, das ich das erste Mal so beeindruckend fand, scheint mir jetzt mehr auf Elimination als auf **solider Wissenschaft** zu beruhen. ... Ich habe woanders schon viel größere Tiefe gefunden, und auch in zugänglicheren Schreibstilen. Ich fand dieses Buch **unlesbar und extrem langweilig**. Es war so voller **bedeutungsloser Einzelheiten**, daß der Erzählfluß praktisch zum Erliegen kam - die endlose Aufführung von irrelevanten Details saugte alle Lebenskraft aus dem Buch. ... Ein ganzes Kapitel über Solomons Vermutung (alle 'Beethoven-Forscher' haben eine) über die Identität der Unsterblichen Geliebten, der Beethoven einen glühenden Liebesbrief schrieb (aber nicht sendete) - und dann **kein wirklicher Versuch, dieses für das Leben dieses Menschen und sein Werk angeblich so wichtige Verhältnis dazu in Beziehung zu setzen**. ... Die meisten Übersetzungsfehler, Fehlinformationen und Ungenauigkeiten der ersten Auflage wurden in diese Version übertragen. Obwohl von europäischen Wissenschaftlern **weitgehend kritisiert**, **verwirrt** dieses Buch weiterhin amerikanische Akademiker, die sich nie die Mühe gemacht haben, die zitierten Hauptquellen zu überprüfen. **Abgekürzte oder falsche Zitate und Halbwahrheiten** unterstützen Theorien, die dieselben Informationen in ihrer ursprünglichen Form leicht als falsch erwiesen hätten. Die darin enthaltenen Psychoanalysen sind lachhaft und basieren oft auf offensichtlich **falschen** Darstellungen von Fakten. Eine starke Warnung an alle Leser." [Solomon's psychoanalysis irritated me. ... The book is written from a psychoanalytic point of view that all may not find convincing. ... I found his attempts to psychoanalyze Beethoven annoying, and seemingly **rooted more in conjecture rather than solid facts**. Even the chapter on the Immortal Beloved, which I found so impressive the first time I read the book, seems now to me based more upon a process of elimination **rather than solid scholarship**. ... I've encountered much greater depth in far more accessible styles of writing. ... I found this book **unreadable and extremely boring**. It was so dense with **meaningless detail** that the narrative flow virtually ceased - the endless inclusion of irrelevant detail sucked the life right out of the book for me. ... A whole chapter about Solomon's guess (all "'Beethoven Scholars" have one) as to the identity of the Immortal Beloved, to whom Beethoven wrote (but may not have mailed) an ardent love letter - then **no real attempt to make this supposed relationship relevant to the man's life and work**. ... Most of the mistranslations, misinformation, and inaccuracies of the original book have been carried over into this version. Although **soundly criticized** by mainly European scholars, this book **continues to dazzle American** academicians who have never bothered to double-check the primary source material from which quotes have been taken. **Truncated quotes, misquotes, and half-truths** support theories which the information in original form would have easily shown as **false**. The psychoanalyses included are **ludicrous** and often based on misrepresentations of facts. A strong caveat to all readers.] (http://www.amazon.com/Beethoven-Revised-Maynard-Solomon/product-reviews/, 6. Februar 2011)

Marie-Elisabeth Tellenbach (**1998**): "Psychoanalyse und historisch-philologische Methode. Zu Maynard Solomons Beethoven- und Schubert-Deutungen." *Analecta Musicologica* 30/II, S. 661-719.

Eine Antwort auf Solomon, der seine fragwürdigen "psychoanalytischen" Spekulationen nicht nur Beethoven, sondern auch Schubert (und anderswo, Mozart) zugefügt hat.

Marie-Elisabeth Tellenbach (**1999**): "Die Bedeutung des Adler-Gleichnisses in Beethovens Brief an Therese Gräfin Brunswick. Ein Beitrag zu seiner Biographie." *Die Musikforschung* 4.

Barry Cooper (**2000**): *Beethoven*. Oxford: University Press.

Oldrich Pulkert (**2000**): "Beethoven's Unsterbliche Geliebte." *Beethoven Journal* 15/1, S. 2-18.

Propagiert eine gewisse Almerie Esterházy, die Beethoven nicht einmal kannte. Nun, das ist ja wohl die Höhe! (Und wenn Sie sich fragen, warum das angesehene *Beethoven Journal* solch einen Unsinn veröffentlicht ... bitte weiterlesen:)

William Meredith (**2000**): "Mortal Musings: Testing the Candidacy of Almerie Esterházy against the Antonie Brentano Theory." *Beethoven Journal* 15/1, S. 42-47.

"... es gibt keinerlei Beweise für eine Beziehung zwischen Almerie und Beethoven... Ich muß betonen, daß wir keine solchen Beweise [!] für eine leidenschaftliche Liebesbeziehung zwischen Antonie und Beethoven haben, nur für eine enge Freundschaft; von Josephine, ... wissen wir, daß er zumindest von 1805 bis 1807 wirklich leidenschaftlich in sie verliebt war."

[... we lack evidence of a connection between Almerie and Beethoven... I must reiterate that we have no such evidence [!] of a passionate love relationship between Antonie and Beethoven either, just of a close friendship; for Josephine, ... we know he was indeed passionately in love with her in 1805–1807 at least..] (S. 47) Immer noch verwirrt? Ich auch.

Russell Martin (**2000**): *Beethoven's Hair. An Extraordinary Historical Odyssey and a Musical Mystery Solved*. London: Bloomsbury.

Obwohl seine Schlußfolgerung – daß der hohe Bleigehalt in einer überlebenden Locke von Beethovens Haar eine Erklärung für seine vielen mysteriösen Krankheiten und die Ursache seines Todes sein könnte – weiterhin umstritten ist, ist dieses Buch auch eine bewegende Darstellung der Menschen in **Dänemark**, dem einzigen Land, dessen Einwohner alle ihre Juden während des Holocausts gerettet haben.

Wolfhart von Stackelberg (**2001**): "Ohne Beethoven klänge Estnisch anders." *Nachrichtenblatt der Baltischen Ritterschaften* 169/1, S. 4–7. Lüdenscheid.

Ein direkter Nachkomme eines Bruders von Christoph gibt einen kurzen Überblick darüber, was jetzt wohl der akzeptierte "Familien-Mythos" zu sein scheint, und behauptet, daß Christoph die ganze Zeit wußte, daß Minona Beethovens Kind war...

Klaus Martin Kopitz (**2001**): "Antonie Brentano in Wien (1809–1812). Neue Quellen zur Problematik 'Unsterbliche Geliebte'". *Bonner Beethoven-Studien* 2, S. 115–146.

Ein ziemlich kühner (aber letzten Endes doch vergeblicher) Versuch, Solomons "Antonie-Hypothese" zu retten, durch (fehl)interpretieren eines Briefes von Franz Brentano (der einen Lehrer für seinen Sohn suchte, offenbar ohne seiner Frau etwas zu sagen – vorerst). Kopitz sieht dies als vermeintlich klares Anzeichen dafür an, daß ihre Ehe zerrüttet war, und daher kein Wunder, daß Antonie spontan (für eine Nacht zumindest) in Beethovens Arme flog!

Rita Steblin (**2002**): "Josephine Gräfin Brunswick-Deyms Geheimnis enthüllt: Neue Ergebnisse zu ihrer Beziehung zu Beethoven." *Österreichische Musikzeitschrift* 57/6, S. 23–31.

Rita Steblin (**2002a**): *A History of Key Characteristics in the 18th and Early 19th Centuries*. 2. Aufl. (1. Aufl. 1983.) University of Rochester Press.

Praesentiert historische Dokumentate für die symbolische Bedeutung von *c-moll* als ein Requiem-Schlüssel, mit der Implikation, daß Beethovens Klaviersonate Op. 111, und nicht Op. 110, vielleicht Josephines wirkliches Requiem gewesen sein könnte. Dies war die letzte Klaviersonate, die Beethoven je geschrieben hat: die hohen Triller symbolisieren die Einheit ihrer Seelen im Himmel. Passenderweise war Op. 111 auch Beethovens Abschied von der Klaviersonate, in der Tat vom Piano – und somit auch sein Abschied von Josephine, die 22 Jahre zuvor seine Lieblings-Klavierschülerin wurde, und danach seine erste und einzige Geliebte war. Für ewig.

Lewis Lockwood (**2003**): *Beethoven. The Music and the Life.* New York: Norton.

Durchdachte und sehr lesbare Darstellung biographischer Ereignisse und ihres historischen Kontexts. Was die "Unsterbliche Geliebte" betrifft, bietet er nichts mehr als Nachplappern seines Freundes Solomon.

Maynard Solomon (**2005**, Hg.): *Beethovens Tagebuch 1812–1818*. 2. Aufl. (1. Aufl. 1990.) Bonn: Beethoven-Haus.

Mit einer Einführung und einigen brauchbaren Kommentaren des Herausgebers, der sich – wenig überraschend – besonders für den ersten Eintrag interessiert, wo ein zweifelhafter Buchstabe fälschlicherweise als ein "A" kopiert wurde. (Natürlich ist es nicht "Antonie", wie er uns glauben machen will.)

Übrigens: Dieses Buch ist die deutsche Version des von Solomon bereits in englischer Sprache herausgegebenen Tagebuches (1982 veröffentlicht) – die Übersetzung seiner Kommentare und die gesamte Editierung wurde tatsächlich von Sieghard Brandenburg vom Beethoven-Haus in Bonn durchgeführt.

Rita Steblin (**2005**): "Reminiscences of Beethoven in Anton Gräffer's unpublished Memoirs: A Legacy of the Viennese Biography Project of 1827." *Bonner Beethoven-Studien* 4, S. 149–189.

Dietrich Haberl (**2006**): "Beethovens erste Reise nach Wien – Die Datierung seiner Schülerreise zu W. A. Mozart." *Neues Musikwissenschaftliches Jahrbuch* 14, S. 215–255.

Rita Steblin (**2007**): "'Auf diese Art mit A geht alles zugrunde'. A New Look at Beethoven's Diary Entry and the 'Immortal Beloved'." *Bonner Beethoven-Studien* 6, S. 147–180.

Endlich ein Artikel in englischer Sprache, der summarisch und mit viel (oft neuen) Belegen sehr überzeugend dafür argumentiert, daß die "Unsterbliche Geliebte" Josephine war und sonst niemand. Konzentriert sich auf das mysteriöse "A" in Beethovens erstem Tagebuch-Eintrag, der so viel Verwirrung gestiftet hatte. Das überraschende Ergebnis ist, was auch immer Beethoven in einer fast unleserlichen Schrift gekritzelt haben mag, es war sehr wahrscheinlich nicht ein "A". Stattdessen ist, wenn überhaupt, "St" (= Stackelberg) die sinnvollste Interpretation!

Dagmar Skwara/Rita Steblin (**2007**): "Ein Brief Christoph Baron von Stackelbergs an Josephine Brunsvik-Deym-Stackelberg." *Bonner Beethoven-Studien* 6, S. 181–187.

Gewährt tiefe psychologische Einsichten, warum ihre Beziehung (von Anfang an) so "gestört" war. Stackelberg offenbart seinen wahren Charakter.

Gabriele Hatwagner (**2008**): *Die Lust an der Illusion – über den Reiz der "Scheinkunstsammlung" des Grafen Deym, der sich Müller nannte.* Diplomarbeit, Universität Wien. (http://othes.univie.ac.at/850/1/2008-08-04_8302575.pdf, 6. Februar 2011.)

Yayoi Aoki (**2008**): *Beethoven – Die Entschlüsselung des Rätsels um die "Unsterbliche Geliebte".* München: Iudicium.

Aoki behauptet, eine "führende Feministin" zu sein, und sie kam zu ihrer sensationellen Neuentdeckung (nämlich Antonie Brentano) nach "langen Jahren der Forschung", angeblich auf "bisher unbekannten Quellen" basierend. Vielleicht unbekannt in Japan, da sie sich auf den – ziemlich fehlerhaften – Artikel von Kopitz (2001) bezieht. Dieses Buch ist voller lachhaften Unsinns, wie etwa, daß Beethoven der wahre Vater von Minona Stackelberg war, und Antonie verzieh ihm, mit Josephine geschlafen zu haben – da er dies aus Versehen tat! Und die Übersetzung aus dem Japanischen ist von einer gewissen "Annette Boronnia" – ein allzu offensichtliches Anagramm von "Antonie Brentano"...

Die "Antonie-Hypothese" hat sich inzwischen wahrhaftig entwickelt – vom Kühnen und Unwahrscheinlichen, dann zum Spekulativen und Unglaublichen, endlich zum Lächerlichen und Absurden.

Rita Steblin (**2009**): "'A dear, enchanting girl who loves me and whom I love': New Facts about Beethoven's Beloved Piano Pupil Julie Guicciardi." *Bonner Beethoven-Studien* 8, S. 89–152.

Sehr interessante Studie mit vielen Details über die einzige andere Frau, in die Beethoven (nach seinen eigenen Briefen) jemals verliebt war – wenn auch nur sehr kurz. Steblin korrigiert auch viele genealogische Ungenauigkeiten.

Rita Steblin (**2009a**): "Beethovens 'Unsterbliche Geliebte': des Rätsels Lösung." *Österreichische Musikzeitschrift* 64/2, S. 4–17.

Deutsche Version ihres Artikels in *Bonner Beethoven-Studien* 6.

Rita Steblin (**2009b**): "Beethoven's Name in Viennese Conscription Records." *Beethoven Journal* 24/1, S. 4–13.

William Meredith (**2011**): "Introduction." In: Walden (2011), S. ix-xxxiv.

Abgesehen von einer eher lauwarmen Unterstützung von Waldens Versuch (siehe nachfolgend), ist dieser Artikel weitaus interessanter für seine Enthüllungen über die "Beethoven-Mafia": "Die Bestätigung von Solomons Lösung im Beethoven-Eintrag von Joseph Kerman und Alan Tyson in der 20. Ausgabe von *The New Grove Dictionary of Music and Musicians* im Jahr 1980 tat viel, um diese noch zu untermauern: 'Von den jüngsten Mutmaßungen über ihre Identität ist Antonie Brentano am plausibelsten (nach Maynard Solomon). Ob die psychologischen Voraussetzungen erfüllt sind, hängt davon ab, wie man ihre Persönlichkeit und die beabsichtigte Bedeutung des Briefes interpretiert.' ... Solomons Theorie als die 'wahrscheinlichste' wurde zu einem Fakt [!] in ... *Grove Music Online* ...: 'Solomon zeigte [!] ... daß sie Antonie Brentano war. ... (Da es keine expliziten Briefe von Antonie Brentano an Beethoven gibt, sind einige [!] nicht bereit zu akzeptieren [!], daß der Fall abgeschlossen [!] ist; jedoch ist keine plausible [!] Alternative präsentiert worden.)" [The endorsement of Solomon's solution in the Beethoven entry by Joseph Kerman and Alan Tyson in the 20th edition of *The New Grove Dictionary of Music and Musicians* in 1980 did much to solidify support: "Of recent conjectures as to her identity the most plausible (by Maynard Solomon) is that she was Antonie Brentano... Whether the psychological requirements are fulfilled depends on one's reading of her personality and of the letter's intended meaning." ... Solomon's theory as the "most plausible" became a point of fact [!] in the ... *Grove Music Online* ...: "Solomon showed [!] ... that she was Antonie Brentano... (As there are no explicit letters from Antonie Brentano to Beethoven, some [!] do not accept [!] that the case is closed [!]; but no plausible [!] alternative has been presented.)] (S. xvi.)

Edward Walden (**2011**): *Beethoven's Immortal Beloved. Solving the Mystery*. Lanham, Maryland: Scarecrow.

Durch Hinzufügen von noch mehr (vermeintlicher) "Mystery", denkt er offenbar, die quirlige Bettina Brentano muß die Eine gewesen sein, denn Beethoven schrieb ihr im Jahre 1811 (dem Jahr, als sie heiratete und wegzog) einen freundlichen Brief, an dessen Ende er sie, scherzhaft, mit "Du" anredete. Bedeutender ist, daß Walden offenbar nicht glaubt, daß Bettina tatsächlich Liebesbriefe von Beethoven gefälscht hat (und noch ein paar andere Dinge) – er nimmt sie stattdessen als "Beweise". Wenn überhaupt, dann zeigt dieses neueste Buch zumindest (und wieder mal), daß Solomons Hypothese (selbst in Amerika) noch immer nicht allseitig akzeptiert wird. Aber es zeigt auch, einmal mehr, daß bis zum heutigen Tag der Berg von Forschungsergebnissen europäischer Wissenschaftler immer noch nicht durch die musikwissenschaftliche Kultur in Amerika durchgesickert ist – Walden zitiert nicht einen einzigen.

Stichwortverzeichnis

N

O

P

R

S

T

U

Leserurteile

Klapproths Buch ist eine Fundgrube für Zitate aus allen wichtigen, das Thema betreffenden Dokumenten. Dabei widmet er den irreführenden Auslegungen des amerikanischen Schriftstellers Maynard Solomon ein eigenes Kapitel. Dessen psychoanalytische Spekulationen verleumden Beethoven regelrecht. – H.B. in A.

* * *

Klapproths Argumentationsweise ist sicherlich wasserdicht: Er zitiert das, was bekannt ist, und füllt die Lücken mittels Deduktion, wodurch klar wird, wann Ereignisse bewiesen sind, und wann es noch Grund für Unbestimmtheit gibt. ... Das Buch ist tadellos recherchiert und alle entscheidenden Aussagen in Briefen, Tagebüchern, etc., sind in deutscher als auch (übersetzt) in englischer Sprache zitiert. Dies ist sehr wichtig, denn Klapproth zeigt, wie viele Fehler durch schlechte Übersetzungen gemacht wurden. ... *Beethoven's Only Beloved: Josephine!* ist nicht nur ein Krimi, um herauszufinden, wer die mysteriöse Frau war – es ist eine absolut fesselnde Geschichte einer menschlichen Tragödie, Herz ergreifend... Jeder, der die Musik Beethovens kennt und liebt, sollte wirklich ein Exemplar dieses Buches erstehen und ihre tragische Geschichte lesen. – M.B. in S. (Übersetzung einer Rezension der englischen Ausgabe.)

* * *

Die Stärke Ihres Buches liegt vor allem darin, dass Sie 1799 beginnend Jahr für Jahr vorgegangen sind. Dadurch verdichtet sich die Beweiskraft beim Lesen immer stärker, so dass man 1821 angekommen, es, einmal gelesen habend, "nicht mehr aus dem Kopf bringen kann." ... Besonders gut finde ich Ihre Übersetzung des Briefes an die "unsterbliche Geliebte" und vor allem Ihre Interpretation dazu im Anschluss an die vorangegangenen Kapitel. Die Interpretation gewinnt dadurch eine überzeugende eindeutige Schlüssigkeit: so und nur so ist er zu verstehen.

Das Solomonkapitel hat mir besonders gut getan! Das war nötig!

Das Buch ist wirklich sehr intelligent gemacht und umfasst zudem noch alle Bereiche dieser Thematik.

Ich hätte nicht gedacht, dass mich selbst das Kapitel "Literatur" so faszinieren würde und kann wirklich sagen, dass ich Ihr Buch bis auf den letzten Buchstaben mit Spannung gelesen habe. Ein durch und durch intelligentes Buch. Herzlichen Glückwunsch dazu! – E.G. in A. (über die englische Ausgabe)

10413535R00154

Made in the USA
Charleston, SC
02 December 2011